Os Embaixadores

Atos dos Apóstolos na Linguagem de Hoje

Os Embaixadores

Atos dos Apóstolos
na Linguagem de Hoje

Ellen G. White

Tradução
Carla Nogueira Modzeieski

Casa Publicadora Brasileira
Tatuí, SP

Título original em inglês:
UNLIKELY LEADERS

Copyright © da edição em inglês: Pacific Press Publishing
Association, Nampa, EUA. Direitos internacionais reservados.

Direitos de tradução e publicação em língua portuguesa reservados à
CASA PUBLICADORA BRASILEIRA
Rodovia SP 127 – km 106
Caixa Postal 34 – 18270-000 – Tatuí, SP
Tel.: (15) 3205-8800 – Fax: (15) 3205-8900
Atendimento ao cliente: (15) 3205-8888
www.cpb.com.br

1ª edição: 5 mil
2017

Coordenação Editorial: Diogo Cavalcanti
Editoração: Neila D. Oliveira
Revisão: Adriana Seratto
Projeto Gráfico: Levi Gruber
Capa: Marisa Ferreira e Levi Gruber
Imagem da Capa/contracapa: Vandir Dorta Jr.

IMPRESSO NO BRASIL / *Printed in Brazil*

Dados Internacionais de Catalogação na Publicação (CIP)
(Câmara Brasileira do Livro, SP, Brasil)

White, Ellen G., 1827-1915
    Os embaixadores : Atos dos Apóstolos na linguagem
de hoje / Ellen G. White ; tradução Carla Nogueira
Modzeieski. – Tatuí, SP : Casa Publicadora
Brasileira, 2017.

    Título original: Unlikely leaders
    ISBN 978-85-345-2410-0

    1. Bíblia. N.T. Atos dos Apóstolos – História de
eventos bíblicos 2. Igreja Adventista do Sétimo Dia
I. Título.

17-04149   CDD-226

Índices para catálogo sistemático:

1. Bíblia : Novo Testamento : Atos dos Apóstolos :
        Cristianismo 226

Os textos bíblicos citados neste livro foram extraídos
da Nova Versão Internacional, salvo outra indicação.

Tipologia: Chaparral Pro Light Display, 12,5/14,8 – 15998 / 35306

Índice

Prefácio

Este livro conta a história da fundação da igreja cristã. Jesus confiou Sua obra aos cuidados de onze homens que, humanamente falando, não pareciam ser boas escolhas para estabelecer um movimento mundial que reconciliasse o planeta rebelde com seu Criador. Dentre eles, estava um pescador impulsivo que cedia quando era pressionado; um jovem e seu irmão que, de tão "esquentados", acabaram ganhando o apelido de "filhos do trovão"; um coletor de impostos que havia ficado rico por trabalhar para o império inimigo; um patriota ("Zelotes") que, possivelmente, pertencesse a um grupo conhecido por assassinar colaboradores do império inimigo; e, embora cheio de dúvidas, um homem leal que raramente conseguia ver o lado bom das coisas. Pouco depois, juntou-se a eles um homem que inicialmente tinha feito de tudo para destruí-los. O que poderia vir de um grupo como esse?

A história desses homens é um relato emocionante do que Deus pode fazer com pessoas pouco promissoras. Ela deve encorajar e dar esperança aos que desejam servir a Deus, mas carregam o peso do passado. Deus é especialista em fazer coisas maravilhosas a pessoas que se entregam à Sua causa para segui-Lo. O livro de Atos termina de repente, sugerindo que a história não chegou ao fim. Podemos fazer parte dessa história em curso hoje, à medida que nos aproximamos de sua conclusão.

Os Embaixadores é uma adaptação da obra clássica de Ellen G. White, conhecida como *Atos dos Apóstolos*. Todos os capítulos do original estão incluídos neste volume condensado, sendo nele utilizadas as próprias palavras de Ellen G. White, além de algumas palavras, expressões e frases mais familiares para os leitores do século 21. A maioria das citações bíblicas está na Nova Versão Internacional. Esperamos que os iniciantes nas leituras de Ellen G. White apreciem esta adaptação e que ela os encoraje a ler as edições originais das obras dessa autora.

Este volume lança luz ao relato bíblico, ajudando o leitor não apenas a compreender as histórias e orientações encontradas na Palavra de Deus, mas também a entender como estas se aplicam à vida do cristão hoje.

A série *Conflito* é composta por cinco volumes poderosos. *Os Embaixadores* é uma adaptação condensada do quarto volume. Nosso desejo e oração é que muitos outros leitores possam ser atraídos a Deus por meio desses livros e dos temas bíblicos neles apresentados.

Depositários das Publicações
de Ellen G. White

O Propósito de Deus para Sua Igreja

A igreja é o instrumento apontado por Deus para salvar homens e mulheres perdidos. Sua missão é levar o evangelho ao mundo. Por meio da igreja, todos, até mesmo os "poderes e autoridades nas regiões celestiais", verão a demonstração final e plena do amor de Deus (Ef 3:10).

Nas Escrituras, existem muitas promessas maravilhosas a respeito da igreja:

"A Minha casa será chamada casa de oração para todos os povos" (Is 56:7).

"Eu o guardarei e farei que você seja uma aliança para o povo, para restaurar a terra e distribuir suas propriedades abandonadas, para dizer aos cativos: Saiam, e àqueles que estão nas trevas: Apareçam!" (Is 49:8, 9).

"Haverá mãe que possa esquecer seu bebê que ainda mama e não ter compaixão do filho que gerou? Embora ela possa esquecê-lo, Eu não Me esquecerei de você!" (Is 49:15).

A igreja é a fortaleza de Deus, a cidade de refúgio que Ele mantém em meio a um mundo em rebelião. Toda e qualquer infidelidade por parte da igreja é uma traição contra Ele, que comprou a humanidade com o sangue de Seu único Filho. Desde sua fundação, a igreja tem sido formada por pessoas fiéis. Em todas as épocas, os vigias do Senhor comunicaram fielmente Sua mensagem à sua geração. Deus enviou Seus anjos para ministrar à Sua igreja, e as portas do inferno não puderam prevalecer contra Seu povo. Nenhuma força contrária surgiu para frustrar Sua obra que Ele já não tivesse previsto. Ele não abandonou Sua igreja, mas descreveu, por meio de profecias, o que aconteceria.

Todos os Seus planos serão cumpridos. Deus inspira e preserva a verdade, e ela triunfará sobre toda oposição.

Por mais frágil e defeituosa que pareça ser, a igreja é o objeto de Sua maior estima. É o palco de Sua graça, no qual Ele tem prazer em revelar Seu poder que transforma o coração.

Os reinos terrestres governam com auxílio do poder físico, mas Cristo baniu todo instrumento de força de Seu reino. Seu governo deve elevar a humanidade e torná-la mais nobre. Deus concedeu o Espírito Santo e também diversos dons à Sua igreja.

Desde o início, Deus tem atuado por intermédio de Seu povo para trazer bênçãos ao mundo. Deus fez de José uma fonte de vida para a antiga nação egípcia. Por meio dele, Deus preservou aquele povo. Por intermédio de Daniel, Deus salvou a vida de todos os sábios da Babilônia. Esses livramentos ilustram as bênçãos espirituais oferecidas ao mundo por meio do Deus a quem José e Daniel adoravam. Todo aquele que revela o amor de Cristo ao mundo coopera com Deus para abençoar a humanidade.

Deus desejava que Israel fosse uma fonte a transbordar salvação para o mundo. As outras nações tinham se esquecido de Deus. Elas O haviam conhecido, mas, porque "não O glorificaram como Deus, nem Lhe renderam graças, [...] seus pensamentos tornaram-se fúteis e os seus corações insensatos se obscureceram" (Rm 1:21). Mesmo assim, Deus não as destruiu. Ele decidiu dar a essas nações a oportunidade de O conhecerem intimamente por intermédio de Seu povo escolhido. Mediante o serviço de sacrifícios, Cristo devia ser exaltado, e todos os que olhassem para Ele viveriam. Todo o sistema de tipos e símbolos era uma "profecia resumida" do evangelho.

No entanto, o povo de Israel se esqueceu de Deus e não cumpriu sua missão sagrada. Para a glorificação de si mesmos, eles se apegaram a todas as vantagens que possuíam. A fim de fugir da tentação, eles se isolaram do mundo. Deixaram de servir a Deus, e também deixaram de dar um exemplo santo às outras pessoas.

Os sacerdotes e governantes se tornaram satisfeitos com uma religião baseada na lei. Eles pensavam que a justiça própria era mais do que suficiente. Não aceitaram a boa vontade de Deus como algo exterior a eles, mas a relacionaram ao seu merecimento próprio por causa das boas obras que realizavam. A fé que age por amor não encontrou lugar na religião dos fariseus.

Deus declarou sobre Israel:

"Eu a plantei como uma videira seleta, de semente absolutamente pura.

Como, então, contra Mim você se tornou uma videira degenerada e selvagem?" (Jr 2:21). "Pois bem, a vinha do Senhor dos Exércitos é a nação de Israel, e os homens de Judá são a plantação que Ele amava. Ele esperava justiça, mas houve derramamento de sangue; esperava retidão, mas ouviu gritos de aflição" (Is 5:7). "Vocês não fortaleceram a [ovelha] fraca nem curaram a doente nem enfaixaram a ferida. Vocês não trouxeram de volta as [ovelhas] desviadas nem procuraram as perdidas. Vocês têm dominado sobre elas com dureza e brutalidade" (Ez 34:4).

O Salvador Se afastou dos líderes judeus e passou a confiar a outras pessoas não apenas os privilégios dos quais eles tinham abusado, mas também a obra que desprezaram. A glória de Deus devia ser revelada; Seu reino devia ser estabelecido. Os discípulos foram chamados a fazer o trabalho que os líderes judeus deixaram de realizar.

Treinando os Doze

Para levar Sua obra adiante, Cristo escolheu homens humildes, que não haviam frequentado escolas. Em seguida, Ele começou a ensiná-los. Eles, por sua vez, deveriam ensinar outros e enviá-los a pregar a mensagem do evangelho. Deviam receber o poder do Espírito Santo para que pudessem anunciar o evangelho pelo poder de Deus e não por sabedoria humana.

Por três anos e meio, os discípulos foram instruídos pelo maior Mestre que o mundo já conheceu. Ele os ensinava todos os dias; às vezes, sentado nas encostas das montanhas; outras vezes, à beira-mar ou caminhando ao longo da estrada. Jesus não ordenava aos discípulos que fizessem isso ou aquilo, mas dizia: "Sigam-Me". Ele os levava em Suas viagens através dos campos e cidades. Eles compartilhavam da Sua comida simples e, assim como Ele, às vezes ficavam famintos e cansados. Os discípulos viram Cristo em cada fase da vida.

A ordenação dos doze apóstolos foi o primeiro passo na organização da igreja. O relato diz: Ele "escolheu doze, designando-os apóstolos, para que estivessem com Ele" e "os enviasse a pregar" (Mc 3:14). Por intermédio desses frágeis mensageiros, da Sua Palavra e Espírito, Ele planejava colocar a salvação ao alcance de todos. O testemunho dos discípulos ecoaria de geração em geração até o fim dos tempos.

A obra dos discípulos foi a mais importante que o ser humano já recebeu, perdendo apenas para a do próprio Cristo. Eles foram colaboradores de Deus na salvação de homens e mulheres. Assim como os doze filhos de Jacó foram os representantes de Israel, os doze apóstolos representam a igreja evangélica.

Sem Muros entre Judeus e Gentios

Cristo começou a quebrar "a barreira, o muro de inimizade" (Ef 2:14) que existia entre os judeus e gentios, e pregar a salvação a todos. Ele Se misturou livremente com os samaritanos desprezados, deixando de lado os costumes dos judeus. Dormiu na casa deles, comeu à mesa com eles e ensinou nas ruas de sua cidade.

O Salvador desejava revelar aos discípulos a verdade de que os gentios deveriam "participar com os judeus [...] da promessa que Deus fez por meio de Cristo" pelo evangelho (Ef 3:6, NTLH). Ele recompensou a fé do centurião em Cafarnaum; pregou para as pessoas que viviam em Sicar e, em Sua viagem à Fenícia, curou a filha de uma mulher cananeia. Muitas pessoas pensavam que os gentios eram indignos de salvação. Porém, entre eles havia pessoas famintas da verdade.

Dessa maneira, Cristo tentou ensinar aos discípulos que, no reino de Deus, não há fronteiras territoriais, nem classes sociais, nem aristocracia. Eles deveriam levar a mensagem do amor de um Salvador a todas as nações. No entanto, apenas mais tarde, eles compreenderam plenamente que Deus, "de um só fez Ele todos os povos, para que povoassem toda a Terra" (At 17:26).

Esses primeiros discípulos representavam muitos tipos de caráter. Embora possuíssem características naturais diferentes, eles precisavam se unir. Para alcançar esse objetivo,

Cristo tentou trazê-los a uma unidade com Ele mesmo. Expressou Seu dever para com eles em uma oração ao Pai: "Que todos sejam um [...] para que o mundo saiba que Tu me enviaste, e os amaste como igualmente Me amaste" (Jo 17:21-23). Ele sabia que, na batalha contra o mal, a verdade venceria; e, um dia, a bandeira manchada com sangue balançaria triunfante sobre Seus seguidores.

Ao perceber que em breve deveria deixar Seus discípulos continuarem o trabalho, Cristo tentou prepará-los para o futuro. Ele sabia que sofreriam perseguição, seriam expulsos das sinagogas e lançados na prisão. Alguns até seriam mortos. Ao falar do futuro deles, Jesus foi claro e preciso, para que, em suas provações futuras, eles se lembrassem de Suas palavras e fortalecessem sua fé nEle como Redentor.

"Não se perturbe o coração de vocês", disse Ele. "Vou preparar-lhes lugar. E se Eu for e lhes preparar lugar, voltarei e os levarei para Mim, para que vocês estejam onde Eu estiver" (Jo 14:1-3). Quando Eu for embora, ainda trabalharei intensamente por vocês. Irei para nosso Pai a fim de cooperar com Ele para o bem de vocês.

"Aquele que crê em Mim fará também as obras que tenho realizado. Fará coisas ainda maiores do que estas, porque Eu estou indo para o Pai" (v. 12). Cristo não quis dizer que os discípulos fariam um trabalho melhor ou superior ao que Ele havia feito, mas que o trabalho deles teria um alcance maior. Ele estava Se referindo a tudo o que ocorreria pelo poder do Espírito Santo.

O Que o Espírito Santo Realizou

Essas palavras foram cumpridas de maneira maravilhosa. Depois da vinda do Espírito, os discípulos ficaram tão cheios de amor que o coração das pessoas foi profundamente tocado por suas palavras e orações. Sob a influência do Espírito, milhares de pessoas foram convertidas.

Como representantes de Cristo, os apóstolos deviam deixar uma impressão clara no mundo. Suas palavras de coragem e confiança garantiriam a todos que eles não estavam trabalhando pelas próprias forças, mas pelo poder de Cristo. Eles declararam que Jesus, a quem os judeus tinham crucificado, era o Príncipe da vida, e que, em nome dEle, faziam todas as obras que Ele tinha feito.

Na noite anterior à crucifixão, o Salvador não falou do sofrimento que Ele tinha suportado e ainda tinha de suportar. Na verdade, Ele tentou fortalecer a fé dos discípulos, levando-os a aguardar com ansiedade as alegrias que estão reservadas para o vencedor. Ele faria mais por Seus seguidores do que havia prometido. De Cristo, fluiriam amor e compaixão, fazendo com que as pessoas tivessem um caráter parecido com o Seu. Munido do poder do Espírito, Sua verdade seguiria adiante, trazendo vitória.

Cristo não falhou nem desanimou. Os discípulos deviam mostrar essa mesma fé. Eles deveriam trabalhar como Ele trabalhou. Por Sua graça, deveriam seguir em frente; jamais se desesperando, mas tendo esperança.

Jesus tinha terminado a obra que Deus havia confiado a Ele. Havia reunido os homens que deveriam continuar Seu trabalho. Jesus disse: "Minha oração não é apenas por eles. Rogo também por aqueles que crerão em Mim, por meio da mensagem deles, para que todos sejam um, [...] para que o mundo saiba que Tu Me enviaste, e os amaste como igualmente Me amaste" (Jo 17:20-23).

Boas Notícias!

epois da morte de Cristo, os discípulos quase foram vencidos pelo desânimo. O sol de sua esperança havia se posto, e a noite desceu aos seus corações. Solitários e deprimidos, eles se lembraram das palavras de Cristo: "Pois, se fazem isto com a árvore verde, o que acontecerá quando ela estiver seca?" (Lc 23:31).

Várias vezes Jesus havia tentado revelar o futuro a Seus discípulos, mas eles não quiseram refletir sobre Suas palavras. Por isso, ficaram completamente desesperados quando Ele morreu. A fé daqueles homens não transpôs a sombra que Satanás lançou no horizonte deles. Ah, se tivessem acreditado nas palavras do Salvador, de que Ele ressuscitaria no terceiro dia! Quanta tristeza poderiam ter evitado!

Oprimidos pela depressão e desespero, os discípulos se reuniram em uma sala do andar superior de uma casa e trancaram as portas, temendo que o que havia acontecido com Seu amado Mestre também pudesse acontecer com eles. Depois de Sua ressurreição, o Salvador apareceu para eles ali.

Durante quarenta dias, Cristo permaneceu na Terra, preparando os discípulos para a obra que estava diante deles. Ele falou sobre as profecias a respeito da Sua rejeição por parte dos judeus e de Sua morte, mostrando que cada detalhe havia se cumprido. "Então [Ele] lhes abriu o entendimento, para que pudessem compreender as Escrituras", e completou: "Vocês são testemunhas destas coisas" (Lc 24:45, 48).

À medida que os discípulos ouviam o Mestre explicar as Escrituras à luz de tudo o que tinha ocorrido, sua fé nEle foi completamente firmada. Eles chegaram ao ponto de poder dizer: "Sei em quem tenho crido" (2Tm 1:12). Os episódios da vida, morte e ressurreição de Cristo; as profecias que apontavam para esses acontecimentos; o plano da salvação e o poder de Jesus para perdoar os pecados – de todas essas coisas os discípulos tinham sido testemunhas. Agora, deviam revelá-las ao mundo.

Antes de subir ao Céu, Cristo disse aos discípulos que eles deviam ser os executores do testamento no qual Ele havia deixado ao mundo os tesouros da vida eterna. Embora os sacerdotes e as autoridades O tivessem rejeitado, eles ainda teriam mais uma oportunidade para aceitar o Filho de Deus. A Seus discípulos, Jesus confiou essa mensagem de misericórdia, para que ela fosse dada primeiramente a Israel, e depois a todas as nações. Todos os que cressem deveriam ser reunidos em uma só igreja.

A comissão evangélica é o grande projeto missionário do reino de Cristo. Os discípulos deviam trabalhar intensamente para alcançar pessoas para Jesus. Eles deviam levar a mensagem até elas. Cada palavra e ato deles deveria chamar a atenção para o nome de Cristo, o único que tinha poder vital para salvar os pecadores. O nome dEle devia ser seu distintivo, autoridade para suas ações e fonte de seu sucesso.

Armas de Sucesso na Grande Guerra

Cristo expôs plenamente diante dos discípulos a necessidade de manter a simplicidade. Quanto menor a ostentação e exibição, maior seria a influência deles para o bem. Os discípulos deveriam falar de maneira simples, como Cristo falava.

Jesus não disse a Seus discípulos que o trabalho deles seria fácil. Eles teriam que lutar "contra os poderes e autoridades, contra os dominadores deste mundo de trevas, contra as forças espirituais do mal nas regiões celestiais" (Ef 6:12). Mas Cristo não os deixaria lutar sozinhos. Ele estaria com eles. Se saíssem para pregar o evangelho com fé, Aquele que é mais poderoso do que os anjos estaria com eles – o General dos exércitos do Céu. Ele tomou sobre Si a responsabilidade pelo sucesso deles. Enquanto trabalhassem em conexão com Ele, não falhariam. Jesus lhes disse: "Vão até os povos mais distantes deste mundo e tenham a certeza de que a Minha presença estará com vocês."

O sacrifício de Cristo foi pleno e completo. Ele havia cumprido as condições do resgate. Jesus tinha recuperado de Satanás o reino e Se tornado herdeiro de todas as coisas. Ele subiu ao trono de Deus para ser homenageado pelo exército celestial. Investido de autoridade ilimitada, ordenou aos Seus discípulos: "Vão e façam discípulos de todas as nações, batizando-os em nome do Pai e do Filho e do Espírito Santo, ensinando-os a obedecer a tudo o que Eu lhes ordenei. E Eu estarei sempre com vocês, até o fim dos tempos" (Mt 28:19, 20).

Pouco antes de deixar Seus discípulos, Cristo afirmou mais uma vez, claramente, que não tinha a intenção de estabelecer um reino neste mundo, nem reinar como um governante terrestre no trono de Davi. A obra dos discípulos era anunciar a mensagem do evangelho.

A presença visível de Cristo estava prestes a ser retirada; porém, uma nova infusão de poder seria dada a eles. O Espírito Santo seria concedido àqueles homens em Sua plenitude. O Salvador disse: "Eu lhes envio a promessa de Meu Pai; mas fiquem na cidade [Jerusalém] até serem revestidos do poder do alto" (Lc 24:49). Vocês "receberão poder quando o Espírito Santo descer sobre vocês, e serão Minhas testemunhas em Jerusalém, em toda a Judeia e Samaria, e até os confins da Terra" (At 1:8).

O Salvador sabia que Seus discípulos deviam receber o dom celestial. Um líder vigilante e determinado estava no comando das forças das trevas. Os seguidores de Cristo só poderiam lutar pelo que é certo com a ajuda que Deus lhes daria mediante Seu Espírito.

Os discípulos de Cristo deviam começar o trabalho deles em Jerusalém, cenário do sacrifício maravilhoso do Salvador pela humanidade. Em Jerusalém, muitas pessoas acreditavam secretamente que Jesus de Nazaré era o Messias e muitas haviam sido enganadas pelos sacerdotes e governantes. Os discípulos deviam chamar essas pessoas ao arrependimento. Enquanto todo o povo de Jerusalém estava agitado pelos acontecimentos emocionantes das últimas semanas, a pregação dos discípulos causaria uma impressão mais profunda.

Durante Seu ministério, Jesus tinha lembrado constantemente os discípulos de que eles deveriam se unir a Ele para resgatar o mundo da escravidão do pecado. A última lição que Ele deu a Seus seguidores foi que as boas-novas de salvação lhes haviam sido confiadas para que eles as transmitissem ao mundo.

Quando chegou o momento de Cristo subir ao Seu Pai, Ele conduziu os discípulos até Betânia. Jesus parou ali, e eles se reuniram ao Seu redor. Com Suas mãos estendidas como que para garantir a eles Seu cuidado protetor, Ele lentamente subiu do meio deles. "Estando ainda a abençoá-los, Ele os deixou e foi elevado ao Céu" (Lc 24:51).

Enquanto os discípulos olhavam para cima, tentando vislumbrar o seu Senhor pela última vez, anjos celestiais O receberam e O acompanharam até as cortes do Céu. Os discípulos ainda estavam olhando para o céu quando "de repente surgiram diante deles dois homens vestidos de branco, que lhes disseram: 'Galileus, por que vocês estão olhando para o céu? Este mesmo Jesus, que dentre vocês foi elevado ao Céu, voltará da mesma forma como O viram subir'" (At 1:10, 11).

A Esperança da Igreja

Os discípulos de Cristo deviam ter sempre em mente a promessa de Sua segunda vinda. O mesmo Jesus voltará para levar para Si aqueles que se dedicam ao Seu serviço aqui na Terra. Sua voz os receberá em Seu reino.

Assim como no serviço simbólico do santuário o sumo sacerdote deixava de lado suas vestes especiais e oficiava, com vestes de linho branco, como um sacerdote comum, assim Cristo pôs de lado Suas vestes reais, vestiu-Se com a humanidade e ofereceu sacrifício, sendo Ele mesmo o sacerdote e a vítima. Assim como o sumo sacerdote, após ter realizado o serviço no Lugar Santíssimo com suas vestes especiais, saía para se apresentar à congregação que esperava lá fora, assim Cristo virá pela segunda vez, vestido de Sua glória e da glória de Seu Pai, e todos os milhões de anjos O acompanharão.

Dessa maneira, Cristo cumprirá Sua promessa: "Voltarei e os levarei para Mim" (Jo 14:3). Os justos mortos sairão de seus túmulos, e aqueles que estiverem vivos serão arrebatados com eles "para o encontro com o Senhor nos ares" (1Ts 4:17). Eles ouvirão a doce voz de Jesus, dizendo: "Venham, benditos de Meu Pai! Recebam como herança o Reino que lhes foi preparado desde a criação do mundo" (Mt 25:34).

Ah, como os discípulos puderam se alegrar na esperança do retorno de seu Senhor!

O Pentecostes:
o Início do Trabalho*

Quando os discípulos voltaram do Monte das Oliveiras para Jerusalém, o povo esperava vê-los confusos, com uma expressão de derrota, mas viram no rosto deles alegria e vitória. Os discípulos tinham visto o Salvador ressuscitado, e Sua promessa, na despedida, ecoava em seus ouvidos.

Obedecendo à ordem de Cristo, eles esperaram pelo derramamento do Espírito Santo em Jerusalém, onde "permaneciam constantemente no templo, louvando a Deus" (Lc 24:53). Os discípulos sabiam que tinham um Advogado junto ao trono de Deus. Maravilhados, eles se inclinaram em oração, repetindo a promessa: "Meu Pai lhes dará tudo o que pedirem em Meu nome" (Jo 16:23). Mais e mais alto estenderam a mão da fé.

Enquanto esperavam, os discípulos se humilharam em arrependimento e confessaram sua incredulidade. Deus os fez lembrar de verdades que haviam esquecido, e eles as repetiam uns aos outros. Cada cena da vida do Salvador passou como um filme diante deles. Ao meditarem sobre Sua vida pura, sentiram que nenhum trabalho seria difícil demais, nenhum sacrifício grande o bastante, contanto que pudessem testemunhar do caráter amável de Cristo. Eles pensaram: "Ah, se pudéssemos reviver os últimos três anos, como teríamos agido de maneira diferente!" Mas o pensamento de que haviam sido perdoados os confortou, e eles decidiram fazer todo o possível para compensar sua incredulidade, testemunhando dEle com coragem diante do mundo.

Os discípulos oraram com intenso fervor para que pudessem encontrar pessoas e falar palavras que levassem os pecadores a Cristo. Deixando de

* Este capítulo é baseado em Atos 2:1-41.

lado todas as diferenças, eles se uniram intimamente. À medida que se aproximavam de Deus, percebiam o privilégio que haviam tido de se relacionar com Cristo de maneira tão íntima.

Os discípulos não pediram bênçãos só para si. Eles sentiam uma grande responsabilidade para com a salvação das outras pessoas. Em obediência à palavra do Salvador, eles pediram o dom do Espírito Santo e, no Céu, Cristo reivindicou esse dom para que pudesse derramá-lo sobre Seu povo.

Como o Espírito Santo Se Manifestou

"Chegando o dia de Pentecoste, estavam todos reunidos num só lugar. De repente veio do céu um som, como de um vento muito forte, e encheu toda a casa na qual estavam assentados" (At 2:1, 2). Os discípulos estavam orando quando o Espírito Santo desceu sobre eles com uma plenitude que alcançou todos os corações ali presentes. O Céu se alegrou em poder derramar as riquezas da graça do Espírito. Palavras de arrependimento e confissão misturavam-se com cânticos de louvor. Em grande admiração, os apóstolos tomaram posse do dom que tinham recebido.

O que aconteceu em seguida? A espada do Espírito, afiada com poder e banhada em relâmpagos do céu, atravessou os corações incrédulos.

Milhares de pessoas foram convertidas em um só dia.

Jesus havia dito: "Mas quando o Espírito da verdade vier, Ele os guiará a toda a verdade. Não falará de Si mesmo; falará apenas o que ouvir, e lhes anunciará o que está por vir" (Jo 16:13).

Quando Cristo entrou pelos portões celestiais, Ele foi coroado rei em meio à adoração dos anjos. O Espírito Santo desceu sobre os discípulos, e Cristo foi verdadeiramente glorificado. O derramamento do Espírito no dia de Pentecostes foi o anúncio do Céu de que o Redentor tinha sido empossado. O Espírito Santo foi enviado como um sinal de que, como Sacerdote e Rei, Cristo havia recebido toda autoridade no Céu e na Terra, e era o Ungido.

"E viram o que parecia línguas de fogo, que se separaram e pousaram sobre cada um deles. Todos ficaram cheios do Espírito Santo e começaram a falar noutras línguas, conforme o Espírito os capacitava" (At 2:3, 4). O dom do Espírito habilitou os discípulos a falar fluentemente idiomas que eles não tinham aprendido. A aparência de fogo significava o poder que acompanharia o trabalho daqueles homens.

O Verdadeiro Dom de Línguas

"Havia em Jerusalém judeus, tementes a Deus, vindos de todas as nações do mundo" (At 2:5). Espalhados por quase todas as partes do mundo, eles tinham aprendido a falar vários idiomas. Muitos desses judeus estavam em Jerusalém por ocasião das festas religiosas. Cada idioma conhecido estava ali representado. Essa diversidade de idiomas teria retardado grandemente a pregação do evangelho. Portanto, Deus milagrosamente fez pelos apóstolos o que eles não poderiam ter realizado por si mesmos em toda a vida. Eles passaram a falar corretamente os idiomas daqueles por quem estavam trabalhando, uma forte evidência de que o chamado deles veio do Céu. A partir daquele momento, a linguagem dos discípulos se tornou pura, simples e correta, tanto em seu idioma nativo quanto em um idioma estrangeiro.

As pessoas ficaram atônitas e maravilhadas. Elas perguntavam: "Acaso não são galileus todos estes homens que estão falando? Então, como os ouvimos, cada um de nós, em nossa própria língua materna?" (At 2:7, 8).

Os sacerdotes e príncipes ficaram furiosos. Eles haviam mandado matar o Nazareno, mas ali estavam Seus servos, contando a história de Sua vida e ministério em todas as línguas faladas naquela época! Os sacerdotes afirmaram que os discípulos estavam embriagados com o vinho novo, preparado para as festividades.

Entretanto, os que compreendiam os diferentes idiomas testemunharam que os discípulos falavam essas línguas corretamente.

Em resposta à acusação, Pedro mostrou que esse acontecimento tinha cumprido a profecia de Joel. Ele disse: "Estes homens não estão bêbados, como vocês supõem. Ainda são nove horas da manhã! Ao contrário, isto é o que foi predito pelo profeta Joel:

'Nos últimos dias, diz Deus, derramarei do Meu Espírito sobre todos os povos. Os seus filhos e as suas filhas profetizarão, os jovens terão visões, os velhos terão sonhos. Sobre os Meus servos e as Minhas servas derramarei do Meu Espírito naqueles dias, e eles profetizarão'" (At 2:15-18; ver também Jl 2:28, 29).

Jesus Era o Verdadeiro Messias

Pedro deu um testemunho poderoso sobre a morte e ressurreição de Cristo: "Este homem [Jesus] [...] vocês, com a ajuda de homens perversos, O mataram, pregando-O na cruz. Mas Deus O ressuscitou dos mortos, rompendo os laços da morte, porque era impossível que a morte O retivesse" (At 2:23, 24).

Sabendo que o preconceito de seus ouvintes era grande, Pedro falou de Davi, a quem os judeus consideravam um dos maiores líderes da nação: "A respeito dEle, disse Davi:

'Eu sempre via o Senhor diante de mim. Porque Ele está à minha direita, não serei abalado. [...]. Tu não me abandonarás no sepulcro, nem permitirás que o Teu Santo sofra decomposição'. [...]

"Irmãos, posso dizer-lhes com franqueza que o patriarca Davi morreu e foi sepultado, e o seu túmulo está entre nós até o dia de hoje" (v. 25, 27, 29). Ele "falou da ressurreição do Cristo, que não foi abandonado no sepulcro e cujo corpo não sofreu decomposição. Deus ressuscitou este Jesus, e todos nós somos testemunhas desse fato" (v. 31, 32).

As pessoas se apertavam de todos os lados, lotando o templo. Sacerdotes e governantes estavam ali, com seu coração ainda cheio de ódio contra Cristo; suas mãos ainda estavam sujas do sangue que derramaram quando crucificaram o Redentor do mundo. Eles encontraram os apóstolos destemidos e cheios do Espírito, proclamando que Jesus de Nazaré era Deus e declarando, com ousadia, que Aquele a quem homens cruéis tinham tão recentemente humilhado e crucificado era o Príncipe da vida, exaltado à direita de Deus.

Alguns ouvintes que estavam ali tinham participado da condenação e morte de Cristo; suas vozes haviam clamado por Sua crucifixão. Quando Pilatos perguntou: "Qual destes vocês querem que lhes solte?", eles haviam gritado: "Não, Ele não! Queremos Barrabás!" Quando Pilatos lhes entregou Cristo, eles tinham gritado: "Que o sangue dEle caia sobre nós e sobre nossos filhos!" (Mt 27:17; Jo 18:40; Mt 27:25).

Naquele momento, ouviram os discípulos declararem que eles tinham crucificado o Filho de Deus. Os sacerdotes e governantes tremeram. O povo foi tomado por convicção e angústia. Eles perguntaram a Pedro e ao restante dos apóstolos: "Irmãos, que faremos?" O poder que acompanhava o orador os convenceu de que Jesus era verdadeiramente o Messias.

"Arrependam-se, e cada um de vocês seja batizado em nome de Jesus Cristo, para perdão dos seus pecados, e receberão o dom do Espírito Santo" (At 2:38).

Milhares São Convertidos em Jerusalém

Pedro encorajou os que se sentiam culpados a reconhecer que tinham rejeitado a Cristo porque os sacerdotes e governantes os haviam enganado, e que, se continuassem a confiar naqueles homens, jamais aceitariam a Cristo. Aqueles líderes poderosos

O Pentecostes: o Início do Trabalho

eram ambiciosos por glória terrestre. Não estavam dispostos a ir a Cristo para receber luz.

As passagens bíblicas que Jesus tinha explicado aos discípulos passaram a se destacar na mente deles com o brilho da verdade perfeita. O véu foi removido, e eles entenderam, com perfeita clareza, o objetivo da missão de Cristo e a natureza do Seu reino. Enquanto revelavam aos seus ouvintes o plano da salvação, muitos se convenceram e se tornaram convictos. Tradições e superstições foram eliminadas, e eles aceitaram os ensinamentos do Salvador.

"Os que aceitaram a mensagem foram batizados, e naquele dia houve um acréscimo de cerca de três mil pessoas" (At 2:41). Em Jerusalém, a fortaleza do judaísmo, milhares de pessoas declararam abertamente sua fé em Jesus como o Messias.

Os discípulos ficaram maravilhados e muito felizes. Eles não atribuíram essas conversões aos próprios esforços; em vez disso, perceberam que estavam edificando o trabalho de outros. Cristo havia semeado a semente da verdade e a regado com Seu sangue. As conversões no dia de Pentecostes eram frutos do Seu trabalho.

Os argumentos dos apóstolos, por si só, não teriam acabado com o preconceito dos judeus. Na verdade, o Espírito Santo fez com que as palavras dos apóstolos acertassem o alvo, como flechas afiadas do Todo-Poderoso, convencendo as pessoas de sua culpa terrível por terem rejeitado o Senhor da glória.

Os discípulos não eram mais ignorantes e incultos; não eram mais um grupo que tinha interesses independentes e contrários. Eles tinham tudo em comum, "uma era a mente e um o coração" (v. 32). Haviam se tornado semelhantes ao seu Mestre na mente e no caráter, e outros "reconheceram que eles haviam estado com Jesus" (v. 13). As verdades que não puderam compreender enquanto Cristo estava com eles tornaram-se claras a partir de então. Para eles, já não era uma questão de fé o fato de Cristo ser o Filho de Deus. Eles sabiam que Jesus realmente era o Messias, e contavam sua experiência com uma confiança que convencia as pessoas de que Deus estava com eles.

Em comunhão íntima com Cristo, os discípulos se assentaram com Ele "nos lugares celestiais". Um amor pleno, profundo e missionário os motivou a ir até os confins da Terra, cheios de um intenso desejo de levar adiante o trabalho que Ele havia começado. O Espírito lhes deu poder e falou por meio deles. A paz de Cristo irradiava do rosto de cada um. Eles tinham dedicado a vida a Jesus, e o rosto deles testemunhava da entrega que haviam feito.

O Dom do Espírito

Cristo estava à sombra da cruz, plenamente consciente do peso da culpa que recairia sobre Ele como o Portador dos pecados, quando instruiu Seus discípulos a respeito do dom mais importante que Ele daria a Seus seguidores. Ele disse: "E Eu pedirei ao Pai, e Ele lhes dará outro Conselheiro para estar com vocês para sempre, o Espírito da verdade. [...], pois Ele vive com vocês e estará em vocês" (Jo 14:16, 17). Pelo poder divino do Espírito Santo, eles deviam resistir ao mal que havia se multiplicado durante séculos.

Qual foi o resultado do derramamento do Espírito no dia de Pentecostes? A boa notícia de um Salvador ressuscitado foi levada às partes mais afastadas do mundo. Conversos de todos os lugares vieram unir-se à igreja. Alguns dos que tinham feito a mais cruel oposição ao evangelho se tornaram seus campeões. O foco era um só: revelar um caráter semelhante ao de Cristo e trabalhar para ampliar Seu reino.

"Com grande poder os apóstolos continuavam a testemunhar da ressurreição do Senhor Jesus, e grandiosa graça estava sobre todos eles" (At 4:33). Homens escolhidos se consagraram à missão de transmitir a outros a esperança que enchia seus corações com paz e alegria. Nada podia impedi-los ou intimidá-los. Quando iam de cidade em cidade, os pobres ouviam a pregação do evangelho, e os milagres da graça divina aconteciam.

Desde o Pentecostes até os dias de hoje, o Consolador tem sido enviado a todos os que se rendem ao Senhor e ao Seu serviço. O Espírito Santo veio como conselheiro, santificador, guia e testemunha. Ao longo de séculos de perseguição, homens e mulheres que revelaram a presença do Espírito em sua vida permaneceram como sinais e maravilhas no mundo. Eles demonstraram o poder transformador do amor que redime.

Aqueles que se encheram de poder no Pentecostes não foram livrados de outras tentações em virtude dessa experiência. O inimigo os atacou diversas vezes, tentando roubar deles a experiência cristã. Eles tentavam alcançar o potencial pleno de homens e mulheres em Cristo com todo o poder que Deus lhes havia concedido. Oravam diariamente para que o Senhor os ajudasse a subir cada vez mais alto a escada da perfeição. Até mesmo os mais fracos aprenderam a aperfeiçoar os dons que Deus lhes tinha disponibilizado e a se tornar santificados, refinados e nobres. À medida que se submetiam em humildade à influência modeladora do Espírito Santo, a vida deles refletia cada vez mais Aquele que é divino.

Deus Não Limitou Seu Dom

A promessa de Cristo de enviar o Espírito Santo não mudou com o passar do tempo. Se não percebemos seu cumprimento hoje é porque não a compreendemos como deveríamos. Em qualquer lugar onde os cristãos menosprezem o Espírito Santo, encontramos ali seca, escuridão e morte espiritual. Quando questões menores ocupam a atenção, falta o poder divino necessário para o crescimento e prosperidade da igreja.

Por que não temos fome e sede do Espírito? O Senhor está mais disposto a conceder o Espírito do que os pais a dar boas coisas aos seus filhos. Todo obreiro deveria pedir a Deus o batismo diário do Espírito. Obreiros de Deus, a presença do Espírito Santo conosco nos dará poder para compartilhar a verdade – um poder que toda a glória deste mundo não seria capaz de dar.

As palavras que Jesus pronunciou aos discípulos também são para nós hoje. O Consolador é nosso, assim como foi deles. O Espírito concede a força que sustenta os cristãos em toda emergência, em meio ao ódio do mundo e ao reconhecimento das próprias falhas. Quando a perspectiva parece sombria, o futuro confuso, e nos sentimos desamparados e sós, o Espírito Santo conforta nosso coração.

Santidade é viver de toda palavra que sai da boca de Deus. É confiar nEle tanto na escuridão quanto na luz, caminhando pela fé e não pelo que vemos.

A natureza do Espírito Santo é um mistério. As pessoas podem reunir passagens bíblicas e interpretá-las com óculos humanos, mas aceitar ideias fantasiosas não fortalecerá a igreja. Com relação aos mistérios profundos demais para o entendimento humano, o silêncio é ouro.

O Espírito Santo convence do pecado (ver Jo 16:8). O pecador que atender à Sua influência será levado ao arrependimento, e sua consciência será despertada para a importância de obedecer aos requisitos de Deus. Para o pecador arrependido, o Espírito Santo revela o Cordeiro de Deus, que tira o pecado do mundo. Cristo disse: Ele "lhes ensinará todas as coisas e lhes fará lembrar tudo o que Eu lhes disse" (Jo 14:26).

O Espírito é dado como um agente de regeneração, para que a salvação obtida por meio da morte do Redentor seja uma realidade para nós. O Espírito trabalha constantemente para atrair nossa atenção para a cruz do Calvário; para revelar o amor de Deus e mostrar ao nosso coração convicto as coisas preciosas das Escrituras. Depois de convencer do pecado, o Espírito Santo afasta nosso amor pelas coisas desta Terra e preenche nosso coração com o desejo por santidade. "Ele os guiará a toda a verdade" (Jo 16:13). O Espírito gravará as coisas de Deus em nosso coração.

Desde o início, Deus tem trabalhado por intermédio do ser humano com o auxílio do Espírito Santo. Nos dias dos apóstolos, Ele atuou poderosamente por Sua igreja com a ajuda do Espírito Santo. O mesmo poder que sustentou os patriarcas, que deu fé e coragem tanto a Josué quanto a Calebe, e que tornou eficaz a obra da igreja no tempo dos apóstolos – esse mesmo poder tem fortalecido os filhos fiéis de Deus em todas as épocas desde então. Durante a Idade Média, os cristãos valdenses ajudaram, por meio do Espírito Santo, a preparar o caminho para a Reforma. O mesmo poder fez com que homens e mulheres nobres obtivessem sucesso na viabilização das missões modernas e da tradução da Bíblia para os idiomas de todas as nações.

Hoje, os que proclamam a cruz vão de país a país, preparando o caminho para a segunda vinda de Cristo. Eles exaltam a lei de Deus. O Espírito está tocando os corações, e aqueles que correspondem tornam-se testemunhas da verdade de Deus. Homens e mulheres consagrados transmitem a luz que revela o caminho da salvação por intermédio de Cristo. À medida que deixam sua luz brilhar, eles recebem ainda mais poder do Espírito. Assim, a Terra deverá ser iluminada com a glória de Deus.

Por outro lado, alguns cristãos estão de braços cruzados, à espera de alguma renovação espiritual que aumente grandemente sua capacidade de iluminar outros. Eles deixam sua luz enfraquecer, enquanto aguardam um momento no qual serão transformados e preparados para o serviço sem nenhum esforço da sua parte.

Chuvas de Outono e de Primavera

Quando a obra de Deus na Terra estiver terminando, evidências especiais do favor divino acompanharão os esforços sinceros de cristãos consagrados. Usando a ilustração das chuvas de outono e de primavera, que caem em terras orientais na época do plantio e da colheita, os profetas predisseram o derramamento do Espírito. Nos dias dos apóstolos, esse derramamento foi como a chuva de outono, e seu resultado, glorioso.

Entretanto, Deus prometeu uma medida especial do Espírito quando o fim da colheita da Terra estivesse próximo, a fim de preparar a igreja para a vinda do Filho do homem. Esse derramamento é a chuva de primavera. Os cristãos devem pedir ao Senhor da seara esse poder adicional na época da "chuva de primavera". Em resposta, "o Senhor" lhes mandará "a chuva" (Zc 10:1).

"Ele lhe[s] envia[rá] muitas chuvas, as de outono e as de primavera" (Jl 2:23).

Somente aqueles que receberem constantemente novos suprimentos de graça serão capazes de usar esse poder. Eles aproveitam diariamente as oportunidades de servir que estão ao seu alcance, testemunhando onde quer que estejam, em casa ou publicamente.

Até mesmo Cristo, enquanto viveu na Terra, pedia diariamente a Seu Pai novos suprimentos de graça. O Filho de Deus Se inclinava a Seu Pai em oração! Ele fortalecia Sua fé pela oração e reunia para Si poder para resistir ao mal e para servir aos outros.

O Irmão mais velho da humanidade conhece as necessidades dos que vivem em um mundo de pecado e tentação. Os mensageiros que Ele considera aptos a enviar são fracos e propensos a cometer erros; porém, Ele promete ajuda divina a todos os que se entregam ao Seu serviço. Seu exemplo nos garante que a fé e a completa consagração à Sua obra trarão o auxílio do Espírito Santo na batalha contra o pecado.

Todas as manhãs, à medida que os que levam o evangelho renovarem seus votos de consagração ao Senhor, Ele lhes dará Seu Espírito, com Seu poder vivificante e santificador. Ao saírem para realizar as atividades diárias, a influência invisível do Espírito Santo permitirá que eles sejam "colaboradores de Deus".

Proibidos de Realizar o Trabalho*

Pouco tempo depois do derramamento do Espírito Santo, Pedro e João estavam indo para o templo. Quando chegaram à porta, chamada Formosa, eles viram um paralítico de quarenta anos de idade, que sofria desde seu nascimento. Havia muito tempo aquele homem infeliz desejava ser curado, mas sempre estava longe de onde Jesus estava trabalhando. Seus pedidos insistentes finalmente convenceram alguns de seus amigos a carregá-lo à porta do templo, mas ele descobriu que Aquele em quem tinha colocado suas esperanças havia sido assassinado.

Sabendo por quanto tempo o paralítico tinha esperado ansiosamente para ser curado por Jesus, seus amigos passaram a levá-lo ao templo todos os dias para que os que passassem por ali pudessem dar a ele pequenas doações e assim aliviar suas necessidades. Quando Pedro e João passaram por aquele paralítico, ele pediu uma esmola a eles. "Pedro disse: 'Olhe para nós!' O homem olhou para eles com atenção, esperando receber deles alguma coisa. Disse Pedro: 'Não tenho prata nem ouro'". O rosto do paralítico ficou abatido; porém, o apóstolo continuou: "'Mas o que tenho, isto lhe dou. Em nome de Jesus Cristo, o Nazareno, ande'" (At 3:4-6).

"Segurando-o pela mão direita, ajudou-o a levantar-se, e imediatamente os pés e os tornozelos do homem ficaram firmes. E de um salto pôs-se de pé e começou a andar. Depois entrou com eles no pátio do templo, andando, saltando e louvando a Deus. Quando todo o povo o viu andando e louvando a Deus, reconheceu que era ele o mesmo homem que costumava mendigar sentado à porta do templo chamada Formosa. [...]

* Este capítulo é baseado em Atos 3; 4:1-31.

"Todo o povo ficou maravilhado e correu até eles, ao lugar chamado Pórtico de Salomão" (v. 7-11). Ali estava aquele homem, que tinha sido um paralítico desamparado por quarenta anos, alegrando-se por usar plenamente suas pernas e feliz por crer em Jesus.

Pedro garantiu ao povo que a cura havia acontecido pelos merecimentos de Jesus de Nazaré, a quem Deus tinha ressuscitado. "Pela fé no nome de Jesus, o Nome curou este homem que vocês veem e conhecem. A fé que vem por meio dEle lhe deu esta saúde perfeita, como todos podem ver" (v. 16).

A Culpa dos Judeus é Revelada
Os apóstolos falaram abertamente sobre o grande pecado dos judeus em matar o Príncipe da vida, mas tomaram cuidado para não levar seus ouvintes ao desespero. Pedro disse: "Vocês negaram publicamente o Santo e Justo e pediram que lhes fosse libertado um assassino. Vocês mataram o Autor da vida, mas Deus O ressuscitou dos mortos. E nós somos testemunhas disso" (At 3:14, 15). "Agora, irmãos, eu sei que vocês agiram por ignorância, bem como os seus líderes" (v. 17). Ele disse aos seus ouvintes que o Espírito Santo os estava chamando ao arrependimento. Somente pela fé nAquele que tinham crucificado é que poderiam ter seus pecados perdoados.

Pedro apelou: "Arrependam-se, pois, e voltem-se para Deus, para que os seus pecados sejam cancelados, para que venham tempos de descanso da parte do Senhor [...]. Tendo Deus ressuscitado o Seu Servo, enviou-O primeiramente a vocês, para abençoá-los, convertendo cada um de vocês das suas maldades" (v. 19, 20, 26).

Muitos aguardavam esse testemunho e, quando o ouviram, creram e uniram suas forças aos que aceitaram o evangelho.

Enquanto os discípulos estavam falando, "chegaram os sacerdotes, o capitão da guarda do templo e os saduceus. Eles estavam muito perturbados porque os apóstolos estavam ensinando o povo e proclamando em Jesus a ressurreição dos mortos" (At 4:1, 2).

Os sacerdotes haviam espalhado o boato de que os discípulos tinham roubado o corpo de Cristo enquanto os guardas romanos dormiam. Não é de surpreender que eles tenham ficado descontentes quando ouviram Pedro e João pregarem a ressurreição dAquele a quem haviam assassinado. Os saduceus sentiram que sua doutrina mais preciosa estava em perigo.

Os fariseus e saduceus concordaram que, se aqueles novos mestres não fossem detidos, a influência dos líderes correria maior perigo do que quando Jesus esteve na Terra. Então, com a ajuda de vários saduceus, o capitão da guarda do templo colocou Pedro e João na prisão.

Os governantes judeus tinham evidências mais do que suficientes de que os apóstolos estavam falando e agindo sob inspiração divina, mas eles resistiram firmemente à verdade. Embora, às vezes, estivessem convencidos de que Cristo era o Filho de Deus, eles tinham reprimido essa convicção e O haviam crucificado. Deus estava dando a eles outra oportunidade de se voltar para Ele. Mesmo assim, os mestres judeus se recusaram a admitir que os homens que os acusavam de crucificar Cristo estavam, de fato, falando por meio da direção do Espírito Santo.

Tornaram-se ainda mais determinados a não admitir que estavam errados. Não é que não pudessem se render. Eles podiam, mas não fizeram isso. Persistentemente rejeitaram a luz e silenciaram as convicções do Espírito. Cada ato de resistência à mensagem que Deus tinha dado a Seus servos fazia com que eles se tornassem ainda mais rebeldes.

Um Pecado Pior do que o Original

Deus não sentencia os pecadores não arrependidos simplesmente por causa dos pecados que cometeram, mas porque, quando são chamados a se arrepender, eles decidem continuar resistindo à luz. Se os líderes judeus tivessem se submetido ao poder convencedor do Espírito Santo, Deus os teria perdoado, mas eles estavam determinados a não se render.

No dia seguinte à cura do homem paralítico, Anás e Caifás se reuniram para o julgamento, e os prisioneiros foram trazidos diante deles. Naquele mesmo lugar, diante de alguns daqueles mesmos homens, Pedro tinha negado vergonhosamente seu Senhor. Ele estava tendo então a oportunidade de reparar sua covardia. O Pedro que tinha negado a Cristo era impulsivo e presunçoso; mas, desde sua queda, ele havia se convertido. O novo Pedro era modesto e desconfiava de si mesmo. Era cheio do Espírito Santo e estava determinado a remover a mancha da sua apostasia, honrando o Nome que ele tinha renegado.

Os sacerdotes foram obrigados a perguntar aos discípulos acusados como tinha acontecido a cura do paralítico. Com santa ousadia, Pedro disse: "Saibam os senhores e todo o povo de Israel que por meio do nome de Jesus Cristo, o Nazareno, a quem os senhores crucificaram, mas a quem Deus ressuscitou dos mortos, este homem está aí curado diante dos senhores" (At 4:10).

Os líderes judeus tinham pensado que os discípulos seriam dominados pelo medo e confusão quando fossem levados ao Sinédrio. Em vez disso, Pedro e João, essas duas testemunhas, falaram com um poder convincente que silenciou seus oponentes. Não havia nenhum sinal de medo na voz de Pedro quando ele declarou a respeito de Cristo: "Este Jesus é 'a pedra que vocês, construtores, rejeitaram, e que se tornou a pedra angular'" (v. 11). Quando os sacerdotes ouviram as palavras destemidas dos dois apóstolos, "reconheceram que eles haviam estado com Jesus" (v. 13). Quando os discípulos ouviram as palavras de Cristo pela primeira vez sentiram que precisavam dEle. Eles O buscavam, encontravam e seguiam, no templo, à mesa, nas encostas da montanha e no campo. Eram como alunos de um professor, recebendo dEle diariamente lições da verdade eterna.

Jesus, o Salvador, que havia andado, falado e orado com eles, tinha subido ao Céu em forma humana. Os discípulos sabiam que Jesus estava diante do trono de Deus, sendo ainda seu Amigo e Salvador, identificado para sempre com a humanidade sofredora. Sua união com Jesus era mais forte naquele momento do que quando o Mestre esteve com eles pessoalmente. Cristo morava no coração de Seus discípulos, e eles O irradiavam de modo que as pessoas se maravilhavam ao vê-Lo.

O homem que tinha sido milagrosamente curado ficou ao lado de Pedro como testemunha. Sua aparência reforçava ainda mais as palavras de Pedro. Os sacerdotes e governantes ficaram em silêncio, incapazes de refutar a declaração do apóstolo, mas eles não estavam menos determinados a pôr um fim no ensino dos discípulos.

Os sacerdotes tinham crucificado Jesus, mas ali estava uma prova convincente de que eles não tinham conseguido impedir a realização dos milagres em Seu nome nem a propagação da verdade que Ele ensinava. A cura do homem paralítico e a pregação dos apóstolos encheram Jerusalém de entusiasmo!

Para que pudessem se aconselhar entre si, os sacerdotes e governantes ordenaram que os apóstolos fossem tirados dali. Seria inútil negar que o homem havia sido curado. Era impossível encobrir o milagre com falsidades, uma vez que ele tinha acontecido diante de uma multidão. Os líderes sentiram que deveriam deter o trabalho dos discípulos, ou eles próprios cairiam em desgraça.

Chamando-os de novo perante o Sinédrio, os sacerdotes lhes ordenaram que não falassem nem ensinassem em nome de Jesus. Então Pedro e João disseram: "Julguem os senhores mesmos se é justo aos olhos de Deus obedecer aos senhores e não a Deus. Pois não podemos deixar de falar do que vimos e ouvimos" (At 4:19, 20). Assim, repetindo ameaças e advertências, os sacerdotes mandaram libertar os apóstolos.

O Dom Divino da Santa Ousadia

Enquanto Pedro e João estavam presos, os outros discípulos oraram constantemente por eles, temendo que os líderes pudessem repetir a crueldade que tinham demonstrado para com Cristo. Assim que os dois apóstolos foram libertados, eles lhes relataram o resultado da audiência. Os cristãos ficaram muito felizes. "Ouvindo isso, levantaram juntos a voz a Deus, dizendo: 'Ó Soberano, [...] considera as ameaças deles e capacita os Teus servos para anunciarem a Tua palavra corajosamente. Estende a Tua mão para curar e realizar sinais e maravilhas por meio do nome do Teu santo servo Jesus" (At 4:24, 29, 30).

Os discípulos perceberam que eles encontrariam a mesma determinada oposição que Cristo tinha sofrido. Enquanto suas orações subiam ao Céu com fé, a resposta veio. Eles receberam um novo derramamento do Espírito Santo. Cheios de coragem, saíram novamente para proclamar a palavra de Deus. "Com grande poder os apóstolos continuavam a testemunhar da ressurreição do Senhor Jesus" (v. 33). E Deus abençoou os esforços deles.

O princípio que os discípulos defenderam tão destemidamente é o mesmo ao qual se apegaram os seguidores do evangelho nos dias da Reforma. Na Dieta de Espira, em 1529, os príncipes alemães ouviram o decreto do imperador, que restringia a liberdade religiosa e proibia a pregação das doutrinas reformadas. Os príncipes aceitariam o decreto? A luz do evangelho deveria ser ocultada de tantos que ainda estavam na escuridão? Os que tinham aceitado a fé reformada se reuniram, e sua decisão unânime foi: "Rejeitamos esse decreto. No que diz respeito à consciência, a maioria não tem poder".

A bandeira da liberdade religiosa, levantada pelos fundadores da igreja evangélica e pelas testemunhas de Deus durante os séculos que se seguiram, foi entregue em nossas mãos neste último conflito. Devemos reconhecer o governo humano como algo designado por Deus, e devemos ensinar obediência a ele como um dever sagrado em sua esfera legítima. No entanto, quando suas exigências entram em conflito com as reivindicações de Deus, devemos obedecer a Deus e não aos homens. O "Assim diz o Senhor" não deve ser deixado de lado por causa de um "Assim diz a igreja" ou um "Assim diz o Estado". Não devemos desafiar as autoridades. Devemos ter cuidado com nossas palavras para que não pareçamos contrários à lei e à ordem. Não devemos dizer nem fazer nada que, desnecessariamente, tire nossa oportunidade de proclamar as verdades confiadas a nós. Se as autoridades nos proibirem de fazer essa obra, então poderemos dizer como os apóstolos: "Julguem os senhores mesmos se é justo aos olhos de Deus obedecer aos senhores e não a Deus. Pois não podemos deixar de falar do que vimos e ouvimos" (At 4:19, 20).

Punição a um Casal Desonesto[*]

À medida que os discípulos proclamavam o evangelho, um grande número de pessoas acreditava na mensagem. Muitos desses primeiros cristãos foram imediatamente deserdados por suas famílias e amigos, e foi necessário dar a eles alimento e abrigo.

Os cristãos que tinham dinheiro e propriedades se sacrificavam com alegria para atender a essas emergências. Ao venderem suas casas ou terras, eles traziam o dinheiro e o colocavam aos pés dos apóstolos. O amor que tinham por seus irmãos em Cristo e pela causa que haviam abraçado era maior do que seu amor por dinheiro e bens. Eles valorizavam mais as pessoas do que a riqueza terrestre.

Entretanto, as ações de Ananias e Safira foram nitidamente contrárias. Esses professos discípulos tinham ouvido os apóstolos pregarem o evangelho. Eles estavam presentes quando "tremeu o lugar em que estavam reunidos; todos ficaram cheios do Espírito Santo" (At 4:31). Sob a influência direta do Espírito de Deus, Ananias e Safira tinham prometido dar ao Senhor o rendimento da venda de uma determinada propriedade.

Depois disso, eles não apenas se arrependeram da promessa que haviam feito, como também alimentaram um sentimento de ganância. O casal achou que tinha sido muito precipitado e decidiu não cumprir sua promessa. Envergonhados de que outros ficassem sabendo que seu coração egoísta invejava o que tinham dedicado solenemente a Deus, Ananias e Safira decidiram, intencionalmente, vender sua propriedade e fingir dar todo o dinheiro para o fundo comum, mas guardariam uma grande parcela

* Este capítulo é baseado em Atos 4:32 a 5:11.

para si. Dessa maneira, eles receberiam dinheiro para viver do fundo comum e, ao mesmo tempo, ganhariam a admiração de seus irmãos cristãos. No entanto, Deus vê a hipocrisia e a falsidade. Ananias e Safira mentiram para o Espírito Santo, e Deus retribuiu o pecado deles com uma rápida sentença. Quando Ananias chegou com sua oferta, Pedro disse: "Ananias, como você permitiu que Satanás enchesse o seu coração, a ponto de você mentir ao Espírito Santo e guardar para si uma parte do dinheiro que recebeu pela propriedade? Ela não lhe pertencia? E, depois de vendida, o dinheiro não estava em seu poder? O que o levou a pensar em fazer tal coisa? Você não mentiu aos homens, mas sim a Deus. "Ouvindo isso, Ananias caiu morto. Grande temor apoderou-se de todos os que ouviram o que tinha acontecido" (At 5:3-5).

Ninguém tinha pressionado Ananias, forçando-o a sacrificar suas posses. Ele agiu por conta própria. Contudo, ao tentar enganar os discípulos, mentiu para o Todo-Poderoso.

"Cerca de três horas mais tarde, entrou sua mulher, sem saber o que havia acontecido. Pedro lhe perguntou: 'Diga-me, foi esse o preço que vocês conseguiram pela propriedade?' "Respondeu ela: 'Sim, foi esse mesmo'.

"Pedro lhe disse: 'Por que vocês entraram em acordo para tentar o Espírito do Senhor? Veja! Estão à porta os pés dos que sepultaram seu marido, e eles a levarão também'. Naquele mesmo instante, ela caiu aos pés dele e morreu. Então os moços entraram e, encontrando-a morta, levaram-na e a sepultaram ao lado de seu marido. E grande temor apoderouse de toda a igreja e de todos os que ouviram falar desses acontecimentos" (v. 7-11).

Por Que Deus Demonstrou Sua Ira?

A Sabedoria Infinita viu que essa demonstração da ira de Deus era necessária para evitar que a jovem igreja se tornasse desmoralizada. A igreja estaria em perigo se homens e mulheres que tinham se unido a ela estivessem adorando o dinheiro, quando muitos ainda estavam sendo convertidos. Essa sentença foi uma advertência para que a igreja fugisse tanto da falsidade quanto da hipocrisia, e tomasse cuidado para não roubar a Deus.

Deus fez com que a pregação do evangelho dependesse do trabalho e dos dons de Seu povo – ofertas voluntárias e o dízimo. Deus reivindica a décima parte; Ele nos deixa livres para decidir se daremos mais do que isso. Quando o Espírito Santo toca o coração de alguém e essa pessoa faz um voto de dar uma certa quantia, aquele que jura não tem mais direito à parte consagrada. Será que somos menos obrigados a cumprir as promessas que fazemos a Deus do que os contratos que assinamos com outras pessoas?

Quando a luz divina brilha no coração com uma clareza incomum, os hábitos egoístas perdem sua força, e há um desejo de doar a Deus. Entretanto, Satanás não fica feliz em ver o reino do Redentor sendo estabelecido na Terra. Ele insinua que a promessa que fazemos é grande demais; que ela pode incapacitar nossos esforços de obter propriedade ou satisfazer os desejos das nossas famílias.

Deus abençoa homens e mulheres com posses e bens para que eles possam doar à Sua causa. Ele lhes dá saúde e capacidade de ganhar dinheiro. Por sua vez, Ele os convida a mostrar sua gratidão devolvendo os dízimos e ofertas. Se os recursos fluíssem para a tesouraria em harmonia com esse plano designado por Deus, haveria muito dinheiro disponível para a obra do Senhor avançar.

Os corações se tornaram endurecidos pelo egoísmo. Como Ananias e Safira, muitas pessoas esbanjam dinheiro, gratificando a si mesmas enquanto trazem a Deus uma oferta medíocre, quase que de má vontade. Elas se esquecem de que, assim como Deus não aceitou a oferta de Ananias e Safira, não aceitará a miséria que entregam à tesouraria.

Deus quer que aprendamos o quanto Ele odeia profundamente a hipocrisia e o engano. Ananias e Safira mentiram ao Espírito Santo e perderam esta vida e a vida que está por vir. Deus declara que, na Cidade Santa, "jamais entrará algo impuro, nem ninguém que pratique o que é vergonhoso ou enganoso" (Ap 21:27). Que a verdade se torne parte da nossa vida! Brincar com a verdade significa naufragar na fé. "Assim, mantenham-se firmes, cingindo-se com o cinto da verdade" (Ef 6:14). Os que contam mentiras se vendem muito barato. Eles parecem progredir em negócios que não poderiam ganhar de maneira justa; mas, no fim, não conseguem confiar em ninguém. Sendo eles mesmos mentirosos, não têm confiança na palavra dos outros.

No caso de Ananias e Safira, a desonestidade para com Deus foi rapidamente punida. Muitos em nossa época cometem o mesmo pecado. Não é menos terrível aos olhos de Deus hoje do que o foi no tempo dos apóstolos. Ele deu a advertência: todos os que se entregam à hipocrisia e à cobiça estão destruindo a si mesmos.

Perante o Sinédrio*

Na força de Cristo, os discípulos saíram não apenas para contar a história da manjedoura e da cruz, mas para triunfar sobre toda oposição. De seus lábios saíram palavras de eloquência divina que abalaram o mundo.

Em Jerusalém, onde prevaleciam o preconceito intenso e ideias confusas a respeito dAquele que tinha sido crucificado como um criminoso, os discípulos contaram aos judeus sobre a missão de Cristo, Sua crucifixão, ressurreição e ascensão. Os sacerdotes e governantes ficaram admirados ao ouvir o ousado testemunho deles. O poder do Salvador ressuscitado tinha verdadeiramente descido sobre os discípulos. Ao longo das ruas por onde eles deviam passar, o povo levava os doentes, colocando-os "em camas e macas, para que pelo menos a sombra de Pedro se projetasse sobre alguns, enquanto ele passava" (At 5:15). Multidões se reuniam ao redor deles, e os que tinham sido curados glorificavam o nome do Redentor.

Quando os saduceus, que não acreditavam na ressurreição, ouviram os apóstolos declararem que Cristo havia ressuscitado dos mortos, eles ficaram furiosos. Se fosse permitido que os apóstolos pregassem sobre um Salvador ressuscitado, a seita dos saduceus logo seria extinta. Os fariseus sabiam que o ensino dos discípulos tinha a tendência de enfraquecer as cerimônias judaicas. Assim, os saduceus e fariseus decidiram que os discípulos deveriam ser impedidos de pregar. Cheios de ressentimento, os sacerdotes colocaram Pedro e João na prisão.

Aqueles a quem o Senhor havia confiado a verdade haviam se revelado infiéis. Deus, então, escolheu outros para fazer Sua obra. Os líderes infiéis sequer admitiam a possibilidade de que eles mesmos não entendiam corretamente a Palavra

* Este capítulo é baseado em Atos 5:12-42.

nem que haviam interpretado mal as Escrituras. Eles disseram: "Alguns desses mestres são apenas pescadores. Que direito eles têm de apresentar ideias contrárias às doutrinas que ensinamos ao povo?"

Os discípulos não ficaram assustados. O Espírito Santo fez com que eles se lembrassem das palavras de Cristo: "Se Me perseguiram, também perseguirão vocês" (Jo 15:20). "Virá o tempo quando quem os matar pensará que está prestando culto a Deus" (Jo 16:2). "Estou lhes dizendo isto para que, quando chegar a hora, lembrem-se de que Eu os avisei" (v. 4).

Obedecer Primeiramente a Deus

Com as próprias mãos, o Poderoso Governador do Universo cuidou da questão do aprisionamento dos discípulos, pois os homens estavam lutando contra Sua obra. Naquela noite, o anjo do Senhor abriu as portas da prisão e disse aos dois apóstolos: "Dirijam-se ao templo e relatem ao povo toda a mensagem desta Vida" (At 5:20). Por acaso, os apóstolos disseram: "Não podemos fazer isto até que tenhamos recebido permissão dos magistrados"? Não! Deus tinha dito: "Vão", e eles obedeceram. "Ao amanhecer, eles entraram no pátio do templo, como haviam sido instruídos, e começaram a ensinar o povo" (v. 21).

Quando Pedro e João apareceram para os cristãos e contaram a eles como o anjo os tinha conduzido por entre o grupo de soldados que guardava a prisão, ordenando a eles que retomassem o trabalho que havia sido interrompido, os fiéis ficaram cheios de alegria.

Enquanto isso, o sumo sacerdote tinha reunido a assembleia do Sinédrio. Os sacerdotes e governantes haviam decidido acusar os discípulos de terem sido rebeldes, de assassinar Ananias e Safira e de conspirar contra a autoridade dos sacerdotes. Assim como tinham feito com Jesus, eles esperavam provocar a multidão para que o povo desse um fim aos discípulos. Os sacerdotes temiam que, se as pessoas reconhecessem Jesus como o Messias, ficariam furiosas com os líderes religiosos, que então teriam que responder pelo assassinato de Cristo. Portanto, eles decidiram tomar fortes medidas para impedir que isso acontecesse.

Quando mandaram chamar os prisioneiros, ficaram espantados com o recado que chegou aos seus ouvidos: as portas da prisão estavam firmemente trancadas e o guarda estava diante delas, mas não foi possível encontrar os presos.

Logo chegou a notícia: "Os homens que os senhores puseram na prisão estão no pátio do templo, ensinando o povo. Então, indo para lá com os guardas, o capitão trouxe os apóstolos, mas sem o uso de força, pois temiam que o povo os apedrejasse" (v. 25, 26).

Embora os apóstolos tivessem sido libertados da prisão, eles não foram salvos do castigo. Enviando um anjo para libertá-los, Deus deu a eles um sinal de Sua presença. No entanto, eles deviam sofrer por amor dAquele cujo evangelho estavam pregando.

A Incrível Coragem de Pedro

O relato deixado por Pedro e João é heroico. Ao estarem pela segunda vez diante dos homens que pretendiam destruí-los, eles não demonstraram nenhum medo nem hesitação em suas palavras ou atitudes. Quando o sumo sacerdote disse: "Demos ordens expressas a vocês para que não ensinassem neste nome. Todavia, vocês encheram Jerusalém com sua doutrina e nos querem tornar culpados do sangue desse Homem" (At 5:28), Pedro respondeu: "É preciso obedecer antes a Deus do que aos homens!" (v. 29). Um anjo do Céu tinha libertado os dois discípulos da prisão e, ao seguirem as instruções do anjo, eles estavam obedecendo ao mandamento divino.

Então, o Espírito desceu sobre os discípulos, e os acusados se tornaram os acusadores, denunciando os que faziam parte do Sinédrio de terem assassinado

Cristo. "O Deus dos nossos antepassados ressuscitou Jesus, a quem os senhores mataram, suspendendo-O num madeiro. Deus O exaltou, colocando-O à Sua direita como Príncipe e Salvador, para dar a Israel arrependimento e perdão de pecados. Nós somos testemunhas destas coisas, bem como o Espírito Santo, que Deus concedeu aos que Lhe obedecem" (v. 30-32).

Os judeus ficaram tão enfurecidos com essas palavras que decidiram matar os prisioneiros sem mais interrogatórios e sem autorização dos oficiais romanos. Já culpados do sangue de Cristo, agora estavam ansiosos para manchar as mãos com o sangue dos Seus discípulos.

Entretanto, um homem no Sinédrio reconheceu a voz de Deus nas palavras que os discípulos tinham falado. Gamaliel, um fariseu instruído e com uma alta posição, viu claramente que a medida violenta que os sacerdotes estavam planejando tomar traria consequências terríveis. Antes de falar aos membros do Sinédrio, ele pediu que os prisioneiros fossem retirados dali. Gamaliel sabia muito bem que nada impediria os assassinos de Cristo de realizar as intenções deles.

Ele então falou com grande cautela: "Israelitas, considerem cuidadosamente o que pretendem fazer a esses homens. [...] Eu os aconselho: deixem esses homens em paz e soltem-nos. Se o propósito ou atividade deles for de origem humana, fracassará; se proceder de Deus, vocês não serão capazes de impedi-los, pois se acharão lutando contra Deus" (v. 35, 38, 39).

Os sacerdotes perceberam que tinham de concordar com Gamaliel. Muito relutantes, depois de espancarem os discípulos e de ordenar novamente a eles que não pregassem em nome de Jesus, eles os libertaram. "Os apóstolos saíram do Sinédrio, alegres por terem sido considerados dignos de serem humilhados por causa do Nome. Todos os dias, no templo e de casa em casa, não deixavam de ensinar e proclamar que Jesus" era "o Cristo" (v. 41, 42).

No Mundo Temos Problemas

Cristo disse a respeito de Si mesmo: "Não pensem que vim trazer paz à Terra; não vim trazer paz, mas espada" (Mt 10:34). Ele era o Príncipe da Paz, mas ainda assim causava divisão. Aquele que veio proclamar as boas-novas iniciou um conflito que arde profundamente e desperta intensa paixão no coração humano. Ele advertiu Seus seguidores: "Vocês serão traídos até por pais, irmãos, parentes e amigos, e eles entregarão alguns de vocês à morte" (Lc 21:16).

Todo insulto e crueldade que Satanás podia induzir o ser humano a imaginar foi causado aos seguidores de Jesus. O coração carnal ainda se opõe intensamente à lei de Deus. O mundo não está mais em harmonia com os princípios de Cristo hoje do que esteve nos dias dos apóstolos. O mesmo ódio que motivou a multidão a gritar: "Crucifica-O, crucifica-O!", ainda atua naqueles que se rebelam contra Deus. O mesmo espírito que enviou homens e mulheres à prisão, ao exílio e à morte na Idade Média, que inventou a tortura da Inquisição, que planejou e executou o massacre de São Bartolomeu e que incendiou a cidade de Smithfield, ainda está atuando. Os que proclamaram o evangelho sempre o fizeram diante de oposição, perigo e sofrimento.

O desprezo e a perseguição separaram muitos amigos aqui na Terra, mas nunca os separaram do amor de Cristo. Não há momento em que os seguidores de Cristo sejam mais amados pelo Salvador do que quando levam a culpa e são mal compreendidos por causa da verdade. Cristo fica ao lado deles. Quando são confinados na prisão, Jesus alegra o coração deles com Seu amor. Quando enfrentam a morte por amor de Cristo, o Salvador lhes diz:

"Não tenham medo dos que matam o corpo, mas não podem matar a alma" (Mt 10:28).

"Por isso não tema, pois estou com você; não tenha medo, pois sou o seu Deus. Eu o fortalecerei e o ajudarei; Eu o segurarei com a Minha mão direita vitoriosa" (Is 41:10).

"Ele os resgata da opressão e da violência, pois aos Seus olhos a vida deles é preciosa" (Sl 72:14).

A Escolha dos
Sete Diáconos*

"Naqueles dias, crescendo o número de discípulos, os judeus de fala grega entre eles queixaram-se dos judeus de fala hebraica, porque suas viúvas estavam sendo esquecidas na distribuição diária de alimento" (At 6:1).

A igreja primitiva era formada por pessoas de muitas classes e de diferentes nacionalidades. Na época do Pentecostes, "havia em Jerusalém judeus, tementes a Deus, vindos de todas as nações do mundo" (At 2:5). Entre os de fé hebraica, estavam os judeus de língua grega, conhecidos como helenistas. Por muito tempo, houve desconfiança entre estes e os judeus da Palestina.

Os que tinham sido convertidos foram unidos pelo amor cristão. Apesar de seus antigos preconceitos, todos estavam em harmonia uns com os outros. Mas Satanás tentou tirar

proveito de antigos hábitos e maneiras de pensar, usando-os para introduzir desunião na igreja.

O inimigo conseguiu levantar as suspeitas de alguns cujo hábito tinha sido encontrar falhas em seus líderes espirituais, e assim, "os judeus de fala grega [...] queixaram-se dos judeus de fala hebraica" (At 6:1). A causa da queixa era que as viúvas gregas estavam sendo, supostamente, negligenciadas na distribuição diária do auxílio aos pobres. Os apóstolos tiveram que agir rapidamente para pôr um fim a toda oportunidade de insatisfação e, assim, impedir que o inimigo trouxesse divisão entre os cristãos.

A igreja crescia continuamente sob a liderança sábia dos apóstolos, e esse crescimento fez com que aumentassem as responsabilidades dos que estavam no comando. Era preciso distribuir as responsabilidades que poucos tinham,

* Este capítulo é baseado em Atos 6:1-7.

fielmente, desempenhado no início. Os apóstolos deviam passar a outros alguns deveres e responsabilidades que tinham exercido até então.

Ao reunir os cristãos, os apóstolos disseram que os líderes espirituais deveriam ser dispensados da tarefa de distribuir alimentos aos pobres e de encargos semelhantes. Eles deviam ficar livres para pregar o evangelho. "Irmãos, escolham entre vocês sete homens de bom testemunho, cheios do Espírito e de sabedoria. Passaremos a eles essa tarefa e nos dedicaremos à oração e ao ministério da palavra" (v. 3, 4). Os cristãos seguiram esse conselho e, pela oração e imposição de mãos, separaram sete homens escolhidos como diáconos.

Os Resultados do Novo Plano

A nomeação dos sete diáconos foi uma grande bênção para a igreja. Esses novos oficiais deram atenção cuidadosa às necessidades dos indivíduos, bem como aos interesses financeiros da igreja em geral. Sua ajuda foi importante para unir os vários interesses da igreja.

"Assim, a palavra de Deus se espalhava. Crescia rapidamente o número de discípulos em Jerusalém; também um grande número de sacerdotes obedecia à fé" (v. 7). Isso ocorreu tanto por causa da maior liberdade que os apóstolos passaram a ter, quanto do zelo que os sete diáconos demonstraram em seu serviço. Esses homens, ordenados a cuidar das necessidades dos pobres, também estavam plenamente capacitados a orientar outras pessoas nos caminhos da verdade, e se empenhavam fervorosamente nessa obra.

A proclamação do evangelho devia alcançar o mundo inteiro, e os mensageiros da cruz deveriam permanecer unidos, revelando ao mundo que eles eram um com Cristo em Deus (ver Jo 17:11, 14, 21, 23). Seu poder dependia de que eles mantivessem uma ligação íntima com Aquele que os havia encarregado de pregar o evangelho.

Se eles continuassem a trabalhar unidos, mensageiros celestiais abririam o caminho para eles, os corações estariam preparados para a verdade e muitas pessoas seriam ganhas para Cristo. A igreja seguiria "bela como a lua, brilhante como o sol, admirável como um exército e suas bandeiras" (Ct 6:10), cumprindo gloriosamente sua missão divina.

A igreja de Jerusalém deveria servir de modelo para a organização das outras igrejas em todos os lugares. Aqueles que tinham a responsabilidade de dirigir a igreja deveriam, como sábios pastores, cuidar do rebanho de Deus e ser "exemplos para o rebanho" (1Pe 5:3), e os diáconos deveriam ser "homens de bom testemunho, cheios do Espírito Santo e de sabedoria" (At 6:3).

Quando os cristãos formaram igrejas em várias partes do mundo, a organização foi então aperfeiçoada. Todos os membros deveriam usar, com sabedoria, os dons que lhes haviam sido confiados. Alguns receberam dons especiais: "Deus estabeleceu primeiramente apóstolos; em segundo lugar, profetas; em terceiro lugar, mestres; depois os que realizam milagres, os que têm dom de curar, os que têm dom de prestar ajuda, os que têm dons de administração e os que falam diversas línguas" (1Co 12:28). No entanto, todos deviam trabalhar em harmonia.

Todo Cristão Tem um Dom Especial

"A cada um, porém, é dada a manifestação do Espírito, visando ao bem comum. Pelo Espírito, a um é dada a palavra de sabedoria; a outro, a palavra de conhecimento, pelo mesmo Espírito; a outro, fé, pelo mesmo Espírito; a outro, dons de cura, pelo único Espírito; a outro, poder para operar milagres; a outro, profecia; a outro, discernimento de espíritos; a outro, variedade de línguas; e ainda a outro, interpretação de línguas. Todas essas coisas, porém, são realizadas pelo mesmo e único Espírito, e Ele as distribui individualmente, a cada um, conforme quer.

"Ora, assim como o corpo é uma unidade, embora tenha muitos membros, e todos os membros, mesmo sendo muitos, formam um só corpo, assim também é com respeito a Cristo" (1Co 12:7-12).

Certa vez, Moisés estava tentando levar fardos tão pesados, que ele logo ficaria esgotado. Então, Jetro o aconselhou a distribuir sabiamente as responsabilidades. "Seja você o representante do povo diante de Deus e leve a Deus as suas questões" (Êx 18:19). Jetro também aconselhou que fossem nomeados homens para atuar como "chefes de mil, de cem, de cinquenta e de dez" (v. 21), livrando, assim, Moisés de muitos assuntos secundários com os quais ajudantes consagrados poderiam lidar.

Os que estão em posições de liderança e responsabilidade na igreja devem lidar com os assuntos mais sérios, que exigem sabedoria especial e compaixão. Esses líderes não devem resolver questões menores que outros já estejam bem habilitados a gerenciar.

Moisés "escolheu homens capazes de todo o Israel [...]. As questões difíceis levavam a Moisés; as mais simples, porém, eles mesmos resolviam" (v. 25, 26). Moisés teve o cuidado de escolher homens dotados de bom senso, dignidade e experiência.

Salomão foi chamado a ocupar uma posição de responsabilidade e liderança. Davi lhe deu uma ordem especial: "E você, meu filho Salomão, reconheça o Deus de seu pai, e sirva-O de todo o coração e espontaneamente, pois o Senhor sonda todos os corações e conhece a motivação dos pensamentos. Se você O buscar, O encontrará" (1Cr 28:9).

Um Belo Plano de Organização

Os mesmos princípios de piedade e justiça que deviam guiar o povo de Deus nos tempos de Moisés e Davi foram dados também aos que deveriam cuidar da igreja recém-organizada na era cristã. Ao organizar as coisas e ordenar que certos homens agissem como oficiais, os apóstolos mantiveram os padrões de liderança descritos no Antigo Testamento. Aquele que é chamado para uma função de liderança na igreja deve ser "irrepreensível: não orgulhoso, não briguento, não apegado ao vinho, não violento, nem ávido por lucro desonesto. É preciso, porém, que ele seja hospitaleiro, amigo do bem, sensato, justo, consagrado, tenha domínio próprio e apegue-se firmemente à mensagem fiel, da maneira como foi ensinada, para que seja capaz de encorajar outros pela sã doutrina e de refutar os que se opõem a ela" (Tt 1:7-9).

A ordem mantida pela igreja cristã primitiva permitiu que ela avançasse como um exército bem disciplinado. Embora espalhados através de um grande território, os cristãos eram todos um só corpo; todos agiam de acordo e em harmonia. Quando surgiam divergências em uma igreja, eles não permitiam que essas questões criassem divisão, mas as encaminhavam a um conselho geral de delegados designados de várias igrejas, tendo os apóstolos e anciãos em posições de responsabilidade e liderança. Dessa maneira, eles frustravam os planos do inimigo de separá-los e destruí-los.

"Pois Deus não é Deus de desordem, mas da paz" (1Co 14:33). Ele exige que respeitemos a ordem e a organização hoje. Cristão deve se unir a cristão, igreja a igreja; cada ação deve estar subordinada ao Espírito Santo. Juntos, todos devem dar ao mundo as boas notícias da graça de Deus.

O Primeiro Mártir Cristão*

Estêvão, o mais ilustre dos sete diáconos, falava o idioma grego e estava familiarizado com os costumes dos gregos. Por isso, ele teve a oportunidade de pregar o evangelho nas sinagogas dos judeus gregos e falava com coragem sobre sua fé. Rabinos cultos e doutores da lei o envolviam em discussões públicas, mas "não podiam resistir à sabedoria e ao Espírito com que ele falava" (At 6:10). Ele derrotava completamente seus oponentes. A respeito dele se cumpriu a promessa: "Pois Eu lhes darei palavras e sabedoria a que nenhum dos seus adversários será capaz de resistir ou contradizer" (Lc 21:15).

Os sacerdotes e governantes se encheram de um ódio cruel. Eles decidiram silenciar a voz do jovem Estêvão. Várias vezes eles tinham subornado as autoridades romanas para que ignorassem as situações em que os judeus tinham julgado, condenado e executado prisioneiros. Os inimigos de Estêvão não duvidavam de que os romanos pudessem fazer isso novamente, então o levaram à assembleia do Sinédrio para ser julgado.

Judeus cultos e instruídos foram chamados para refutar os argumentos do prisioneiro. Saulo de Tarso estava lá, e usou a eloquência e a lógica para convencer o povo de que Estêvão estava pregando doutrinas perigosas. Entretanto, naquele jovem, Saulo encontrou alguém que tinha uma compreensão plena do propósito de Deus de espalhar o evangelho a outras nações.

Os sacerdotes e governantes decidiram fazer de Estêvão um exemplo. Isso saciaria seu ódio vingativo e impediria que outros adotassem a crença do rapaz. Eles contrataram pessoas para dar testemunhos falsos. Essas testemunhas disseram: "Pois o ouvimos dizer que esse Jesus, o Nazareno, destruirá este lugar e mudará os costumes que Moisés nos deixou" (At 6:14).

* Este capítulo é baseado em Atos 6:5-15; 7.

O Brilho no Rosto de Estêvão

Quando Estêvão ficou de pé para responder às acusações, "todos os que estavam sentados no Sinédrio viram que o seu rosto parecia o rosto de um anjo" (At 6:15). Muitos tremeram e esconderam o rosto, mas a incredulidade obstinada e o preconceito dos governantes não vacilaram.

Estêvão começou sua defesa com uma voz clara e penetrante, que soou em todo o salão do Sinédrio. Com palavras que impressionaram a assembleia, ele recapitulou a história do povo escolhido, demonstrando um profundo conhecimento do sistema religioso judaico e da interpretação espiritual agora evidente em Cristo. Ele deixou clara sua lealdade a Deus e à fé judaica, relacionando Jesus Cristo a toda a história do povo judeu.

Quando Estêvão ligou Cristo às profecias, o sacerdote, fingindo estar horrorizado, rasgou seu manto. Para o jovem, esse foi um sinal de que estava dando seu último testemunho. Então, ele concluiu seu sermão de maneira abrupta e inesperada.

Voltando-se para seus juízes enfurecidos, ele gritou: "Povo rebelde, obstinado de coração e de ouvidos! Vocês são iguais aos seus antepassados: sempre resistem ao Espírito Santo! Qual dos profetas os seus antepassados não perseguiram? Eles mataram aqueles que prediziam a vinda do Justo, de quem agora vocês se tornaram traidores e assassinos – vocês, que receberam a Lei por intermédio de anjos, mas não lhe obedeceram" (At 7:51-53).

Os sacerdotes e governantes ficaram fora de si de tanta raiva. Na crueldade estampada no rosto daqueles homens, o prisioneiro lia seu destino, mas não vacilou. Estêvão não teve mais medo da morte. A cena diante dele desapareceu. Os portões do Céu pareciam abertos a ele e, olhando para cima, viu Cristo, como se Ele tivesse acabado de Se levantar de Seu trono, pronto para sustentar Seu servo. Estêvão exclamou: "Vejo os céus abertos e o Filho do homem de pé, à direita de Deus" (v. 56).

Ao descrever a cena gloriosa, seus perseguidores não puderam suportar. Tapando os ouvidos, todos eles correram furiosos até Estêvão de uma só vez e "arrastaram-no para fora da cidade" (v. 58). "Enquanto apedrejavam Estêvão, este orava: 'Senhor Jesus, recebe o meu espírito'. Então caiu de joelhos e bradou: 'Senhor, não os consideres culpados deste pecado'. E, tendo dito isso, adormeceu" (v. 59, 60).

As autoridades romanas aceitaram grandes somas de dinheiro como suborno para não fazer nenhuma investigação com relação ao ocorrido.

Marca Profunda

A lembrança do rosto de Estêvão e suas palavras, que tocaram o coração dos que as tinham ouvido, não apenas permaneceram na mente dos espectadores, como testificaram da verdade que ele havia pregado. Sua morte foi uma provação amarga para a igreja, mas resultou na conversão de Saulo, que não podia apagar de sua memória a glória que havia repousado sobre o rosto do mártir.

A convicção secreta de Saulo, de que Estêvão havia sido honrado por Deus quando foi desonrado pelos homens, o deixou irado. Ele continuou perseguindo os seguidores de Cristo, detendo-os em suas casas e entregando-os aos sacerdotes e governantes para que fossem presos e mortos. O zelo de Saulo deixou os cristãos aterrorizados em Jerusalém. As autoridades romanas ajudaram secretamente os judeus a fazer as pazes com os cristãos e a ganhar seu favor.

Depois da morte de Estêvão, Saulo foi eleito membro da assembleia do Sinédrio, em reconhecimento pela parte que havia desempenhado no martírio do jovem. Ele foi um poderoso instrumento nas mãos de Satanás para fazer rebelião contra o Filho de Deus. Porém, Alguém mais poderoso do que o diabo havia escolhido Saulo para tomar o lugar do Estêvão martirizado, e espalhar por toda a parte a notícia da salvação por meio de Seu sangue.

O Evangelho em Samaria e na Etiópia*

Depois da morte de Estêvão, começou uma perseguição incessante contra os cristãos em Jerusalém. "Todos, exceto os apóstolos, foram dispersos pelas regiões da Judeia e de Samaria" (At 8:1). Saulo "devastava a igreja. Indo de casa em casa, arrastava homens e mulheres e os lançava na prisão" (v. 3). Mais tarde, ele falou sobre essa obra cruel: "Eu também estava convencido de que deveria fazer todo o possível para me opor ao nome de Jesus, o Nazareno. [...] Lancei muitos santos na prisão, e quando eles eram condenados à morte eu dava o meu voto contra eles. Muitas vezes ia de uma sinagoga para outra a fim de castigá-los, e tentava forçá-los a blasfemar" (At 26:9-11).

Nesse momento de perigo, Nicodemos se apresentou e declarou, sem medo, sua fé no Salvador. Nicodemos era membro do Sinédrio. Como ele havia testemunhado as obras maravilhosas de Cristo, teve firme convicção de que Aquele era o enviado de Deus. Muito orgulhoso para reconhecer abertamente sua simpatia pelo Mestre Galileu, ele havia procurado Jesus em segredo para uma entrevista. Jesus revelou a ele Sua missão no mundo; porém, Nicodemos ainda tinha hesitado. Durante três anos, parecia haver poucos frutos. Contudo, na assembleia do Sinédrio, Nicodemos tinha, por diversas vezes, frustrado esquemas para destruir a Cristo. Quando Jesus finalmente foi levantado na cruz, Nicodemos se lembrou das palavras que Ele lhe tinha dito na entrevista noturna. "Da mesma forma como Moisés levantou a serpente no deserto, assim também é necessário que o Filho do homem seja levantado" (Jo 3:14), e ele viu, em Jesus, o Redentor do mundo.

* Este capítulo é baseado em Atos 8.

Assim como José de Arimateia, Nicodemos tinha arcado com as despesas do sepultamento de Jesus. Naquela ocasião, os discípulos tiveram medo de se revelar abertamente como seguidores de Cristo, mas Nicodemos e José, homens ricos e honrados, corajosamente vieram fazer por seu Mestre morto o que os pobres discípulos teriam achado impossível fazer. Sua riqueza e influência os haviam protegido, em grande parte, das más intenções dos sacerdotes e governantes.

Defensor da Nova Igreja

Agora Nicodemos se apresentava para defender a nova igreja. Ele encorajou a fé dos discípulos; usou sua riqueza para ajudar a sustentar a igreja em Jerusalém e contribuir, assim, com o avanço da obra. Os que o haviam tratado com respeito, agora o desprezavam. Ele se tornou pobre, mas nunca hesitou em defender sua fé.

A perseguição deu um grande impulso à obra do evangelho. O ministério em Jerusalém tinha sido bem-sucedido; porém, havia o perigo de que os discípulos ficassem ali por muito tempo e se esquecessem da instrução do Salvador de ir a todo o mundo. Em vez de instruírem novos conversos para que estes levassem o evangelho aos que não o tinham ouvido, os apóstolos corriam o perigo de levar os cristãos a se contentar com o que já haviam feito. Deus permitiu que a perseguição viesse a fim de espalhar Seus representantes onde eles pudessem trabalhar por outros. Forçados a deixar Jerusalém, os cristãos "pregavam a palavra por onde quer que fossem" (At 8:4).

Quando a perseguição os dispersou, eles saíram cheios de zelo missionário. Sabiam que tinham em suas mãos o Pão da Vida a um mundo faminto, e o amor de Cristo os impulsionou a partilhar esse pão com todos os que tinham necessidade. Aonde quer que fossem, eles curavam os doentes e pregavam o evangelho aos pobres.

Filipe, um dos sete diáconos, estava entre os expulsos de Jerusalém. Ele foi à "cidade de Samaria, ali lhes anunciava o Cristo. Quando a multidão ouviu Filipe e viu os sinais miraculosos que ele realizava, deu unânime atenção ao que ele dizia. [...] Assim, houve grande alegria naquela cidade" (v. 5, 6, 8).

A mensagem de Cristo à mulher samaritana no poço de Jacó tinha dado fruto. A mulher havia ido até os homens da cidade, dizendo: "Será que Ele não é o Cristo?" Eles a acompanharam, ouviram Jesus e creram nEle. Jesus ficou com eles por dois dias, "e por causa da Sua palavra, muitos outros creram" (Jo 4:29, 41).

Quando Seus discípulos foram expulsos de Jerusalém, os samaritanos receberam, e os judeus convertidos colheram frutos preciosos entre aqueles que antes haviam sido seus inimigos mais cruéis.

Enquanto Filipe estava em Samaria, um mensageiro celestial ordenou que ele fosse "para o sul, para a estrada deserta que desce de Jerusalém a Gaza. Ele se levantou e partiu" (At 8:26, 27). Não hesitou em obedecer, pois tinha aprendido a agir de acordo com a vontade de Deus.

O Batismo do Primeiro Africano

"No caminho, [Filipe] encontrou um eunuco etíope, um oficial importante, encarregado de todos os tesouros de Candace, rainha dos etíopes. Esse homem viera a Jerusalém para adorar a Deus e, de volta para casa, sentado em sua carruagem, lia o livro do profeta Isaías" (At 8:27, 28). Deus viu que esse etíope, de boa reputação e ampla influência, não apenas compartilharia com outros a luz que tinha recebido, mas exerceria uma forte influência em favor do evangelho. Os anjos estavam com aquele homem que buscava luz, e o Espírito Santo fez com que ele se encontrasse com alguém que poderia guiá-lo ao Salvador.

O Espírito orientou Filipe a ir até o etíope explicar a profecia que ele estava lendo. O Espírito disse: "Aproxime-se dessa carruagem e acompanhe-a" (v. 29). Filipe perguntou ao oficial: "'O senhor entende o que está lendo?' Ele respondeu: 'Como posso entender se alguém não me explicar?' Assim, convidou Filipe para subir e sentar-se ao seu lado" (v. 30, 31). A passagem bíblica que ele estava lendo era a profecia de Isaías que se referia a Cristo:

"Ele foi levado como ovelha para o matadouro, e como cordeiro mudo diante do tosquiador, Ele não abriu a Sua boca. Em Sua humilhação foi privado de justiça. Quem pode falar dos Seus descendentes? Pois a Sua vida foi tirada da terra" (v. 32, 33).

"O eunuco perguntou a Filipe: 'Diga-me, por favor: de quem o profeta está falando? De si próprio ou de outro?' Então Filipe, começando com aquela passagem da Escritura, anunciou-lhe as boas-novas de Jesus" (v. 34, 35).

O coração do homem ficou emocionado, e ele estava pronto para aceitar a luz. Não fez de sua posição elevada uma desculpa para recusar o evangelho. "Prosseguindo pela estrada, chegaram a um lugar onde havia água. O eunuco disse: 'Olhe, aqui há água. Que me impede de ser batizado?' Disse Filipe: 'Você pode, se crê de todo o coração". O eunuco respondeu: 'Creio que Jesus Cristo é o Filho de Deus'. Assim, deu ordem para parar a carruagem. Então Filipe e o eunuco desceram à água, e o discípulo o batizou. Quando saíram da água, o Espírito do Senhor arrebatou Filipe repentinamente. O eunuco não o viu mais e, cheio de alegria, seguiu o seu caminho" (v. 36-39).

Anjos Ainda Guiam os Passos do Povo

Esse etíope representa uma grande classe de pessoas que precisa ser ensinada por missionários como Filipe – pessoas que ouvirão a voz de Deus e irão aonde Ele as enviar. Muitos que leem as Escrituras não entendem seu verdadeiro significado. Em todo o mundo, existem homens e mulheres que olham com ansiedade para o Céu. De pessoas que buscam a luz sobem orações, lágrimas e perguntas. Muitos estão na entrada do reino, esperando apenas serem recolhidos.

Um anjo guiou Filipe a um homem que procurava luz. Anjos guiarão os obreiros que permitirem que o Espírito Santo santifique sua língua e enobreça seu coração. O próprio anjo poderia ter feito a obra em favor do etíope, mas não é assim que Deus trabalha. Seu plano é que trabalhemos por nossos semelhantes.

Em cada época, todos os que receberam o evangelho, receberam a verdade sagrada para compartilhar com o mundo. O povo fiel de Deus sempre foi ativo, usando com sabedoria seus dons no serviço dEle.

Os membros da igreja de Deus devem ser zelosos, separando-se da ambição do mundo e seguindo as pegadas dAquele que andou fazendo o bem. Devem servir aos que precisam de ajuda, ensinando os pecadores sobre o amor do Salvador. Esse trabalho trará uma rica recompensa. Aqueles que se envolverem nele verão pessoas serem ganhas para o Salvador. Todos os que recebem a Cristo são chamados a trabalhar pela salvação de outras pessoas. "O Espírito e a noiva dizem: 'Vem!', e todo aquele que ouvir diga: 'Vem'" (Ap 22:17). Todos os que ouvem o convite são chamados a fazê-lo a outras pessoas.

Milhares de pessoas que ouviram a mensagem ainda estão desocupadas, quando poderiam se dedicar ao serviço ativo. A estes Cristo está dizendo: "Por que vocês estiveram aqui desocupados o dia todo?" (Mt 20:6). Ele acrescenta: "Vão vocês também trabalhar na vinha" (Mt 20:7).

Deus espera há muito tempo que a igreja seja tomada pelo espírito de serviço. Quando os membros fizerem seu trabalho, cumprindo a comissão evangélica, o mundo inteiro será avisado e o Senhor Jesus voltará à Terra com poder e grande glória. "E este evangelho do Reino será pregado em todo o mundo como testemunho a todas as nações, e então virá o fim" (Mt 24:14).

De Perseguidor a Discípulo*

Saulo de Tarso, cidadão romano de nascimento, era judeu por descendência e havia sido educado pelos melhores rabinos. Ele era "verdadeiro hebreu; quanto à Lei, fariseu; quanto ao zelo, perseguidor da igreja; quanto à justiça que há na Lei, irrepreensível" (Fp 3:5, 6). Ao olhar para Saulo, as pessoas tinham grandes esperanças de que ele seria um defensor zeloso da fé antiga. Sua ascensão à assembleia do Sinédrio o colocou em uma posição de poder.

Saulo tinha participado da condenação de Estêvão, mas as evidências marcantes da presença de Deus com o mártir o haviam levado a duvidar da causa que abraçara contra os seguidores de Jesus. No entanto, os argumentos dos sacerdotes finalmente o convenceram de que Estêvão era um blasfemador, de que Cristo era uma fraude e de que os líderes religiosos estavam certos.

A educação e o preconceito de Saulo, o respeito que ele tinha por seus mestres e seu orgulho o instigaram a se rebelar contra a voz da consciência. E, tendo chegado à conclusão de que os sacerdotes e escribas tinham razão, ele se tornou um adversário cruel dos discípulos de Jesus. Suas ações, ao fazer com que homens e mulheres santos fossem condenados à prisão e até mesmo à morte, trouxeram tristeza à igreja recém-organizada, e fizeram com que muitos fugissem em busca de segurança.

Os que foram forçados a deixar Jerusalém "pregavam a palavra por onde quer que fossem" (At 8:4). Em Damasco, muitos se converteram à nova fé.

Os sacerdotes e governantes esperavam que, por meio de uma perseguição severa, pudessem eliminar a heresia. Deviam executar em outros

* Este capítulo é baseado em Atos 9:1-18.

lugares as medidas firmes que tinham tomado em Jerusalém contra o novo ensino. Saulo se ofereceu para realizar esse trabalho especial em Damasco.

Respirando "ameaças de morte contra os discípulos do Senhor", ele se dirigiu "ao sumo sacerdote, pediu-lhe cartas para as sinagogas de Damasco, de maneira que, caso encontrasse ali homens ou mulheres que pertencessem ao Caminho, pudesse levá-los presos para Jerusalém" (At 9:1, 2).

Então, "com autorização e permissão dos chefes dos sacerdotes" (At 26:12), Saulo de Tarso, em seu vigor, dominado por um zelo equivocado, começou aquela viagem memorável.

Luz Gloriosa

À medida que os viajantes cansados se aproximavam de Damasco, ao meio-dia, eles avistaram terras férteis, belos jardins e pomares frutíferos, regados por riachos frescos das montanhas. Enquanto Saulo olhava com admiração para a atrativa cidade abaixo, de repente, como ele mesmo disse mais tarde, "vi uma luz do céu, mais resplandecente que o sol, brilhando ao meu redor e ao redor dos que iam comigo" (At 26:13). Cego, Saulo caiu com o rosto no chão. "Então ouvi uma voz que me dizia em aramaico. 'Saulo, Saulo, por que você está Me perseguindo?'" (v. 14). "Sou Jesus, a quem você está perseguindo" (v. 15).

Quase cegos pela luz, os companheiros de Saulo ouviram a voz, mas não viram ninguém. Porém, Saulo entendeu as palavras ditas e, no Ser glorioso que estava diante dele, viu o Jesus crucificado. A imagem do rosto do Salvador foi impressa para sempre no coração daquele judeu. Grande luz foi derramada sobre sua mente escurecida, revelando o erro de sua vida anterior e sua necessidade do Espírito Santo.

Saulo percebeu então que estava fazendo a obra de Satanás. Ele tinha acreditado nos sacerdotes e governantes quando estes lhe disseram que a história da ressurreição era uma mentira inteligente contada pelos discípulos. Agora que o próprio Jesus havia Se revelado, ele estava convencido das alegações dos discípulos.

Naquele momento, os registros proféticos foram abertos ao entendimento de Saulo. Ele viu que os profetas haviam predito a crucifixão, a ressurreição e a ascensão de Jesus, e essas coisas provavam que Ele era o Messias. Deus o fez lembrar do sermão de Estêvão, e ele percebeu que o mártir realmente tinha visto "a glória de Deus, e Jesus de pé, à direita de Deus" (At 7:55).

Saulo é Convertido

Naquele momento de revelação divina, Saulo, aterrorizado, lembrou-se de que havia consentido no sacrifício de Estêvão, e que muitos outros seguidores de Jesus tinham encontrado a morte por meio de seus esforços. Não havia argumentos válidos contra o raciocínio claro de Estêvão. Saulo, o judeu estudado, tinha visto o rosto do mártir como se fosse "o rosto de um anjo" (At 6:15). Ele tinha visto Estêvão perdoar seus inimigos. Saulo também testemunhara a força de muitos daqueles a quem ele havia atormentado; tinha-os visto aceitarem seu destino com alegria. Tinha visto alguns até mesmo renderem a vida com alegria por causa de sua fé.

Todas essas coisas haviam, por vezes, produzido na mente de Saulo uma convicção quase que irresistível de que Jesus era o Messias prometido. Nessas ocasiões, ele tinha lutado durante noites inteiras contra essa convicção. O próprio Cristo havia falado com ele, dizendo: "'Saulo, Saulo, por que você está Me perseguindo?'" (At 26:14). E a pergunta: "Quem és Tu, Senhor?", foi respondida pela mesma voz: "'Sou Jesus, a quem você está perseguindo'" (v. 15). Nessa resposta, Cristo Se identificou com Seu povo. Ao perseguir os seguidores de Jesus, Saulo tinha atacado diretamente o Senhor do Céu.

Tremendo e espantado, ele perguntou: "Senhor, o que queres que eu faça?"

Então o Senhor lhe disse: "Levante-se, entre na cidade; alguém lhe dirá o que você deve fazer" (At 9:6). Quando Saulo se levantou do chão, ele não enxergava nada. Acreditou que aquela cegueira era um castigo de Deus. Naquela escuridão terrível, ele andou tateando e, com medo, seus companheiros "o levaram pela mão até Damasco" (v. 8).

Na manhã daquele dia, Saulo tinha chegado a Damasco com um sentimento de presunção por causa da confiança que o sumo sacerdote havia depositado nele. Ele devia impedir a propagação da nova fé em Damasco e aguardava ansiosamente as experiências a seguir.

No entanto, sua entrada na cidade foi muito diferente do que ele esperava! Cego, torturado pelo remorso, sem saber qual castigo poderia estar reservado para ele, procurou a casa do discípulo Judas, onde, deixado sozinho, teve a oportunidade de refletir e orar.

"Por três dias ele esteve cego, não comeu nem bebeu" (v. 9). Angustiado, relembrava continuamente sua culpa por ter deixado que o ódio dos sacerdotes e governantes o dominasse, mesmo quando o rosto de Estêvão tinha sido iluminado com o brilho do Céu. Ele recordou as muitas vezes em que não apenas havia fechado os olhos para as evidências, mas incentivado a perseguição dos cristãos.

Sozinho e Isolado

Saulo passou aqueles dias de humilhação e análise pessoal sozinho e isolado. Os cristãos temiam que ele estivesse tramando algo para enganá-los, e eles se recusaram a demonstrar simpatia para com ele. Saulo não tinha nenhum desejo de apelar aos judeus não convertidos, pois sabia que eles nem mesmo ouviriam sua história. Portanto, sua única esperança estava em um Deus misericordioso, e a Ele Saulo apelou com um coração quebrantado. Solitário, tendo somente a presença de Deus, Saulo recordou muitas passagens bíblicas que se referiam à primeira vinda de Cristo. Ao refletir sobre o significado dessas profecias, ficou espantado com sua cegueira anterior e com a cegueira dos judeus em geral. O preconceito e a incredulidade o haviam impedido de reconhecer Jesus como o Messias da profecia.

Ao se render ao Espírito Santo, Saulo percebeu os erros da sua vida e reconheceu as extensas reivindicações da lei de Deus. Ele havia sido um fariseu orgulhoso, confiante de que era justificado por suas boas obras; mas agora se inclinava diante de Deus com humildade, confessando sua indignidade e suplicando os merecimentos de um Salvador crucificado. Saulo desejava ter plena harmonia com o Pai e o Filho e, com intensidade e fervor, orava ao trono de graça.

Suas orações não foram em vão. Seus pensamentos íntimos foram transformados, e sua mente passou a ter harmonia com os propósitos de Deus. Para Saulo, Cristo e Sua justiça se tornaram mais importantes do que todo o mundo.

Ele tinha acreditado que Jesus havia desprezado a lei de Deus e ensinado a Seus discípulos que ela não tinha nenhum efeito; porém, depois da sua conversão, Saulo reconheceu Jesus como Aquele que tinha vindo ao mundo com o propósito de confirmar a lei de Seu Pai. Ele, agora, estava convencido de que Cristo era o originador do sistema judaico de sacrifícios, e que esse símbolo tinha sido cumprido na crucifixão.

Cristo escolheu Saulo para uma obra muito importante, mas o Senhor não lhe falou imediatamente sobre o trabalho atribuído a ele. Quando Saulo perguntou: "O que queres que eu faça?", o Salvador o colocou em contato com Sua igreja, para que ele aprendesse qual era a vontade de Deus para sua vida. Cristo tinha Se revelado e dado convicção a Saulo. Arrependido, Saulo devia aprender com aqueles a quem Deus tinha escolhido para ensinar Sua verdade.

Enquanto Saulo continuava sozinho em oração, o Senhor apareceu, em visão, a "um discípulo chamado Ananias" (At 9:10). "Vá à casa de Judas, na rua chamada Direita, e pergunte por um homem de Tarso chamado Saulo. Ele está orando; numa visão viu um homem chamado Ananias chegar e impor-lhe as mãos para que voltasse a ver" (v. 11, 12). Ananias mal pôde acreditar nas palavras do anjo. "Senhor, tenho ouvido muita coisa a respeito desse homem e de todo o mal que ele tem feito aos Teus santos em Jerusalém. Ele chegou aqui com autorização dos chefes dos sacerdotes para prender todos os que invocam o Teu nome" (v. 13, 14). Entretanto, a ordem foi firme: "Vá! Este homem é Meu instrumento escolhido para levar o Meu nome perante os gentios e seus reis, e perante o povo de Israel" (v. 15).

Obedientemente, Ananias procurou o homem que tinha ameaçado todos os que acreditavam em Jesus. Colocando as mãos na cabeça do judeu arrependido e sofredor, disse: "'Irmão Saulo, o Senhor Jesus [...] enviou-me para que você volte a ver e seja cheio do Espírito Santo'. Imediatamente, algo como escamas caiu dos olhos de Saulo e ele passou a ver novamente. Levantando-se, foi batizado" (v. 17, 18).

Assim, Jesus colocou Saulo em conexão com Seus agentes escolhidos na Terra. O trabalho de conduzir o pecador arrependido no caminho da vida pertencia à igreja organizada.

Muitos têm a ideia de que respondem apenas a Cristo, independentemente de Seus seguidores reconhecidos na Terra. Jesus é o amigo dos pecadores e tem todo o poder, mas Ele respeita o meio que escolheu para nossa salvação. Ele conduz os pecadores à igreja, a qual Ele criou para servir de canal de luz para o mundo.

Quando Saulo recebeu a revelação de Cristo, ele foi colocado em comunicação direta com a igreja. Naquela situação, Ananias representava Cristo e também Seus ministros, escolhidos para agir em Seu lugar. No lugar de Cristo, Ananias tocou os olhos de Saulo. Sendo um representante de Jesus, ele colocou suas mãos sobre o antigo perseguidor e, ao orar em nome de Cristo, Saulo recebeu o Espírito Santo. Ananias fez tudo isso em nome e pela autoridade de Cristo. Jesus é a fonte; a igreja é o canal de comunicação.

Dias de Preparo*

Paulo "passou vários dias com os discípulos em Damasco. Logo começou a pregar nas sinagogas que Jesus" era "o Filho de Deus" (At 9:19, 20), e "que Cristo morreu pelos nossos pecados, segundo as Escrituras, foi sepultado e ressuscitou ao terceiro dia" (1Co 15:3, 4). Seus argumentos, baseados nas profecias, eram tão persuasivos que os judeus foram derrotados e não puderam lhe dar uma resposta.

Aquele que havia viajado a Damasco para perseguir os cristãos estava agora pregando o evangelho, fortalecendo seus discípulos e fazendo novos conversos! Anteriormente conhecido como defensor zeloso da religião judaica, Paulo conseguia argumentar com uma clareza extraordinária e, por meio de seu sarcasmo intimidador, podia deixar um oponente em uma posição nada agradável. Os judeus agora viam esse jovem singularmente promissor pregando, sem medo, em nome de Jesus.

Um general morto em batalha é uma perda para seu exército, mas sua morte não fortalece o exército inimigo. Porém, quando um homem de destaque se une às forças contrárias, estas ganham uma vantagem distinta. O Senhor poderia facilmente ter matado Saulo. Assim, o poder perseguidor teria perdido muita força. No entanto, Deus não só poupou a vida de Saulo, mas o converteu, transferindo um campeão do lado do inimigo para o lado de Cristo. Paulo era um orador eloquente e um crítico severo. Com um propósito firme e coragem inabalável, ele possuía as qualificações que a igreja primitiva precisava.

Todos os que o ouviram em Damasco ficaram espantados. Ele declarou que não tinha mudado de fé por impulso, mas por uma evidência irrefutável e irresistível. Mostrou que as profecias a respeito da primeira vinda

* Este capítulo é baseado em Atos 9:19-30.

de Cristo tinham sido, literalmente, cumpridas em Jesus de Nazaré.

Paulo "se fortalecia cada vez mais e confundia os judeus que viviam em Damasco, demonstrando que Jesus" era "o Cristo" (At 9:22). No entanto, muitos endureceram seus corações, e logo o espanto pela conversão de Paulo se transformou em um ódio intenso.

A oposição se intensificou e se tornou tão violenta que Paulo não pôde mais continuar em Damasco. Ele foi "para a Arábia" (Gl 1:17), onde encontrou um abrigo seguro.

A "Universidade" no Deserto

Na solidão do deserto, Paulo teve a oportunidade de estudar e meditar. Ele analisou com calma sua experiência passada e se voltou para Deus com todo o coração, não descansando até que tivesse certeza de que Deus tinha aceitado seu arrependimento e perdoado seu pecado. Jesus conversou intimamente com ele e o firmou na fé, dando-lhe muita sabedoria e graça. Quando somos levados a nos comunicar intimamente com a mente de Deus, o efeito sobre o corpo e a mente é imensurável.

Inspirado pelo Espírito Santo, Ananias disse a Paulo: "O Deus dos nossos antepassados o escolheu para conhecer a Sua vontade, ver o Justo e ouvir as palavras de Sua boca. Você será testemunha dEle a todos os homens, daquilo que viu e ouviu. E agora, que está esperando? Levante-se, seja batizado e lave os seus pecados, invocando o nome dEle" (At 22:14-16).

O próprio Jesus, quando confrontou Saulo na viagem a Damasco, declarou: "Eu lhe apareci para constituí-lo servo e testemunha do que você viu a Meu respeito e do que lhe mostrarei. Eu o livrarei do seu próprio povo e dos gentios, aos quais Eu o envio para abrir-lhes os olhos e convertê-los das trevas para a luz, e do poder de Satanás para Deus, a fim de que recebam o perdão dos pecados e herança entre os que são santificados pela fé em Mim" (At 26:16-18).

Ao refletir sobre essas coisas, Paulo entendeu, com mais clareza, seu chamado "para ser apóstolo de Cristo Jesus" (1Co 1:1). Seu chamado tinha vindo "não da parte de homens nem por meio de pessoa alguma, mas por Jesus Cristo e por Deus Pai" (Gl 1:1). Ele estudou bastante as Escrituras, para que pudesse pregar "não com palavras de sabedoria humana, para que a cruz de Cristo não" fosse "esvaziada" (1Co 1:17), mas em "demonstração do poder do Espírito" (1Co 2:4), para que a fé de todos os que ouviam não fosse baseada "na sabedoria humana, mas no poder de Deus" (v. 5). Vendo a sabedoria do mundo à luz da cruz, Paulo decidiu "nada saber entre" os homens, "a não ser Jesus Cristo, e este, crucificado" (v. 2).

Paulo nunca perdeu de vista a Fonte da sabedoria e da força. Veja o que ele disse: "Porque para mim o viver é Cristo" (Fp 1:21). "Considero tudo como perda, comparado com a suprema grandeza do conhecimento de Cristo Jesus, meu Senhor, por quem perdi todas as coisas" (Fp 3:8).

O Ex-Perseguidor é Perseguido

Da Arábia, Paulo voltou outra vez a Damasco (Gl 1:17), e pregava "corajosamente em nome do Senhor" (At 9:28). Incapazes de rebater seus argumentos, os judeus resolveram matá-lo (v. 23). Eles vigiaram os portões da cidade de dia e de noite para impedir sua fuga. Por fim, os discípulos "o levaram de noite e o fizeram descer num cesto, através de uma abertura na muralha" (v. 25).

Depois de sua fuga, ele foi para Jerusalém, cerca de três anos depois de sua conversão. Seu principal objetivo era visitar Pedro (Gl 1:18). Ao chegar, "tentou reunir-se aos discípulos, mas todos estavam com medo dele, não acreditando que fosse realmente um discípulo" (At 9:26). Poderia um fariseu tão fanático se tornar um verdadeiro seguidor de Jesus? "Então Barnabé o levou aos apóstolos e lhes contou como, no caminho, Saulo vira o Senhor, que lhe falara, e como em

Damasco ele havia pregado corajosamente em nome de Jesus" (v. 27).

Logo os discípulos tiveram muitas provas de que a experiência de Paulo era genuína. O futuro apóstolo dos gentios estava mais uma vez onde seus antigos companheiros viviam, e ele desejava esclarecer a esses líderes as profecias a respeito do Messias. Paulo tinha certeza de que os mestres em Israel eram tão sinceros e honestos quanto ele; porém, estava equivocado. Os líderes da igreja judaica não só se recusaram a acreditar nele, mas tentaram matá-lo (v. 29).

Seu coração se encheu de tristeza. Envergonhado, pensou na parte que havia desempenhado no martírio de Estêvão. Agora trabalhava para mostrar a solidez da verdade pela qual Estêvão tinha dado sua vida.

Oprimido por causa dos que se recusaram a crer, Paulo estava orando no templo, quando um mensageiro celestial apareceu e disse: "Depressa! Saia de Jerusalém imediatamente, pois não aceitarão seu testemunho a Meu respeito" (At 22:18). Paulo achou que seria covardia fugir. Então ele respondeu: "Senhor, estes homens sabem que eu ia de uma sinagoga a outra, a fim de prender e açoitar os que creem em Ti. E quando foi derramado o sangue de Tua testemunha Estêvão, eu estava lá, dando minha aprovação e cuidando das roupas dos que o matavam" (v. 19, 20). Deus não pretendia que Seu servo expusesse sua vida sem necessidade, e o mensageiro celestial respondeu: "Vá, Eu o enviarei para longe, aos gentios" (v. 21).

Quando ficaram sabendo dessa visão, os cristãos rapidamente ajudaram Paulo a fugir secretamente. Eles "o levaram para Cesareia e o enviaram para Tarso" (At 9:30). A partida de Paulo suspendeu por algum tempo a violenta oposição dos judeus, e muitas pessoas se uniram aos cristãos.

Preconceito Vencido[*]

Durante seu ministério em Lida, Pedro curou Eneias, que sofria de paralisia e estava confinado à sua cama havia oito anos. O apóstolo disse: "'Eneias, Jesus Cristo vai curá-lo! Levante-se e arrume a sua cama'. Ele se levantou imediatamente. Todos os que viviam em Lida e Sarona o viram e se converteram ao Senhor" (At 9:34, 35).

Em Jope, perto de Lida, morava uma mulher chamada Dorcas, uma digna discípula de Jesus. Sua vida era repleta de atos de bondade. Ela sabia quem precisava de roupas confortáveis e quem necessitava de compaixão, e servia voluntariamente aos pobres e infelizes. Seus dedos hábeis estavam sempre mais ocupados do que sua língua.

Entretanto, "naqueles dias ela ficou doente e morreu" (v. 37). Ao ficarem sabendo que Pedro estava em Lida, os cristãos enviaram mensageiros até ele, implorando que não demorasse para vir até Jope. "Pedro foi com eles e, quando chegou, foi levado para o quarto do andar superior. Todas as viúvas o rodearam, chorando e mostrando-lhe os vestidos e outras roupas que Dorcas tinha feito quando ainda estava com elas" (v. 39).

O coração do apóstolo se compadeceu. Então, ordenando que os amigos chorosos saíssem da sala, ajoelhou-se e orou para que Deus restaurasse a vida de Dorcas. Voltando-se para o corpo, disse: "'Tabita, levante-se'. Ela abriu os olhos e, vendo Pedro, sentou-se" (v. 40). Deus achou conveniente trazê-la de volta da terra do inimigo para que sua habilidade e energia pudessem ainda ser uma bênção para os outros.

Enquanto ainda estava em Jope, Pedro foi chamado por Deus para levar o evangelho a Cornélio, em Cesareia. Esse centurião romano vinha de uma família nobre e ocupava uma posição de honra. Ele tinha conhecido Deus por meio dos

[*] Este capítulo é baseado em Atos 9:32 a 11:18.

judeus, e O adorava com sinceridade. Cornélio era bastante conhecido por suas boas ações e por sua vida justa. "Ele e toda a sua família eram piedosos e tementes a Deus; dava muitas esmolas ao povo e orava continuamente a Deus" (At 10:2). Cornélio adorava o Senhor e orava em sua casa, pois não ousava tentar realizar seus planos nem exercer suas responsabilidades sem a ajuda de Deus.

Embora Cornélio acreditasse nas profecias, ele não tinha conhecimento do evangelho conforme revelado na vida e morte de Cristo. Porém, o mesmo Santo Vigia que disse, sobre Abraão, "Eu o escolhi" (Gn 18:19), conhecia também Cornélio e enviou a ele uma mensagem diretamente do Céu.

O anjo apareceu a Cornélio enquanto ele estava orando. Quando o centurião ouviu alguém chamá-lo pelo próprio nome, disse: "Que é, Senhor?" (At 10:4). O anjo respondeu: "Mande alguns homens a Jope para trazerem um certo Simão, também conhecido como Pedro, que está hospedado na casa de Simão, o curtidor de couro, que fica perto do mar" (v. 5, 6). O anjo falou até mesmo a profissão do homem na casa de quem Pedro estava hospedado! Deus conhece bem a história e a ocupação dos homens. Ele está familiarizado com a experiência e os afazeres tanto do trabalhador humilde quanto do rei em seu trono.

Os Seres Humanos São os Mensageiros

O anjo não foi instruído a contar a Cornélio a história da cruz. Um homem sujeito às fraquezas e tentações humanas deveria lhe falar do Salvador crucificado e ressurreto. Deus não escolhe anjos como Seus representantes, mas seres humanos, pessoas com sentimentos semelhantes aos de quem estão tentando salvar. Cristo veio como homem para que pudesse alcançar a humanidade. Precisávamos que um Salvador humano-divino trouxesse a salvação ao mundo. A homens e mulheres, Deus confiou a responsabilidade sagrada de revelar "as insondáveis riquezas de Cristo" (Ef 3:8). O Senhor coloca os que estão buscando a verdade em contato com pessoas que a conhecem. Aqueles que receberam a luz devem compartilhá-la com os que estão na escuridão. Deus fez da humanidade o agente por meio do qual o evangelho exerce seu poder transformador.

Cornélio obedeceu com alegria. Quando o anjo foi embora, ele "chamou dois dos seus servos e um soldado piedoso dentre os seus auxiliares e, contando-lhes tudo o que tinha acontecido, enviou-os a Jope" (At 10:7, 8).

Depois de falar com Cornélio, o anjo foi até Pedro. Naquele momento, o apóstolo orava no terraço da casa onde estava hospedado e, "tendo fome, queria comer; enquanto a refeição estava sendo preparada, caiu em êxtase" (v. 10). Pedro não teve fome apenas de comida, mas da salvação de seus companheiros judeus. Ele desejava intensamente revelar a eles as profecias a respeito de Cristo.

Na visão, Pedro viu "um grande lençol [...], contendo toda espécie de quadrúpedes, bem como de répteis da terra e aves do céu. Então uma voz lhe disse: 'Levante-se, Pedro; mate e coma'. Mas Pedro respondeu: 'De modo nenhum, Senhor! Jamais comi algo impuro ou imundo!' A voz lhe falou uma segunda vez: 'Não chame impuro ao que Deus purificou'. Isso aconteceu três vezes, e em seguida o lençol foi recolhido ao céu" (v. 11-16).

Por meio dessa visão, Deus revelou Seu plano a Pedro: os gentios deviam herdar as bênçãos da salvação assim como os judeus. Nenhum discípulo tinha ainda pregado o evangelho aos gentios. Na mente deles, os gentios tinham sido excluídos das bênçãos do evangelho. Agora, o Senhor estava tentando ensinar a Pedro a extensão universal do plano de Deus.

Muitos gentios tinham ouvido a pregação de Pedro e dos outros apóstolos, e muitos judeus gregos haviam se tornado cristãos. Cornélio, no entanto, seria o primeiro convertido importante entre os gentios. A porta que muitos judeus convertidos tinham fechado para os gentios agora devia ser escancarada. Os gentios que aceitassem o evangelho deviam ser considerados iguais aos discípulos judeus, sem a necessidade de serem circuncidados.

Ah, como Deus trabalhou cuidadosamente para vencer o preconceito na mente de Pedro! Pela visão, Ele pretendia ensinar que no Céu não haverá distinções étnicas. Por meio de Cristo, os pagãos podem receber os privilégios do evangelho.

Enquanto Pedro refletia sobre a visão, os homens que Cornélio tinha enviado chegaram e pararam em frente à casa onde o apóstolo estava hospedado. Então o Espírito lhe disse: "Simão, três homens estão procurando por você. Portanto, levante-se e desça. Não hesite em ir com eles, pois Eu os enviei" (v. 19, 20).

Uma Ordem Difícil

Pedro estava relutante em cumprir o dever que tinha sido dado a ele, mas não ousou desobedecer. Ele desceu e disse: "'Eu sou quem vocês estão procurando. Por que motivo vieram?' Os homens responderam: 'Viemos da parte do centurião Cornélio. Ele é um homem justo e temente a Deus, respeitado por todo o povo judeu. Um santo anjo lhe disse que o chamasse à sua casa, para que ele ouça o que você tem para dizer'" (At 10:21, 22).

Em obediência a Deus, o apóstolo partiu na manhã seguinte, acompanhado por outros seis cristãos. Eles seriam testemunhas de tudo o que Pedro diria e faria, pois Pedro sabia que teria que responder por uma violação direta dos ensinamentos judaicos.

Quando Pedro entrou na casa do gentio, Cornélio o cumprimentou como alguém que o Céu homenageou. Cheio de reverência por aquele a quem Deus tinha enviado para lhe ensinar, ele caiu aos pés do apóstolo e o adorou. Pedro ficou horrorizado. Levantou o centurião e disse: "Levante-se, eu sou homem como você" (v. 26).

Pedro disse para o grande grupo de parentes e amigos íntimos de Cornélio: "Vocês sabem muito bem que é contra a nossa lei um judeu associar-se a um gentio ou mesmo visitá-lo. Mas Deus me mostrou que eu não deveria chamar impuro ou imundo a homem nenhum. Por isso, quando fui procurado, vim sem qualquer objeção. Posso perguntar por que vocês me mandaram buscar?" (v. 28, 29).

Cornélio então contou sua experiência, concluindo: "Agora estamos todos aqui na presença de Deus, para ouvir tudo que o Senhor te mandou dizer-nos" (v. 33).

Pedro disse: "Agora percebo verdadeiramente que Deus não trata as pessoas com parcialidade, mas de todas as nações aceita todo aquele que O teme e faz o que é justo" (v. 34, 35).

Então, o apóstolo pregou sobre Cristo àquele grupo de ouvintes atentos. À medida que Pedro mostrava a eles Jesus como a única esperança do pecador, ele mesmo compreendia melhor a visão que havia tido, e seu coração ardia com o espírito da verdade que ele estava apresentando.

De repente, "enquanto Pedro ainda estava falando estas palavras, o Espírito Santo desceu sobre todos os que ouviam a mensagem. Os judeus convertidos que vieram com Pedro ficaram admirados de que o dom do Espírito Santo fosse derramado até sobre os gentios, pois os ouviam falando em línguas e exaltando a Deus" (v. 44-46).

"A seguir Pedro disse: 'Pode alguém negar a água, impedindo que estes sejam batizados? Eles receberam o Espírito Santo como nós!' Então ordenou que fossem batizados em nome de Jesus Cristo" (v. 46-48).

Foi assim que o evangelho chegou aos estrangeiros, tornando-os membros da família de Deus. Por meio da família de Cornélio, uma ampla obra de graça teve avanço naquela cidade pagã.

Existem hoje muitas pessoas como Cornélio, a quem o Senhor deseja colocar em contato com Sua obra.

Elas simpatizam com o povo do Senhor, mas os laços que as ligam ao mundo as mantêm firmemente seguras. Devemos fazer esforços especiais por essas pessoas.

Deus precisa de trabalhadores sinceros, fervorosos e humildes que levem o evangelho às classes mais altas. Os homens mais importantes da Terra não estão fora do alcance da atuação poderosa de um Deus que realiza maravilhas. Se os trabalhadores cumprirem seu dever, o Senhor converterá pessoas que ocupam cargos de grande responsabilidade, pessoas inteligentes e influentes. Ao serem convertidas, elas terão um dever especial para com outros membros dessa classe negligenciada. Dedicarão tempo e dinheiro a essa obra, e a igreja receberá mais poder e eficiência.

Muitos no mundo estão mais próximos do reino do que imaginamos. Em todos os lugares há pessoas que se posicionarão ao lado de Cristo. Movidas pelo amor, elas encorajarão outras a vir até Ele.

O Preconceito Foi Vencido

Quando os cristãos da Judeia ouviram que Pedro tinha pregado aos gentios, eles ficaram surpresos e ofendidos. Quando viram o apóstolo, eles o condenaram energicamente: "Você entrou na casa de homens incircuncisos e comeu com eles!" (At 11:3).

Pedro relatou sua experiência: a visão que havia tido, a ordem para ir até os gentios, a vinda dos mensageiros, sua viagem a Cesareia e o encontro com Cornélio. Falou também sobre a conversa que tivera com o centurião. Pedro disse a eles que Cornélio tinha lhe contado a visão por meio da qual Deus o havia mandado chamar.

"Quando comecei a falar", disse Pedro, "o Espírito Santo desceu sobre eles como sobre nós no princípio. Então me lembrei do que o Senhor tinha dito: 'João batizou com água, mas vocês serão batizados com o Espírito Santo'. Se, pois, Deus lhes deu o mesmo dom que nos dera quando cremos no Senhor Jesus Cristo, quem era eu para pensar em opor-me a Deus?" (v. 15-17).

Os irmãos ficaram em silêncio. Convencidos de que seu preconceito e sentimento de exclusividade eram completamente contrários ao evangelho, eles disseram: "Então, Deus concedeu arrependimento para a vida até mesmo aos gentios!" (v. 18).

Dessa maneira, o preconceito foi vencido; a exclusividade, abandonada, e o caminho, aberto para que o evangelho fosse pregado aos gentios.

15

Livre da Prisão*

"**P**or aquele mesmo tempo, o rei Herodes estendeu as mãos sobre alguns da igreja para os maltratar" (At 12:1, ARC). Herodes Agripa, que governava sob a autoridade do imperador romano Cláudio, professava ter se convertido à fé judaica. Querendo ganhar o favor dos judeus, esperando que isso protegesse sua posição e reputação, ele passou a perseguir a igreja de Cristo. Herodes lançou Tiago, o irmão de João, na prisão e enviou um carrasco para executá-lo. Quando viu que isso agradou muito os judeus, prendeu Pedro também.

A morte de Tiago deixou os cristãos muito aflitos e angustiados. Quando Pedro também foi aprisionado, toda a igreja jejuou e orou.

Os judeus elogiaram Herodes por ele ter mandado matar Tiago, embora alguns defendessem que uma execução pública teria intimidado mais os cristãos. Assim, Herodes pretendia satisfazer os judeus ainda mais, fazendo da morte de Pedro um espetáculo público. Porém, a execução não ocorreria diante de todo o povo reunido em Jerusalém naquela ocasião, pois Herodes temia que a cena de Pedro sendo levado para morrer pudesse despertar piedade nas multidões.

Os sacerdotes e anciãos também tinham medo de que Pedro fizesse um daqueles seus apelos poderosos para que o povo estudasse a vida e o caráter de Jesus – apelos que eles não tinham conseguido contradizer. O zelo de Pedro tinha levado muitos a tomar uma posição em favor do evangelho, e os governantes temiam que, se fosse dada uma oportunidade para que ele defendesse sua fé, as multidões que tinham vindo à cidade para adorar exigiriam sua libertação.

A execução de Pedro foi adiada, sob vários pretextos, para até depois da Páscoa. Durante esse tempo, os cristãos tiveram tempo para examinar

* Este capítulo é baseado em Atos 12:1-23.

seus corações. Eles oraram por Pedro sem cessar, pois sentiam que ele era indispensável na obra de Cristo.

Enquanto isso, os fiéis de todas as nações se dirigiam para o templo, um edifício belo e majestoso. Entretanto, Jeová não se encontrava mais naquele lugar adorável. Quando Cristo olhou para o interior do templo pela última vez, Ele disse: "Eis que a casa de vocês ficará deserta" (Mt 23:38). Deus havia retirado Sua presença daquele lugar para sempre.

Orações Respondidas

Herodes finalmente marcou o dia da execução de Pedro, mas as orações dos cristãos ainda subiam ao Céu. Anjos estavam cuidando do apóstolo na prisão.

Para impedir qualquer possibilidade de fuga, Pedro tinha sido colocado sob o cuidado de dezesseis soldados que o vigiavam dia e noite. Em uma cela cavada na rocha, ele foi colocado entre dois soldados e preso por duas correntes, cada uma delas presa a um dos soldados. Pedro não podia se mover sem que eles soubessem. Com as portas da prisão trancadas e um guarda diante delas, não havia nenhuma chance de resgate nem de fuga. No entanto, os limites do homem são oportunidades para Deus. Quando Ele libertasse Pedro, as travas, barras e os guardas romanos

só fariam com que Sua vitória fosse ainda mais completa. Herodes, ao se opor ao Todo-Poderoso, devia ser totalmente derrotado.

Na última noite antes da execução, Deus enviou um poderoso anjo do Céu. Os portões fortes e resistentes se abriram sem a ajuda de mãos humanas e se fecharam silenciosamente depois que o anjo passou. Ele entrou na cela, e lá estava Pedro, dormindo em paz, pois confiava no Senhor.

Só quando sentiu o toque da mão do anjo e ouviu uma voz dizendo: "Depressa, levante-se!" (At 12:7) é que o apóstolo acordou o suficiente para ver diante dele um anjo de glória iluminando sua cela. Ele obedeceu mecanicamente e, quando se levantou, ergueu as mãos, vagamente consciente de que as correntes tinham caído de seus pulsos.

Mais uma vez, a voz lhe disse: "Vista-se e calce as sandálias" (v. 8). Pedro obedeceu de maneira automática, acreditando que estava sonhando.

Outra vez o anjo lhe ordenou: "Ponha a capa e siga-me" (v. 8). Ele se aproximou da porta. O Pedro geralmente tagarela estava agora sem palavras de tão espantado. Eles passaram por cima do guarda. A porta, pesadamente trancada, imediatamente se abriu e se fechou sozinha outra vez, enquanto os guardas estavam imóveis em seu posto.

A segunda porta se abriu como a primeira, sem que as dobradiças rangessem nem as travas fizessem barulho. Eles passaram, e ela se fechou silenciosamente mais uma vez. Da mesma forma, eles passaram pelo terceiro portão e se acharam na rua. Nenhum dos dois falou sequer uma palavra. O anjo seguiu em frente, rodeado por um brilho deslumbrante, e Pedro o seguiu, ainda acreditando que estava sonhando. Eles passaram por uma rua, e então o anjo desapareceu; sua missão estava cumprida.

Finalmente Livre

Pedro se viu numa escuridão profunda; mas, à medida que seus olhos se acostumavam, ela parecia diminuir. Ele então descobriu que estava sozinho na rua silenciosa. O ar frio da noite soprava em seu rosto. Ele estava livre, em uma parte conhecida da cidade. Pedro reconheceu que aquele era um lugar onde ele havia estado muitas vezes, e tinha esperado passar por ali de manhã pela última vez.

O apóstolo se lembrava de ter adormecido acorrentado entre dois soldados, sem suas roupas nem sandálias. Então, ao olhar para si, viu que estava completamente vestido. Seus pulsos inchados estavam livres das algemas. Ele percebeu que sua liberdade não era um sonho nem visão, mas uma realidade. Um anjo o havia

libertado da prisão e da morte! "Então Pedro caiu em si e disse: 'Agora sei, sem nenhuma dúvida, que o Senhor enviou o Seu anjo e me livrou das mãos de Herodes'" (At 12:11).

O apóstolo foi rapidamente até a casa onde, naquele momento, seus irmãos cristãos oravam fervorosamente por ele. "Pedro bateu à porta do alpendre, e uma serva chamada Rode veio atender. Ao reconhecer a voz de Pedro, tomada de alegria, ela correu de volta, sem abrir a porta, e exclamou: 'Pedro está à porta!' Eles, porém, lhe disseram: 'Você está fora de si!' Insistindo ela em afirmar que era Pedro, disseram-lhe: 'Deve ser o anjo dele'. Mas Pedro continuou batendo e, quando abriram a porta e o viram, ficaram perplexos. Mas ele, fazendo-lhes sinal para que se calassem, descreveu como o Senhor o havia tirado da prisão" (v. 13-17). E Pedro "saiu e foi para outro lugar" (v. 17). Deus havia ouvido as orações da igreja e o livrado das mãos de Herodes.

De manhã, uma multidão se reuniu para testemunhar a execução do apóstolo. Herodes enviou oficiais à prisão para que trouxessem Pedro com uma grande exibição de armas, não só para garantir que ele não fugisse, mas para intimidar todos os que simpatizavam com ele.

Quando os guardas descobriram que Pedro tinha escapado, ficaram aterrorizados. Eles tinham sido claramente avisados de que pagariam com a vida caso seu prisioneiro fugisse, e haviam sido especialmente vigilantes. Quando os oficiais foram buscar Pedro na prisão, a porta ainda estava trancada, as correntes ainda estavam presas aos pulsos dos dois soldados, mas o prisioneiro tinha desaparecido. Quando Herodes ficou sabendo que Pedro havia escapado, ficou furioso. Ele ordenou que o guarda da prisão fosse morto. Herodes estava determinado a não reconhecer que o poder divino tinha prevalecido e frustrado seus planos; com ousadia, decidiu desafiar a Deus.

Pouco tempo depois, Herodes foi a uma grande festa em Cesareia, preparada com o objetivo de que ele ganhasse a aprovação e o elogio do povo. Havia ali muita comida e pessoas bebendo vinho. Com ostentação e cerimônia, ele se dirigiu ao povo com um discurso eloquente. Vestido com um manto cintilante de prata e ouro, que refletia os raios do sol em suas dobras brilhantes, Herodes, uma figura deslumbrante, estava chamando a atenção. Sua aparência majestosa e o poder de suas palavras bem escolhidas dominaram a multidão. Loucos de entusiasmo, o cobriram de elogios, declarando que nenhum mortal podia se apresentar de maneira tão grandiosa nem falar com tanta

eloquência quanto ele. Eles afirmaram que, a partir daquele momento, o adorariam como um deus.

Algumas pessoas que estavam glorificando um pecador desprezível tinham, alguns anos antes, gritado freneticamente a respeito de Jesus: "Mata! Mata! Crucifica-O!" (Jo 19:15). Em Sua aparência humilde, os judeus não puderam reconhecer o Senhor da vida e da glória, mas estavam prontos a adorar como um deus o rei cujas vestes esplêndidas de prata e ouro encobriam um coração cruel e corrupto.

Ferido por um Anjo

Herodes aceitou a idolatria do povo como um direito seu. Um brilho de satisfação e orgulho se espalhou pelo seu rosto enquanto ele ouvia o grito: "É a voz de deus, e não de homem!" (At 12:22).

Entretanto, de repente, seu rosto ficou pálido como o de um morto, e contorcido de agonia. Grandes gotas de suor saíram de seus poros. Por um instante, Herodes ficou imóvel, com dor e pavor. Então, voltando o rosto já arroxeado para seus amigos aterrorizados, gritou num tom rouco: "Aquele a quem vocês exaltaram como deus está sendo ferido de morte."

Sofrendo uma angústia torturante, ele foi retirado daquela cena festiva. Um momento antes, ele havia recebido, com orgulho, a adoração daquela vasta multidão. Agora percebia que estava nas mãos de um Governante mais poderoso do que ele.

Herodes se lembrou da sua perseguição aos seguidores de Cristo, sua ordem para executar Tiago, seu plano para matar o apóstolo Pedro. Lembrou-se de como, humilhado e enfurecido, tinha se vingado dos guardas da prisão. Sentia que Deus estava acertando as contas com ele. Não encontrou nenhum alívio para a dor do corpo nem para a angústia da mente, e não esperava nenhum. Herodes sabia que, ao aceitar a adoração do povo, ele havia enchido seu cálice de maldade e injustiça.

O mesmo anjo que tinha vindo resgatar Pedro da prisão trouxe a mensagem de juízo a Herodes, deitando por terra o orgulho do monarca e trazendo sobre ele o castigo do Todo-Poderoso. Herodes morreu em grande agonia, sofrendo intensamente em seu corpo e mente.

A notícia de que o apóstolo de Cristo havia sido libertado da prisão e da morte, enquanto seu perseguidor tinha sido atingido pela maldição de Deus, percorreu todas as terras, levando muitos a crer em Cristo.

A Atuação dos Anjos Hoje
Como nos dias dos apóstolos, os mensageiros celestiais hoje confortam o sofredor, protegem os que são tentados e ganham pessoas para Cristo. Os anjos estão constantemente levando ao Pai do Céu as orações dos necessitados e angustiados, trazendo esperança e coragem ao coração humano. Esses anjos criam uma atmosfera celestial ao nosso redor, elevando-nos ao que é invisível e eterno.

Somente pela visão espiritual podemos reconhecer as coisas celestiais. Apenas o ouvido espiritual pode ouvir a harmonia das vozes do Céu. "O anjo do Senhor acampa-se ao redor dos que O temem, e os livra" (Sl 34:7, ARC). Deus ordena aos anjos que protejam Seus escolhidos da "peste que se move sorrateira nas trevas" e da "praga que devasta ao meio-dia" (Sl 91:6).

Os anjos falam com os seres humanos como alguém fala com um amigo, e os levam para lugares seguros. Muitas vezes, as palavras encorajadoras dos anjos têm renovado o espírito abatido dos fiéis.

Os anjos trabalham incansavelmente para ajudar aqueles por quem Cristo morreu. "Haverá mais alegria no Céu por um pecador que se arrepende do que por noventa e nove justos que não precisam arrepender-se" (Lc 15:7). Os anjos levam ao Céu um relatório de todo esforço feito para dissipar a escuridão e espalhar o conhecimento de Cristo.

Os poderes do Céu estão observando a guerra em que os servos de Deus estão lutando. Todos os anjos celestiais estão a serviço do povo humilde e fiel de Deus.

Lembre-se de que todo verdadeiro filho de Deus tem a cooperação dos seres celestiais. Exércitos invisíveis cercam os mansos e humildes que creem e reivindicam as promessas do Senhor. Anjos fortes estão à direita de Deus, "todos eles, espíritos ministradores enviados para servir aqueles que hão de herdar a salvação" (Hb 1:14).

Sucesso em Antioquia*

Depois que os discípulos foram forçados a deixar Jerusalém por causa da perseguição, a mensagem do evangelho se espalhou rapidamente. Diversos pequenos grupos de cristãos foram formados em cidades importantes. Alguns discípulos viajaram "até a Fenícia, Chipre e Antioquia, anunciando a mensagem" (At 11:19) geralmente apenas aos judeus hebreus e gregos encontrados em quase todas as cidades do mundo.

Em Antioquia, a maior cidade da Síria, o povo recebeu o evangelho com alegria. O amplo comércio atraía muitas pessoas de várias nacionalidades à cidade. Elas gostavam de Antioquia por causa de sua localização saudável, das belas paisagens que a cercavam, da riqueza, cultura e requinte. Ela havia se tornado uma cidade de luxos e vícios.

Em Antioquia, discípulos que tinham vindo de Chipre e Cirene ensinaram o evangelho publicamente. Seu trabalho intenso produziu frutos. "Muitos creram e se voltaram para o Senhor" (v. 21).

A igreja em Jerusalém ficou sabendo desse fato, e "eles enviaram Barnabé a Antioquia" (v. 22). Barnabé viu a obra que tinha sido realizada ali. Ele "ficou alegre e os animou a permanecerem fiéis ao Senhor, de todo o coração" (v. 23). Muitas pessoas se converteram naquela cidade. À medida que a obra progredia, Barnabé precisou de ajuda. Ele foi a Tarso à procura de Paulo, que estava trabalhando nas "regiões da Síria e da Cilícia", pregando "a fé que outrora procurava destruir" (Gl 1:21, 23). Barnabé convenceu Paulo a voltar com ele.

O conhecimento e o zelo de Paulo exerceram uma influência poderosa na populosa cidade de Antioquia, e ele provou ser exatamente a ajuda de que Barnabé precisava. Os dois trabalharam juntos durante um ano,

* Este capítulo é baseado em Atos 11:19-26; 13:1-3.

revelando o Redentor do mundo a muitas pessoas.

Foi em Antioquia que os discípulos foram chamados de "cristãos" pela primeira vez. As pessoas os chamavam assim porque Cristo era o tema da pregação e das conversas deles. Eles nunca deixavam de narrar ao povo Seus ensinamentos e milagres de cura. Com lábios trêmulos e lágrimas nos olhos, falavam da traição que Ele havia sofrido, do Seu julgamento e execução, da tortura com a qual Seus inimigos O haviam tratado, e de Sua piedade divina ao orar por aqueles que O perseguiram. Sua ressurreição, ascensão e trabalho como Mediador da humanidade caída eram assuntos sobre os quais os discípulos apreciavam se demorar. Os pagãos tinham razão em chamá-los de cristãos!

Um Belo Nome Dado por Deus

Deus lhes deu o nome de "cristãos", um nome majestoso dado a todos os que se unem a Cristo. A respeito desse nome, Tiago escreveu mais tarde: "Não são os ricos [...] que difamam o bom nome que sobre vocês foi invocado?" (Tg 2:6, 7). E Pedro declarou: "Se vocês são insultados por causa do nome de Cristo, felizes são vocês" (1Pe 4:14). Vivendo entre um povo que parecia não se importar muito com as coisas de valor eterno, os cristãos em Antioquia tentaram ganhar a atenção das pessoas sinceras. Em seu humilde ministério, nos vários caminhos da vida, eles testemunhavam diariamente da sua fé em Cristo.

Hoje, Deus deseja que obreiros escolhidos e talentosos sejam colocados em cidades importantes e populosas. Seu propósito é também que os membros da igreja que vivem nessas cidades usem seus dons dados por Deus, trabalhando, assim, para atrair outras pessoas a Cristo. Esses obreiros descobrirão que muitos que jamais poderiam ter sido alcançados de outra maneira estão prontos para responder ao esforço pessoal inteligente.

Deus está chamando pastores, médicos, enfermeiros, colportores e outros membros da igreja consagrados e talentosos, que conhecem a Palavra de Deus e o poder de Sua graça, para que considerem as necessidades das cidades que ainda não foram avisadas. Devemos usar hoje todos os meios possíveis para aproveitar com sabedoria as oportunidades.

Trabalhar com Barnabé fez com que Paulo fortalecesse sua convicção de que o Senhor o havia chamado para trabalhar em favor dos gentios. Quando ele se converteu, o Senhor lhe disse que ele devia servir aos gentios, "para abrir-lhes os olhos e convertê-los das trevas para a luz, e do poder de Satanás para Deus, a fim de que" recebessem "o perdão dos pecados e herança entre os que são santificados pela fé" nEle (At 26:18). O anjo tinha dito a Ananias: "Este homem é Meu instrumento escolhido para levar o Meu nome perante os gentios e seus reis, e perante o povo de Israel" (At 9:15).

Portanto, o Senhor tinha comissionado Paulo a entrar no campo missionário do mundo dos gentios e revelar o "mistério oculto nos tempos passados" (Rm 16:25), para "que, mediante o evangelho, os gentios" fossem "coerdeiros com Israel, membros do mesmo corpo, e coparticipantes da promessa em Cristo Jesus", da qual, disse Paulo, "me tornei ministro" (Ef 3:6, 7). "Embora eu seja o menor dos menores dentre todos os santos, foi-me concedida esta graça de anunciar aos gentios as insondáveis riquezas de Cristo" (v. 8).

Nem Paulo nem Barnabé tinham ainda sido formalmente ordenados ao ministério do evangelho, mas Deus estava prestes a confiar a eles uma tarefa difícil, para a qual precisariam de todo apoio que a igreja pudesse lhes proporcionar.

O Significado da Ordenação ao Evangelho

"Na igreja de Antioquia havia profetas e mestres: Barnabé, Simeão, chamado Níger, Lúcio de Cirene, Manaém [...] e Saulo. Enquanto adoravam o Senhor e jejuavam, disse o Espírito Santo: 'Separem-me Barnabé e Saulo para a obra a que os tenho chamado'" (At 13:1, 2). Esses apóstolos, a quem a igreja dedicou solenemente a Deus por meio de jejum, oração e imposição de mãos, receberam autoridade não apenas para ensinar a verdade, mas para realizar o rito do batismo e organizar igrejas.

Eles deviam proclamar o evangelho entre os gentios com poder, e a igreja seria fortalecida por um grande número de conversões. Os apóstolos ensinavam que, em Cristo, "o muro de inimizade" (Ef 2:14) que havia separado o mundo judeu do mundo dos gentios tinha sido derrubado. Naturalmente, isso os sujeitaria à acusação de heresia, e muitos judeus cristãos questionariam sua autoridade como ministros do evangelho. Para colocar a obra deles acima das acusações, Deus instruiu a igreja a separá-los publicamente para a obra do ministério, reconhecendo que eles haviam sido nomeados por Ele para levar as boas-novas do evangelho aos gentios.

Tanto Paulo quanto Barnabé já tinham recebido sua missão do próprio Deus. A imposição de mãos não deu a eles nenhuma competência nova. Ela foi entendida como uma forma de nomear alguém para um certo cargo. Por esse meio, a igreja, ainda hoje, coloca seu selo de aprovação na obra de Deus.

Esse rito tinha um significado importante para os judeus. Quando um pai abençoava seus filhos, ele colocava as mãos em reverência sobre a cabeça das crianças. Quando um animal era consagrado para o sacrifício, o sacerdote colocava a mão sobre a cabeça da vítima. Quando os ministros em Antioquia impuseram as mãos sobre Paulo e Barnabé, eles estavam, por meio dessa ação, pedindo a Deus que derramasse Sua bênção sobre os apóstolos escolhidos para aquela obra.

Nos anos seguintes, as pessoas começaram a dar muita importância à imposição de mãos, como se um poder descesse instantaneamente sobre os que recebiam aquela ordenação. Contudo, não há registro de que aqueles apóstolos tenham recebido virtudes, ao serem separados para o ministério, simplesmente pelo ato da imposição de mãos.

Anos antes, quando Deus revelou Seus planos a Paulo pela primeira vez, Ele o colocou em contato com a igreja recém-organizada. Além disso, o Senhor não deixou a igreja de Damasco na ignorância com relação ao fariseu convertido. Naquele momento, o Espírito Santo novamente dava à igreja a tarefa de ordenar Paulo e seu colega de ministério.

Deus Reconhece a Organização da Igreja

Deus fez de Sua igreja um canal de luz. Ele não dá a um de Seus servos uma experiência que seja contrária à experiência da própria igreja. Nem revela a um único indivíduo Sua vontade para toda a igreja, deixando-a na ignorância. Ele coloca Seus servos em ligação íntima com Sua igreja, para que eles tenham menos confiança em si mesmos e confiem mais em outros a quem Ele tem conduzido.

Os que se apoiam na independência individual parecem incapazes de perceber que o espírito independente, provavelmente, leve as pessoas a confiarem demais em si mesmas, em vez de respeitarem o conselho e a opinião dos irmãos da igreja, principalmente daqueles a quem Deus tem colocado em posições de liderança. Deus concedeu à Sua igreja autoridade especial. Ninguém a pode ignorar; pois, qualquer um que fizer isso está desprezando a voz de Deus.

Satanás tenta separar essas pessoas daquelas a quem Deus tem usado para edificar e expandir Sua obra. Todo trabalhador na causa do Senhor que ignora isso e pensa que sua luz não deve vir por nenhum outro instrumento senão diretamente de Deus, corre o perigo de ser enganado e vencido pelo inimigo. O Senhor deseja que todos os cristãos mantenham um relacionamento próximo – cristão deve se unir a cristão e igreja a igreja; toda ação deve ser subordinada ao Espírito Santo. Todos os cristãos se unirão em um esforço organizado para dar ao mundo as boas notícias da graça de Deus. Paulo acreditava que sua ordenação inaugurava uma nova época em sua vida. Posteriormente, ele marcou essa data como o início de seu apostolado.

Enquanto a luz brilhava intensamente em Antioquia, os apóstolos estavam realizando uma obra importante em Jerusalém. Todo ano, muitos judeus de todas as nações vinham adorar no templo. Alguns desses peregrinos devotos estudavam as profecias com fervor e sinceridade, desejando a vinda do Messias. Os apóstolos pregaram sobre Cristo com coragem inabalável, embora soubessem que estavam colocando a vida em perigo. Muitas pessoas se converteram à fé e, ao voltarem para suas cidades, espalhavam as sementes da verdade a todas as nações e entre pessoas de todas as classes.

Pedro, Tiago e João estavam convencidos de que Deus os havia escolhido para pregar sobre Cristo entre seus compatriotas, em sua terra natal. Com sabedoria e fidelidade, eles testemunhavam do que tinham visto e ouvido, apelando ainda mais firme à palavra dos profetas (2Pe 1:19) para convencer "todo o Israel" que aquele "Jesus [...], Deus O fez Senhor e Cristo" (At 2:36).

Mensageiros do Evangelho*

epois de serem ordenados ao ministério, Paulo e Barnabé "desceram a Selêucia e dali navegaram para Chipre" (At 13:4). Barnabé era "de Chipre" (At 4:36). Ele e Paulo estavam visitando essa ilha, acompanhados por João Marcos, um parente de Barnabé. Chipre era um dos lugares para onde os cristãos tinham fugido por causa da perseguição após a morte de Estêvão.

A mãe de Marcos havia se tornado cristã, e os apóstolos tinham certeza de que sempre seriam bem recebidos e acolhidos na casa dela em Jerusalém. Durante uma das vezes em que se hospedaram na casa de sua mãe, Marcos se dispôs a acompanhar Paulo e Barnabé em suas viagens missionárias. Ele desejava se dedicar à obra do evangelho.

Os apóstolos "viajaram por toda a ilha, até que chegaram a Pafos. Ali encontraram um judeu, chamado Barjesus, que praticava magia e era

falso profeta. Ele era assessor do procônsul Sérgio Paulo. O procônsul, sendo homem culto, mandou chamar Barnabé e Saulo, porque queria ouvir a palavra de Deus. Mas Elimas, o mágico (esse é o significado do seu nome), opôs-se a eles e tentava desviar da fé o procônsul" (At 13:6-8).

Enquanto Sérgio Paulo ouvia os apóstolos, as forças do mal agiram por meio do feiticeiro Elimas, para tentar desviá-lo da fé e, assim, frustrar os planos de Deus. O inimigo caído trabalha dessa maneira para manter pessoas influentes do seu lado e impedi-las de prestar um serviço eficaz na causa de Deus.

Paulo teve a coragem de repreender aquele por meio de quem o inimigo estava trabalhando. "Cheio do Espírito Santo", ele disse: "'Filho do diabo e inimigo de tudo o que é justo! Você está cheio de toda espécie de engano e maldade. Quando é que vai parar de perverter os retos caminhos

* Este capítulo é baseado em Atos 13:4-52.

do Senhor? Saiba agora que a mão do Senhor está contra você, e você ficará cego e incapaz de ver a luz do sol durante algum tempo'. Imediatamente vieram sobre ele névoa e escuridão, e ele, tateando, procurava quem o guiasse pela mão" (v. 10, 11).

O mágico havia fechado os olhos para a verdade do evangelho e, em Sua ira justa, o Senhor fez com que seus olhos naturais ficassem cegos. Essa cegueira era apenas temporária, para que ele pudesse se arrepender e buscar o perdão do Deus a quem tinha ofendido. Em sua cegueira, ele teve que sair tateando. Esse fato provou a todos que os milagres dos apóstolos, denunciados por Elimas como truques habilidosos, tinham sido realizados pelo poder de Deus. O procônsul ficou convencido e aceitou o evangelho.

Aqueles que pregam a verdade encontrarão Satanás em muitas formas. Os ministros de Cristo devem permanecer fiéis em seus postos, no temor de Deus. Assim, podem confundir as forças de Satanás, triunfando em nome do Senhor.

Paulo e seus companheiros continuaram a viagem, indo para Perge, na Panfília. Eles encontraram dificuldades ali, e não tinham tudo de que precisavam. Nas vilas e cidades por onde passavam, ao longo das estradas solitárias, foram rodeados de perigos

visíveis e invisíveis. No entanto, Paulo e Barnabé tinham aprendido a confiar no poder de Deus. Como pastores fiéis em busca de ovelhas perdidas, esqueciam-se de si mesmos e enfrentavam o cansaço, a fome e o frio.

Marcos, porém, foi dominado pelo medo e desânimo. Ele não estava acostumado a passar dificuldades e ficou desencorajado diante dos obstáculos e perigos. Não conseguiu suportar as aflições como um bom soldado da cruz. Ele ainda tinha que aprender a enfrentar corajosamente os perigos, perseguições e problemas. Perdendo toda coragem, voltou para Jerusalém.

Isso fez com que Paulo julgasse Marcos severamente por um tempo. Barnabé estava disposto a desculpá-lo. Ele via qualificações em Marcos que fariam dele um obreiro útil. Nos anos posteriores, o jovem se dedicou completamente à proclamação do evangelho em regiões difíceis. Barnabé o treinou com sabedoria, e Marcos se tornou um obreiro valioso.

Paulo e Marcos se Reconciliam

Mais tarde, Paulo se reconciliou com Marcos. Ele o recomendou aos Colossenses como um cooperador "em favor do Reino de Deus" e "uma fonte de ânimo para" ele (Cl 4:11). Paulo disse que Marcos lhe era "útil para o ministério" (2Tm 4:11)

Em Antioquia, na Pisídia, Paulo e Barnabé foram até a sinagoga judaica no sábado. "Depois da leitura da Lei e dos Profetas, os chefes da sinagoga lhes mandaram dizer: 'Irmãos, se vocês têm uma mensagem de encorajamento para o povo, falem'" (At 13:15). Sendo convidado a falar, Paulo ficou em pé e, fazendo sinal com a mão, disse: "Israelitas e gentios que temem a Deus, ouçam-me!" (v. 16). Em seguida, passou a contar como o Senhor havia lidado com os judeus e como Ele tinha prometido um Salvador. Paulo declarou corajosamente que "Deus trouxe a Israel o Salvador Jesus, como prometera. Antes da vinda de Jesus, João pregou um batismo de arrependimento para todo o povo de Israel. Quando estava completando sua carreira, João disse: 'Quem vocês pensam que eu sou? Não sou quem vocês pensam. Mas eis que vem depois de mim Aquele cujas sandálias não sou digno nem de desamarrar'" (v. 23-25). Com poder, Paulo pregou sobre Jesus como o Messias da profecia.

Mensagem Clara

Paulo disse: "Irmãos [...], o povo de Jerusalém e seus governantes não reconheceram Jesus, mas, ao condená-Lo, cumpriram as palavras dos profetas, que são lidas todos os sábados" (v. 26, 27).

Paulo não hesitou em falar a verdade sobre os líderes judeus. Ele disse: "Mesmo não achando motivo legal para uma sentença de morte, pediram a Pilatos que O mandasse executar. Tendo cumprido tudo o que estava escrito a respeito dEle, tiraram-nO do madeiro e O colocaram num sepulcro. Mas Deus O ressuscitou dos mortos, e, por muitos dias, foi visto por aqueles que tinham ido com Ele da Galileia para Jerusalém. Eles agora são testemunhas dEle para o povo. 'Nós lhes anunciamos as boas-novas'" (v. 28-32), o apóstolo continuou. "Deus O ressuscitou dos mortos" (v. 34).

Então, Paulo pregou o arrependimento e o perdão dos pecados pelos méritos de Jesus, o Salvador deles: "Por meio dEle, todo aquele que crê é justificado de todas as coisas das quais não podiam ser justificados pela Lei de Moisés" (v. 39).

O apelo do apóstolo às profecias do Antigo Testamento e sua declaração de que estas tinham sido cumpridas em Jesus de Nazaré foram convincentes. Sua certeza de que as "boas-novas" eram tanto para os judeus quanto para os gentios trouxe esperança e alegria.

"Quando Paulo e Barnabé estavam saindo da sinagoga, o povo os convidou a falar mais a respeito dessas coisas no sábado seguinte. [...]

Muitos dos judeus e estrangeiros piedosos convertidos ao judaísmo" aceitaram as boas-novas naquele dia. Paulo e Barnabé lhes recomendaram "que continuassem na graça de Deus" (v. 42, 43).

No sábado seguinte, as palavras de Paulo despertaram interesse e "quase toda a cidade se reuniu para ouvir a palavra do Senhor. Quando os judeus viram a multidão, ficaram cheios de inveja e, blasfemando, contradiziam o que Paulo estava dizendo. Então Paulo e Barnabé lhes responderam corajosamente: 'Era necessário anunciar primeiro a vocês a palavra de Deus; uma vez que a rejeitam e não se julgam dignos da vida eterna, agora nos voltamos para os gentios'" (v. 44-46).

"Ouvindo isso, os gentios alegraram-se e bendisseram a palavra do Senhor; e creram todos os que haviam sido designados para a vida eterna". Assim, "a palavra do Senhor se espalhava por toda a região" (v. 48, 49).

Séculos antes, os profetas predisseram essa numerosa conversão de gentios (ver Os 1:10 e 2:23). O próprio Salvador anunciou a propagação do evangelho entre eles (ver Mt 21:43). Depois de Sua ressurreição, Ele ordenou que Seus discípulos fossem "pelo mundo todo" (Mc 16:15) e fizessem "discípulos de todas as nações" (Mt 28:19).

Os Gentios Veem a Luz

Mais tarde, Paulo e seus companheiros pregaram o evangelho aos judeus e aos gentios em cidades importantes. A partir daquele momento, suas principais energias foram direcionadas para povos pagãos que tinham pouco ou nenhum conhecimento do verdadeiro Deus e de Seu Filho. Por meio dos esforços incansáveis dos apóstolos para com os gentios, aqueles "sem Cristo", que "antes estavam longe", ficaram sabendo que tinham sido "aproximados mediante o sangue de Cristo", e que por meio da fé poderiam se tornar "membros da família de Deus" (Ef 2:12, 13, 19).

Para os que creem, Cristo é um fundamento seguro. Essa pedra viva é ampla e forte o suficiente para suportar o peso e a carga do mundo inteiro. O apóstolo escreveu: "Vocês" são "edificados sobre o fundamento dos apóstolos e dos profetas, tendo Jesus Cristo como pedra angular" (v. 19, 20).

À medida que o evangelho se espalhava na Pisídia, com um preconceito cego, os judeus incrédulos "incitaram as mulheres piedosas de elevada posição e os principais da cidade. E, provocando perseguição contra Paulo e Barnabé, os expulsaram" (At 13:50) daquele distrito.

Os apóstolos não ficaram desanimados. Eles se lembraram das

palavras de seu Mestre: "Alegrem-se e regozijem-se, porque grande é a recompensa de vocês nos Céus, pois da mesma forma perseguiram os profetas que viveram antes de vocês" (Mt 5:12).

A mensagem do evangelho estava avançando!

Perseguidos e Adorados*

Em Icônio, assim como em Antioquia, Paulo e Barnabé começaram sua obra na sinagoga de seu povo. "Ali falaram de tal modo que veio a crer grande multidão de judeus e gentios" (At 14:1). Assim como em outros lugares, "os judeus que se tinham recusado a crer incitaram os gentios e irritaram-lhes os ânimos contra os irmãos" (v. 2).

No entanto, apesar da oposição e do preconceito, os apóstolos prosseguiram, "falando corajosamente do Senhor", e Deus "confirmava a mensagem de Sua graça realizando sinais e maravilhas pelas mãos deles" (v. 3). As conversões se multiplicavam.

A popularidade da mensagem encheu os judeus incrédulos de inveja, e eles decidiram deter Paulo e Barnabé. Com o auxílio de falsos relatos, levaram as autoridades a temer que a cidade se revoltasse. Eles insinuaram que muitos estavam se tornando seguidores dos apóstolos com o objetivo de executar planos secretos e perigosos.

Os discípulos foram levados muitas e muitas vezes diante das autoridades, mas sua defesa foi tão clara e sensata que os magistrados não ousaram condená-los. Eles não puderam deixar de reconhecer que, se as pessoas aceitassem os ensinamentos de Paulo e Barnabé, haveria uma melhora no comportamento das pessoas e na ordem da cidade.

A oposição deu publicidade à mensagem da verdade. Os esforços dos judeus para impedir o trabalho dos apóstolos só resultaram na conversão de mais e mais pessoas à nova fé. O povo da cidade estava "dividido: alguns estavam a favor dos judeus, outros a favor dos apóstolos" (v. 4).

Os judeus ficaram tão furiosos que decidiram recorrer à violência. Provocando a multidão ignorante e barulhenta, eles criaram uma grande confusão pela qual culparam os

---

* Este capítulo é baseado em Atos 14:1-26.

Perseguidos e Adorados

discípulos. Estavam decididos a convencer a multidão a apedrejar Paulo e Barnabé.

Embora não fossem cristãos, alguns amigos dos apóstolos os aconselharam a não se expor desnecessariamente à multidão, mas a escapar. Então, Paulo e Barnabé foram embora de Icônio em segredo. Deixaram os cristãos continuarem a obra por si mesmos, mas decidiram que voltariam depois que a agitação diminuísse.

Em todas as épocas e regiões, os mensageiros de Deus têm encontrado oposição da parte daqueles que rejeitam a luz. Com a ajuda de descrições enganosas e falsidades, os inimigos do evangelho muitas vezes pareceram triunfar, fechando portas por meio das quais os mensageiros de Deus poderiam chegar ao povo. No entanto, essas portas não podem permanecer fechadas para sempre!

Tumulto em Listra

Forçados a deixar Icônio, os apóstolos foram para Listra e Derbe, na Licaônia. Dentre as pessoas pagãs e supersticiosas, em sua maioria, havia algumas dispostas a aceitar o evangelho. Os apóstolos decidiram trabalhar nesses lugares.

Embora alguns judeus vivessem em Listra, não havia ali nenhuma sinagoga. Muitos habitantes adoravam Zeus. Quando Paulo e Barnabé explicaram as verdades simples do evangelho, muitos quiseram relacionar essas doutrinas com a adoração a Zeus.

Os apóstolos tentaram fazer com que as pessoas conhecessem o Criador e Seu Filho. Primeiramente, eles dirigiram a atenção do povo para as obras de Deus: o Sol, a Lua e as estrelas, a sequência das estações, as imensas montanhas cobertas de neve e outras maravilhas da natureza que revelavam uma habilidade além da compreensão humana. Ao fazerem isso, levaram os pagãos a pensar no Soberano do Universo.

Depois de esclarecer essas verdades fundamentais, Paulo e Barnabé falaram aos cidadãos de Listra a respeito do Filho de Deus, que veio do Céu por amor ao ser humano. Eles falaram sobre Sua vida, rejeição, julgamento e crucifixão. Contaram sobre Sua ressurreição e ascensão ao Céu para atuar como representante da humanidade.

Enquanto Paulo falava sobre a obra de cura de Cristo, ele avistou um paralítico que havia acreditado em suas palavras. O homem olhava atentamente para ele. O coração de Paulo se compadeceu daquele homem aflito, a quem ele viu que "tinha fé para ser curado" (At 14:9). Paulo ordenou que o paralítico se levantasse. Até então, aquele sofredor só era capaz de ficar sentado; mas obedeceu instantaneamente e, pela primeira vez em sua vida, ficou de pé. A força veio com a fé, e ele "deu um salto e começou a andar. Ao ver o que Paulo fizera, a multidão começou a gritar em língua licaônica: 'Os deuses desceram até nós em forma humana!'" (v. 10, 11). De acordo com a tradição daquele povo, os deuses visitavam a Terra de vez em quando. Por causa da postura majestosa e digna de Barnabé, até mesmo por seu temperamento e bondade, a multidão o chamou de Zeus, o pai dos deuses. O povo acreditava que Paulo, ativo e eloquente, era Hermes, "porque era ele quem trazia a palavra" (v. 12).

Os habitantes de Listra convenceram o sacerdote de Zeus a honrar os apóstolos, e ele "trouxe bois e coroas de flores à porta da cidade, porque ele e a multidão queriam oferecer-lhes sacrifícios" (v. 13). Sem saber desses preparativos, Paulo e Barnabé estavam descansando. Logo ouviram a música e o grito de uma multidão que tinha ido ao lugar onde eles estavam hospedados.

Os apóstolos "rasgaram as roupas e correram para o meio da multidão" (v. 14), na esperança de impedir qualquer ação posterior. Paulo gritou mais alto que o povo: "'Homens, por que vocês estão fazendo isso? Nós também somos humanos como vocês. Estamos trazendo boas-novas

para vocês, dizendo-lhes que se afastem dessas coisas vãs e se voltem para o Deus vivo, que fez o céu, a terra, o mar e tudo o que neles há" (v. 15).

Apesar dos esforços de Paulo para conduzir o povo a Deus como o Único digno de adoração, aqueles homens acreditavam com tanta firmeza que os apóstolos eram de fato deuses, e o entusiasmo deles era tão grande, que Paulo e Barnabé "tiveram dificuldade para impedir que a multidão lhes oferecesse sacrifícios" (v. 18). Os listrianos tinham visto um paralítico, que nunca havia sido capaz de andar, se alegrar em perfeita saúde e força. Só depois que Paulo e Barnabé explicaram exatamente sua missão como representantes do Deus do Céu e de Seu Filho, o grande Curador, é que o povo abandonou seus planos.

O Apedrejamento de Paulo

Inesperadamente, Paulo e Barnabé foram impedidos de continuar seu trabalho. "Alguns judeus chegaram de Antioquia e Icônio" (At 14:19) e, quando souberam do sucesso dos apóstolos, decidiram persegui-los. Esses judeus inspiraram, no povo de Listra, a mesma crueldade que ocupava seus pensamentos. Aqueles que havia pouco tinham pensado que Paulo e Barnabé eram deuses foram convencidos de que os apóstolos realmente mereciam morrer.

Os cidadãos de Listra se voltaram contra Paulo e Barnabé com um entusiasmo quase tão grande quanto o da ocasião em que tinham honrado os dois apóstolos como deuses. Planejaram atacar os apóstolos por meio da força. Os judeus os advertiram para que não permitissem que Paulo falasse, alegando que ele enfeitiçaria o povo.

Os listrianos foram possuídos de uma violência satânica e, apoderando-se de Paulo, apedrejaram-no. O apóstolo pensou que seu fim havia chegado. A parte cruel que ele mesmo tinha desempenhado no martírio de Estêvão veio à sua mente vividamente. Coberto de ferimentos e fraco por causa da dor, ele caiu no chão, e a multidão enfurecida o arrastou "para fora da cidade, pensando que estivesse morto" (v. 19).

Naquele momento difícil, os listrianos que tinham se convertido à fé em Jesus permaneceram leais e fiéis. A perseguição cruel por parte de seus inimigos apenas fortaleceu a fé daqueles devotos. Diante do perigo, eles mostraram sua lealdade ao se reunirem em volta do corpo de Paulo, que acreditavam estivesse morto.

Enquanto estavam chorando, o apóstolo, de repente, se levantou com um louvor a Deus em seus lábios. Esse milagre parecia ser um sinal do Céu, aprovando a mudança de fé daqueles homens. Eles louvaram a Deus com uma fé renovada.

Entre aqueles que haviam se convertido em Listra estava alguém que compartilharia com o apóstolo Paulo as provações e alegrias do serviço pioneiro em lugares difíceis. Esse alguém era Timóteo, um jovem que estava entre os que se colocaram ao lado do corpo aparentemente sem vida de Paulo, e o viram se levantar ferido e coberto de sangue, mas com louvores em seus lábios porque lhe havia sido permitido sofrer por Cristo.

No dia seguinte, os apóstolos partiram para Derbe, onde muitos aceitaram o Salvador. Contudo, nem Paulo nem Barnabé ficaram satisfeitos em trabalhar em outro lugar sem antes fortalecer a fé dos convertidos onde haviam trabalhado recentemente. Portanto, apesar do perigo, "voltaram para Listra, Icônio e Antioquia, fortalecendo os discípulos e encorajando-os a permanecer na fé" (v. 21, 22). Muitos aceitaram o evangelho, e os apóstolos trabalharam para firmá-los na fé.

Instrução e Organização Essenciais

Os apóstolos foram cuidadosos em cercar os novos convertidos com a proteção da organização do evangelho. Onde quer que houvesse cristãos, igrejas eram organizadas. Os apóstolos nomearam oficiais, estabelecendo a ordem e o sistema adequados para o bem-estar espiritual dos cristãos.

Ao longo de seu ministério, Paulo teve o cuidado de seguir o plano do evangelho, unindo todos os cristãos em um só corpo. Mesmo quando eles eram pouquíssimos em número, no momento apropriado eram organizados em uma igreja e ensinados a ajudar uns aos outros, lembrando-se da promessa: "Pois onde se reunirem dois ou três em Meu nome, ali Eu estou no meio deles" (Mt 18:20). O cuidado para com essas igrejas continuou sendo uma preocupação cada vez maior na mente de Paulo. Não importava o quanto um grupo de cristãos fosse pequeno, este era objeto de sua preocupação e cuidado constantes. Ele cuidava das igrejas menores com ternura, para que os membros pudessem ser firmados na verdade e ensinados a realizar esforços altruístas em favor daqueles ao seu redor.

Paulo e Barnabé tentavam seguir o exemplo de sacrifício voluntário de Cristo. Despertos e incansáveis, não consideravam seu bem-estar pessoal, mas com piedosa ansiedade espalhavam a semente da verdade, dando instruções práticas e de imenso valor a todos os que tomavam uma posição em favor do evangelho. Esse espírito de dedicação e zelo causou uma impressão duradoura na mente dos novos discípulos.

Quando pessoas habilidosas eram convertidas, como no caso de Timóteo, Paulo e Barnabé se certificavam de mostrar a elas a necessidade de que obreiros espalhassem o evangelho. Quando os apóstolos partiam, a fé dessas pessoas não falhava, mas aumentava. Elas tinham sido ensinadas fielmente a trabalhar de maneira altruísta e incansável por seus semelhantes. Esse treinamento meticuloso com os novos conversos foi um fator importante no sucesso notável que Paulo e Barnabé tiveram.

A primeira viagem missionária estava chegando ao fim. Entregando as igrejas recém-organizadas nas mãos do Senhor, os apóstolos "desceram para Atália. De Atália navegaram de volta a Antioquia" (At 14:25, 26).

Resolvendo Grandes Dificuldades*

uando chegaram a Antioquia, na Síria, Paulo e Barnabé reuniram os cristãos e "relataram tudo o que Deus tinha feito por meio deles e como abrira a porta da fé aos gentios" (At 14:27). A grande e crescente igreja em Antioquia era um centro de atividade missionária, composta por judeus e gentios.

Enquanto os apóstolos se uniam aos membros leigos para ganhar pessoas para o Senhor, certos cristãos judeus da Judeia, "do partido religioso dos fariseus" (At 15:5), levantaram uma questão que confundiu e perturbou os cristãos gentios. Esses mestres judaizantes disseram que, para ser salvo, era preciso ser circuncidado e guardar a lei cerimonial.

Paulo e Barnabé se opuseram a essa falsa doutrina, mas muitos cristãos judeus de Antioquia acreditaram que os irmãos que tinham vindo recentemente da Judeia tinham razão. Muitos judeus convertidos a Cristo ainda pensavam que, uma vez que Deus havia definido a forma hebraica de adoração, era improvável que Ele autorizasse uma mudança nela. Eles insistiam que as cerimônias judaicas se tornassem parte da religião cristã. Demoraram para perceber que as ofertas de sacrifício representavam a morte do Filho de Deus, na qual o símbolo havia sido cumprido, não sendo mais obrigatórias.

Paulo tinha compreendido claramente a missão do Salvador como o Redentor dos gentios e judeus, e havia aprendido a diferença entre uma fé viva e um formalismo morto. À luz do evangelho, as cerimônias dadas a Israel assumiram um novo significado. O que elas representavam agora havia se cumprido, e os que viviam de

* Este capítulo é baseado em Atos 15:1-35.

acordo com o evangelho tinham ficado livres de observá-las. Porém, no que diz respeito à lei imutável, os Dez Mandamentos de Deus, Paulo ainda a guardava em espírito e também na letra da lei.

A questão da circuncisão trouxe muita discussão e conflito. Finalmente, os membros da igreja decidiram enviar Paulo e Barnabé, bem como alguns homens responsáveis da igreja, a Jerusalém para apresentar o assunto diante dos apóstolos e anciãos. A decisão final dada na assembleia geral devia ser aceita universalmente por todas as diferentes igrejas.

A Primeira Conferência Geral da Igreja

Em Jerusalém, os delegados de Antioquia falaram do sucesso de seu ministério entre os gentios. Eles, então, resumiram claramente a confusão que havia surgido quando alguns fariseus convertidos declararam que os gentios convertidos deviam ser circuncidados e obrigados a guardar a lei de Moisés.

A assembleia discutiu calorosamente essa questão e também o problema dos alimentos oferecidos aos ídolos. Muitos gentios convertidos estavam vivendo entre pessoas supersticiosas que faziam sacrifícios e oferendas aos ídolos com frequência. Os judeus temiam que eles

manchassem o cristianismo, ao comprarem coisas que haviam sido oferecidas aos ídolos, fazendo parecer que eles aprovavam os costumes dos adoradores de ídolos.

Além disso, os gentios tinham o hábito de comer a carne de animais estrangulados. No entanto, Deus havia orientado os judeus que, quando os animais fossem mortos para comer, o sangue deveria ser escorrido do corpo. Deus tinha dado essas orientações para preservar a saúde do povo. Os judeus acreditavam que era pecado usar o sangue como alimento. Entre os gentios, porém, havia se tornado uma prática usar o sangue da vítima do sacrifício na preparação dos alimentos. Portanto, se um judeu e um gentio tivessem que comer à mesma mesa, o judeu ficaria chocado e indignado com o gentio.

Os gentios, especialmente os gregos, eram imorais. Havia o perigo de que alguns professassem o cristianismo sem abandonar suas práticas más. Os cristãos judeus não podiam tolerar a imoralidade que os pagãos nem mesmo consideravam ilícita. Portanto, defenderam que a circuncisão e a observância da lei cerimonial deviam ser exigidas dos gentios convertidos como um teste de sua sinceridade. Isso, eles acreditavam, impediria a igreja de receber como membros aqueles que, mais tarde, poderiam trazer desonra à igreja de Deus por causa de sua imoralidade.

As várias questões preocupantes pareciam difíceis demais para serem resolvidas pelo concílio. "Depois de muita discussão, Pedro levantou-se e dirigiu-se a eles: 'Irmãos, vocês sabem que há muito tempo Deus me escolheu dentre vocês para que os gentios ouvissem de meus lábios a mensagem do evangelho e cressem'" (At 15:7). Ele argumentou que o Espírito Santo já havia decidido o assunto que estavam discutindo ao descer sobre gentios e judeus com o mesmo poder. Ele falou sobre sua visão e o chamado para ir à casa do centurião e instruí-lo na fé de Cristo. Essa mensagem revelou que Deus aceitava todos os que O respeitavam e honravam. Pedro contou como ficou atônito quando testemunhou o Espírito Santo tomar posse dos gentios, como havia feito aos judeus. O rosto dos gentios incircuncisos também tinha sido iluminado com glória e luz. Essa foi uma advertência de Deus de que Pedro não devia considerar um povo inferior ao outro, pois o sangue de Cristo podia purificar de toda impureza.

Em uma ocasião anterior, Pedro já havia contado como o Espírito Santo desceu sobre os gentios. Ele tinha dito: "Se, pois, Deus lhes deu o mesmo dom que nos tinha dado quando cremos no Senhor Jesus Cristo, quem era

eu para pensar em opor-me a Deus?" (At 11:17). Agora, com a mesma força, ele disse: "Deus, que conhece os corações, demonstrou que os aceitou, dando-lhes o Espírito Santo, como antes nos tinha concedido. Ele não fez distinção alguma entre nós e eles, visto que purificou os seus corações pela fé. Então, por que agora vocês estão querendo tentar a Deus, impondo sobre os discípulos um jugo que nem nós nem nossos antepassados conseguimos suportar?" (At 15:8-10). Esse jugo não era os Dez Mandamentos. Pedro estava se referindo aqui às leis cerimoniais que foram anuladas pela cruz de Cristo.

"Toda a assembleia ficou em silêncio, enquanto ouvia Barnabé e Paulo falando de todos os sinais e maravilhas que, por meio deles, Deus fizera entre os gentios" (v. 12).

Como o Espírito Santo Conduziu a Reunião

O Espírito Santo achou conveniente não impor a lei cerimonial aos gentios convertidos, e o pensamento dos apóstolos em relação a esse assunto era o mesmo que o do Espírito de Deus. Tiago dirigiu a assembleia, e sua decisão foi: "Não devemos pôr dificuldades aos gentios que estão se convertendo a Deus" (v. 19).

Isso encerrou a discussão. Esses acontecimentos refutam a doutrina de que Pedro era o "cabeça" da igreja. Aqueles que alegam ser seus sucessores não têm nenhum fundamento bíblico para comprovar que Pedro foi colocado acima dos outros apóstolos como representante do Altíssimo. Se os que são chamados "sucessores de Pedro" seguissem seu exemplo, teriam sempre permanecido em igualdade para com seus irmãos e irmãs na igreja.

Tiago tentou impressionar os outros líderes, dizendo que os gentios haviam feito uma grande mudança na vida e não deveriam ser incomodados com questões de menor importância, ou eles poderiam desanimar de sua caminhada com Cristo. Entretanto, os gentios convertidos deviam abandonar costumes que não condiziam com o cristianismo. Eles deveriam ficar longe dos alimentos oferecidos aos ídolos, da imoralidade sexual, da carne de animais estrangulados e do sangue. Deviam guardar os mandamentos e viver em santidade.

Judas e Silas foram enviados com Paulo e Barnabé para anunciar aos gentios a decisão da assembleia. A mensagem que deveria pôr um fim a todo o conflito era a voz da mais alta autoridade na Terra.

A assembleia que decidiu esse caso era composta por apóstolos e mestres que tinham se destacado na obra de fundar igrejas cristãs judaicas e gentias, bem como delegados de vários lugares. As igrejas mais influentes foram ali representadas. A assembleia agiu com a dignidade de uma igreja estabelecida pela vontade divina. Como resultado de seus debates e discussões, todos viram que o próprio Deus havia respondido à questão ao conceder aos gentios o Espírito Santo. O papel deles era seguir a orientação do Espírito.

Não foi chamado todo o corpo de cristãos para votar sobre essa questão. Os apóstolos e anciãos escreveram e expediram a resolução, e as igrejas em geral a aceitaram. No entanto, nem todos ficaram satisfeitos. Um grupo dissidente de membros presunçosos passou a reclamar e a criticar, tentando acabar com o trabalho daqueles a quem Deus havia ordenado que ensinassem o evangelho. A igreja terá que enfrentar obstáculos como esses até o fim dos tempos.

Problemas em Jerusalém

O maior exclusivismo e intolerância estava em Jerusalém. Quando os cristãos judeus que viviam diante do templo viram que a igreja cristã não mais guardava as cerimônias do judaísmo e perceberam que os costumes judaicos logo seriam perdidos de vista na nova fé, muitos ficaram furiosos com Paulo. Até mesmo os discípulos não estavam todos preparados para aceitar, de boa vontade, a decisão da assembleia. Alguns, zelosos pela lei cerimonial, começaram a desconfiar de Paulo. Eles achavam que seus princípios eram frouxos em relação à lei judaica.

As decisões amplas da conferência geral deram confiança aos cristãos gentios, e a causa de Deus prosperou. Em Antioquia, Judas e Silas "encorajaram e fortaleceram os irmãos com muitas palavras" (At 15:32).

Mais tarde, ao visitar Antioquia, Pedro conquistou a confiança de muitos por sua conduta cuidadosa e sábia para com os gentios convertidos. Em harmonia com o conhecimento vindo do Céu, ele comeu com esses gentios. Porém, quando alguns judeus, zelosos pela lei cerimonial, vieram de Jerusalém, Pedro mudou seu comportamento de maneira tola. Um grupo de judeus se uniu a "ele nessa hipocrisia, de modo que até Barnabé se deixou levar" (Gl 2:13). Essa fraqueza dos que tinham sido respeitados como líderes deixou uma impressão dolorosa nos cristãos gentios. Ela ameaçou dividir a igreja. Paulo, vendo que a atitude hipócrita de Pedro estava enfraquecendo a igreja, repreendeu-o abertamente. Diante dos membros da igreja, Paulo perguntou a Pedro: "Você é judeu, mas vive como gentio e não como judeu. Portanto, como pode obrigar gentios a viverem como judeus?" (Gl 2:14).

Pedro reconheceu seu erro e, imediatamente, começou a reparar o mal tanto quanto podia. Deus permitiu que ele revelasse essa fraqueza a fim de que percebesse que não existia nada em si mesmo do qual podia se vangloriar. Até as melhores pessoas, se deixadas ao critério de si mesmas, cometerão erros. Deus também viu que, em tempos posteriores, alguns atribuiriam a Pedro e seus pretensos sucessores, direitos, títulos e altos privilégios que pertencem somente a Ele. O relato desse momento de fraqueza de Pedro era a prova das suas fragilidades humanas, e que de modo nenhum ele era superior aos outros apóstolos.

Quanto maiores forem as responsabilidades confiadas a nós como seres humanos e maiores nossas oportunidades de impor e comandar, mais danos certamente causaremos se não seguirmos atentamente os caminhos do Senhor e trabalharmos em harmonia com as decisões do corpo geral de cristãos em uma assembleia.

À luz do erro e da restauração de Pedro, de seu relacionamento íntimo com Cristo e de todo o conhecimento e influência que ele tinha adquirido ao ensinar a Palavra, não é estranho que ele fingisse ser o que não era e fugisse dos princípios do evangelho para que certas pessoas pensassem bem dele? Que Deus nos faça perceber nossa impotência, nossa incapacidade de conduzir seguramente nosso navio rumo ao porto. Muitas vezes, Paulo teve que permanecer sozinho. Não ousava abrir mão de princípios. Às vezes, o fardo era pesado. As tradições humanas não devem substituir a verdade revelada. Ele percebeu que a igreja nunca devia ser colocada sob a direção do poder humano. Paulo tinha recebido o evangelho diretamente do Céu; e, com ele, mantinha uma conexão vital. Deus o havia ensinado a não impor fardos desnecessários aos cristãos gentios. Paulo conhecia o pensamento do

Espírito e tomou uma posição firme e inabalável que libertou as igrejas dos ritos judaicos. Embora Deus o tivesse ensinado pessoalmente, Paulo estava sempre pronto a reconhecer a autoridade que o Senhor tinha confiado ao corpo de cristãos unidos na comunhão da igreja. Quando assuntos importantes surgiam, ele ficava feliz em se unir aos seus irmãos na busca por sabedoria divina para que tomassem decisões certas. "Pois Deus não é Deus de desordem, mas de paz" (1Co 14:33), como em todas as congregações dos santos. Todos unidos na qualidade de igreja devem se submeter uns aos outros (1Pe 5:5).

O Segredo de Paulo: Exaltar a Cruz*

Depois de passar um tempo em Antioquia, Paulo sugeriu a Barnabé, seu companheiro de trabalho: "Voltemos para visitar os irmãos em todas as cidades onde pregamos a palavra do Senhor, para ver como estão indo" (At 15:36).

Paulo e Barnabé tinham um interesse especial por aqueles que haviam aceitado o evangelho durante seu ministério, e desejavam vê-los mais uma vez. Mesmo quando estava longe dos lugares onde tinha primeiramente trabalhado, Paulo tentava ajudar esses conversos a se tornarem fortes na fé e sinceros em sua consagração a Deus.

Barnabé estava pronto para partir, mas queria que Marcos fosse com eles. Paulo se opôs. Insistiu para não levar com eles alguém que os tinha abandonado por causa da segurança e dos confortos do lar durante a primeira viagem missionária que fizeram. Ele argumentou que qualquer pessoa com tão pouca resistência não estava apta a exercer uma obra que exigia abnegação, coragem, fé e uma disposição de sacrificar até a própria vida. A discordância entre eles foi tão forte que "Barnabé, levando consigo Marcos, navegou para Chipre, mas Paulo escolheu Silas e partiu" (v. 39, 40).

Paulo e Silas finalmente chegaram a Derbe e Listra. Uma multidão havia apedrejado Paulo em Listra, mas ele estava ansioso para ver como aqueles que tinham aceitado o evangelho estavam suportando as dificuldades. Ele não ficou desapontado, pois os cristãos de Listra permaneceram firmes diante da oposição violenta.

Ali, Paulo se encontrou novamente com Timóteo, que estava convencido de que era seu dever se entregar completamente à obra do ministério.

* Este capítulo é baseado em Atos 15:36-41; 16:1-6.

Ele desejava muito compartilhar dos trabalhos do apóstolo. Silas, o companheiro de Paulo, era um obreiro experiente, dotado do espírito de profecia. Entretanto, a obra era tão grande, que precisavam de mais trabalhadores. Em Timóteo, Paulo viu alguém que compreendia a santidade da obra e não tinha medo de enfrentar perseguição. Contudo, o apóstolo não ousou chamar Timóteo, um jovem inexperiente, sem antes estar inteiramente convencido do caráter e do passado do rapaz.

A Educação de Timóteo

Timóteo conhecia as Escrituras desde a infância. A fé manifestada por sua mãe e sua avó o lembrava constantemente da bênção que era fazer a vontade de Deus. As lições que tinha aprendido com elas conservaram pura a sua fala e o mantiveram livre da influência do mal que o cercava. Dessa maneira, suas instrutoras domésticas cooperaram com Deus, preparando-o para trabalhar para o Senhor.

Paulo viu que Timóteo tinha uma fé firme, e ele o escolheu como companheiro de trabalho e viagem. A mãe e a avó de Timóteo, que o haviam ensinado na infância, foram recompensadas ao vê-lo ligado ao grande apóstolo. Embora Timóteo fosse apenas um rapaz, ele estava preparado para ocupar o lugar de ajudante de

Paulo. Ele era jovem, mas assumia suas responsabilidades com mansidão e submissão cristãs.

Com sabedoria, Paulo aconselhou Timóteo a ser circuncidado, a fim de tirar da mente dos judeus uma possível oposição ao ministério do rapaz. Se soubessem que um dos companheiros de Paulo não era circuncidado, o preconceito e a intolerância poderiam atrapalhar seu trabalho. Ele queria que tanto os judeus quanto os gentios conhecessem o evangelho; portanto, tentou eliminar todas as desculpas para a oposição. Porém, embora cedesse a esse preconceito judeu, Paulo acreditava e ensinava que a circuncisão ou incircuncisão não era nada, e o evangelho de Cristo era tudo.

Paulo amava Timóteo, seu "verdadeiro filho na fé" (1Tm 1:2). Enquanto viajavam, ele o ensinou cuidadosamente a fazer o trabalho de maneira bem-sucedida e a aprofundar sua compreensão da natureza sagrada da obra do ministro do evangelho.

Timóteo pedia constantemente o conselho e a orientação de Paulo. Ele tinha um raciocínio sadio e um pensamento calmo. Sempre perguntava a cada passo: "É esta a vontade do Senhor?" O Espírito Santo o reconhecia como alguém que podia ser moldado e transformado em um templo para a habitação da presença divina.

Timóteo não tinha talentos especialmente brilhantes, mas sua caminhada genuína com Deus lhe deu influência. Aqueles que tentam ganhar outros para Cristo devem empreender todas as suas energias no trabalho. Devem se apegar firmemente a Deus, recebendo diariamente graça e poder.

Antes de avançarem para um novo território, Paulo e seus companheiros visitaram as igrejas da Pisídia e das regiões vizinhas. "Nas cidades por onde passavam, transmitiam as decisões tomadas pelos apóstolos e presbíteros em Jerusalém, para que fossem obedecidas. Assim as igrejas eram fortalecidas na fé e cresciam em número cada dia" (At 16:4, 5).

O apóstolo Paulo sentia uma profunda responsabilidade por aqueles que haviam se convertido por meio de seu trabalho. Ele sabia que apenas a pregação não era suficiente para ensinar os cristãos a compartilhar a palavra da vida. Sabia que, pouco a pouco, eles deviam ser ensinados a avançar na obra de Cristo.

Sempre que as pessoas se recusam a usar seus dons dados por Deus, esses dons se deterioram. A verdade que não é vivida, que não é compartilhada, perde seu poder vivificante, sua força curadora. O conhecimento de Paulo, sua eloquência, seus milagres não significariam nada se aqueles por quem ele trabalhava não recebessem a graça de Deus porque ele não tinha sido fiel em sua obra. Portanto, ele implorava aos que aceitavam a Cristo que fossem "puros e irrepreensíveis, filhos de Deus inculpáveis no meio de uma geração corrompida e depravada [...], retendo firmemente a palavra da vida" (Fp 2:15, 16).

Todo verdadeiro ministro sente uma grande responsabilidade pelos cristãos colocados sob seus cuidados – responsabilidade de ajudá-los a se tornar trabalhadores de Deus. Em grande medida, o bem-estar da igreja depende de seu trabalho. Com sinceridade e fervor, ele tenta inspirar os cristãos a ganhar outros para Cristo, lembrando-os de que cada pessoa que se une à igreja deve ser mais um agente para executar o plano da redenção.

A Cruz e a Justificação pela Fé

Depois de visitarem as igrejas da Pisídia, Paulo e Silas, bem como Timóteo, foram para a Frígia e para a Galácia, onde anunciaram as boas-novas do evangelho. Os gálatas eram dedicados adoradores de ídolos, mas eles se alegraram com a mensagem que prometia liberdade da escravidão do pecado.

Paulo e seus companheiros proclamaram a doutrina da justificação pela fé no sacrifício redentor de Cristo. Vendo o quanto a humanidade era impotente, Cristo veio resgatar homens e mulheres, vivendo em obediência à lei de Deus e pagando a punição pela desobediência. À luz da cruz, muitos começaram a compreender a grandeza do amor do Pai. "Pela fé naquilo que ouviram", eles receberam o Espírito de Deus e se tornaram "filhos de Deus mediante a fé em Cristo Jesus" (Gl 3:2, 26).

Paulo viveu de tal maneira entre os gálatas, que ele pôde dizer mais tarde: "Eu lhes suplico, irmãos, que se tornem como eu" (Gl 4:12). Deus permitiu que ele vencesse suas doenças físicas e apresentasse Jesus como a única esperança do pecador. Aqueles que ouviam Paulo sabiam que ele tinha estado com Jesus. Ele foi capaz de derrubar as fortalezas de Satanás. Ao apresentar o amor de Deus, revelado no sacrifício de Seu único Filho, corações eram quebrantados.

Durante todo o seu ministério entre os gentios, o apóstolo apresentou a eles a cruz do Calvário. Os mensageiros dedicados, que levavam as boas-novas da salvação a um mundo a perecer, não permitiam que nenhuma exaltação própria prejudicasse sua apresentação de Cristo, e Ele crucificado. Não cobiçavam autoridade ou altas posições. Cristo, o mesmo ontem, hoje e para sempre, era o tema do ensinamento deles.

Se aqueles que ensinam a Palavra de Deus hoje exaltassem mais a cruz de Cristo, seu ministério seria muito mais bem-sucedido. A morte de Cristo evidencia o amor de Deus por nós. É a nossa garantia de salvação. Remover a cruz do cristão seria como encobrir do céu o sol. A cruz nos aproxima de Deus, reconciliando-nos com Ele.

A luz do amor do Salvador brilha por meio da cruz, e quando o pecador olha para Aquele que morreu para salvá-lo, ele pode se alegrar, pois seus pecados são perdoados. Ajoelhado com fé diante da cruz, ele chega ao lugar mais alto a ser alcançado.

Não é de admirar que Paulo tenha exclamado: "Quanto a mim, que eu jamais me glorie, a não ser na cruz de nosso Senhor Jesus Cristo" (Gl 6:14). É também nosso privilégio nos gloriarmos na cruz. Então, com a luz que flui do Calvário e brilha em nosso rosto, podemos sair para revelá-la àqueles que estão na escuridão.

Anjos Abrem a Prisão em Filipos*

Havia chegado a hora de o evangelho ser pregado na Europa. Em Trôade, durante a noite, "Paulo teve uma visão, na qual um homem da Macedônia estava em pé e lhe suplicava: 'Passe à Macedônia e ajude-nos'" (At 16:9).

O chamado era uma ordem. Lucas, que acompanhou Paulo, Silas e Timóteo à Europa, disse: "Depois que Paulo teve essa visão, preparamo-nos imediatamente para partir para a Macedônia, concluindo que Deus nos tinha chamado para lhes pregar o evangelho" (v. 10).

"Dali partimos para Filipos", Lucas continuou. "No sábado, saímos da cidade e fomos para a beira do rio, onde esperávamos encontrar um lugar de oração. Sentamo-nos e começamos a conversar com as mulheres que haviam se reunido ali. Uma das que ouviam era uma mulher temente a Deus chamada Lídia, vendedora de tecido de púrpura, da cidade de Tiatira. O Senhor abriu seu coração para atender à mensagem de Paulo" (v. 11-14). Lídia e sua família receberam a verdade com alegria e foram batizados.

Enquanto os mensageiros da cruz realizavam sua obra, uma mulher os seguia, gritando: "'Estes homens são servos do Deus Altíssimo e lhes anunciam o caminho da salvação'. Ela continuou fazendo isso por muitos dias" (v. 17, 18). Essa mulher era um instrumento especial de Satanás e tinha ganhado muito dinheiro para seus senhores com adivinhações. Satanás sabia que seu reino estava sendo invadido e esperava misturar seus enganos com as verdades ensinadas por aqueles que estavam espalhando o evangelho. As palavras de recomendação dessa mulher eram um prejuízo para a causa

* Este capítulo é baseado em Atos 16:7-40.

da verdade, dando uma má reputação ao evangelho, pois levaram muitos a acreditar que os apóstolos eram dominados pelo mesmo espírito que essa mensageira de Satanás. Os apóstolos aguentaram isso por um bom tempo. Então Paulo ordenou ao espírito maligno que deixasse a mulher. O silêncio imediato dela demonstrou que o demônio reconhecia os apóstolos como servos de Deus. Libertada do espírito maligno e restaurada à sã consciência, a mulher preferiu seguir a Cristo, o que deixou seus mestres perplexos. Toda esperança de ganhar dinheiro com as adivinhações daquela mulher havia desaparecido. A renda deles logo esgotaria completamente se fosse permitido que os apóstolos continuassem ali.

Muitas outras pessoas na cidade estavam interessadas em ganhar dinheiro por meio dos truques de Satanás, e essas pessoas levaram os servos de Deus para o tribunal com a seguinte acusação: "Estes homens são judeus e estão perturbando a nossa cidade, propagando costumes que a nós, romanos, não é permitido aceitar nem praticar" (At 16:20, 21).

Multidão Fora de Si

Um espírito de tumulto dominou a multidão, e as autoridades ordenaram que os apóstolos fossem chicoteados. "Depois de serem severamente açoitados, foram lançados na prisão. O carcereiro recebeu instrução para vigiá-los com cuidado. Tendo recebido tais ordens, ele os lançou no cárcere interior e lhes prendeu os pés no tronco" (At 16:23, 24).

Os apóstolos sofreram torturas extremas, mas não se queixaram. Em vez disso, na escuridão do calabouço, eles encorajaram um ao outro e cantaram louvores a Deus. Um amor profundo pelo Redentor animou-lhes o coração. Paulo pensou na perseguição que havia causado aos discípulos de Cristo e se alegrou de que seu coração tivesse sido aberto ao poder das verdades maravilhosas que ele antes havia desprezado.

Os outros prisioneiros ficaram espantados ao ouvir o som da oração e dos cânticos que saía do interior da prisão. Geralmente, eles ouviam gritos, gemidos e xingamentos, mas nunca palavras de oração e louvor daquela cela sombria. Os guardas e prisioneiros ficaram admirados. Quem eram aqueles homens que se alegravam enquanto suportavam frio, fome e tortura?

No caminho para suas casas, os funcionários da corte souberam de mais detalhes sobre os homens a quem tinham condenado à surra e à prisão. Eles viram a mulher que tinha sido libertada da influência de Satanás e foram tocados pela mudança em seu rosto e comportamento. Agora, ela estava calma e tranquila. Eles se arrependeram do que haviam feito e decidiram que, pela manhã, ordenariam que os apóstolos fossem libertados e escoltados da cidade em segredo, fora do perigo da multidão.

Embora esses homens tivessem sido criminosamente negligentes em suas sérias responsabilidades, Deus não havia Se esquecido de Seus servos que estavam sofrendo por causa de Cristo. Ele enviou anjos à prisão, e a terra tremeu com os passos deles.

Eles abriram as portas pesadamente trancadas da prisão; as correntes e algemas se soltaram dos prisioneiros e uma luz brilhante inundou o lugar.

O guarda da cadeia tinha ouvido as orações e canções dos apóstolos aprisionados. Tinha visto os ferimentos inchados e ensanguentados. Ele mesmo havia prendido os pés daqueles homens no tronco. Ele esperava ouvir gemidos intensos e maldições; mas, em vez disso, ouviu canções de alegria. Com esses sons em seus ouvidos, o carcereiro tinha adormecido.

Ele foi acordado pelo terremoto e pelo tremor das paredes da prisão. Perplexo, viu que todas as portas da prisão estavam abertas. Então ficou com muito medo de que os prisioneiros tivessem escapado. Paulo e Silas haviam sido confiados aos cuidados dele na noite anterior, e ele tinha certeza de que sua aparente infidelidade resultaria na pena de morte. Era melhor morrer pelas próprias mãos do que se submeter a uma execução vergonhosa.

Ele estava prestes a se matar quando ouviu a voz de Paulo: "Não faça isso! Estamos todos aqui!" (v. 28). Cada prisioneiro estava em seu lugar, restringidos pelo poder de Deus. Os apóstolos não tinham ficado ofendidos pela maneira severa com que o carcereiro os havia tratado. Cheios do amor do Salvador, não tinham espaço para o ódio.

A Conversão do Carcereiro

O carcereiro pediu que acendessem as luzes e correu para dentro do calabouço. Que tipo de homens eram esses que pagavam a crueldade com bondade? Ajoelhando-se diante dos apóstolos, ele pediu perdão. Então, ao trazer Paulo e Silas para o pátio aberto, ele perguntou: "Senhores, que devo fazer para ser salvo?" (At 16:30).

Todo o resto parecia insignificante comparado ao seu desejo de ter a paz e alegria que os apóstolos demonstraram ter diante dos maus-tratos. Ele viu a luz do céu no rosto deles e, com uma força renovada, as palavras da mulher vieram à sua mente: "Estes homens são servos do Deus Altíssimo e lhes anunciam o caminho da salvação" (v. 17). Ele pediu aos discípulos que lhe mostrassem o caminho da vida.

"Creia no Senhor Jesus, e serão salvos, você e os de sua casa" (v. 31), responderam os apóstolos. "E pregaram a palavra de Deus, a ele e a todos os de sua casa" (v. 32). O guarda então lavou os ferimentos dos apóstolos, e eles o batizaram com toda a sua família. A mente dos prisioneiros foi aberta para ouvir os apóstolos. O Deus a quem aqueles homens serviam os havia libertado miraculosamente de seu cativeiro.

As Autoridades se Desculpam
O terremoto havia aterrorizado os cidadãos de Filipos. Quando, pela manhã, os oficiais da prisão contaram aos oficiais da corte o que tinha acontecido durante a noite, estes enviaram sargentos para libertar os apóstolos. Entretanto, Paulo declarou: "Sendo nós cidadãos romanos, eles nos açoitaram publicamente sem processo formal e nos lançaram na prisão. E agora querem livrar-se de nós secretamente? Não! Venham eles mesmos e nos libertem" (At 16:37).

Era ilegal chicotear um cidadão romano, exceto por crimes ousados e chocantes, ou mesmo colocá-lo na prisão sem um julgamento. Paulo e Silas, por terem sido presos publicamente, se recusavam a ser libertados de maneira secreta, sem uma explicação adequada por parte dos oficiais.

As autoridades ficaram perplexas. Será que os apóstolos se queixariam ao imperador? Indo imediatamente à prisão, pediram desculpas tanto a Paulo quanto a Silas e, pessoalmente, tiraram ambos da prisão. Eles temiam não apenas a influência dos apóstolos sobre o povo, mas também o Poder que tinha intervindo para ajudá-los.

Os apóstolos não insistiram em ficar onde não eram desejados. "Depois de saírem da prisão, Paulo e Silas foram à casa de Lídia, onde se encontraram com os irmãos e os encorajaram. E então partiram" (v. 40).

Paulo e Silas tinham sofrido oposição e perseguição em Filipos, mas a conversão do carcereiro e de sua família mais do que compensou a desgraça e o sofrimento que haviam suportado. A notícia da prisão injusta e da libertação milagrosa dos apóstolos ficou conhecida em toda aquela região, e a obra deles chamou a atenção de um grande número de pessoas que, de outra maneira, não teriam sido alcançadas.

Influência Duradoura
A obra de Paulo em Filipos resultou em uma igreja cujo número de membros aumentava regularmente. Sua disposição em sofrer por Cristo teve uma influência duradoura sobre os conversos. Eles se entregaram à

causa de seu Redentor com devoção e de todo o coração. Eram tão firmes na fé, que Paulo escreveu: "Agradeço a meu Deus toda vez que me lembro de vocês. Em todas as minhas orações em favor de vocês, sempre oro com alegria por causa da cooperação que vocês têm dado ao evangelho, desde o primeiro dia até agora" (Fp 1:3-5). Uma luta terrível ocorre entre forças do bem e do mal. Paulo disse: "Pois a nossa luta não é contra seres humanos, mas contra os poderes e autoridades, contra os dominadores deste mundo de trevas" (Ef 6:12). Até o fim dos tempos haverá conflito entre a igreja e aqueles que estão sob o controle dos anjos maus.

Os cristãos primitivos muitas vezes tiveram que enfrentar face a face os poderes das trevas. Nos dias de hoje, em que o mundo está se aproximando rapidamente de seu fim, Satanás está fazendo muitos planos para ocupar as mentes e desviar a atenção das verdades essenciais à salvação. Em cada cidade, ele tem agentes que estão organizando ativamente os que se opõem à lei de Deus. O principal enganador está trabalhando para introduzir elementos de confusão e rebelião.

A maldade está chegando a um nível nunca antes atingido. Ainda assim, muitos pastores estão pregando: "Paz e segurança". Contudo, revestidos com a armadura do Céu, os mensageiros fiéis de Deus devem seguir em frente, sem medo e de maneira vitoriosa, nunca parando de lutar até que cada pessoa ao seu alcance tenha recebido a mensagem da verdade para este tempo.

Reavivamento e Rebelião em Tessalônica*

Depois de deixarem a cidade de Filipos, Paulo e Silas se dirigiram para Tessalônica. Ali falaram a grandes congregações na sinagoga judaica. A aparência deles revelava que tinham sido tratados de maneira vergonhosa. Isso exigiu uma explicação. Sem exaltar a si mesmos, eles enalteceram Aquele que os havia livrado da prisão.

Na pregação, Paulo apelou às profecias do Antigo Testamento, que prediziam o nascimento de Cristo, Seus sofrimentos, morte, ressurreição e ascensão. Ele não apenas provou claramente que Jesus de Nazaré era o Messias, como também mostrou que era a voz de Cristo que falava por meio dos patriarcas e profetas:

1. A sentença pronunciada sobre Satanás era a promessa de redenção por meio de Cristo dada aos nossos primeiros pais:

"Porei inimizade entre você e a mulher, entre a sua descendência e o descendente dela; este lhe ferirá a cabeça, e você lhe ferirá o calcanhar" (Gn 3:15).

2. Para Abraão, Deus deu a promessa de que o Salvador viria: Por meio da descendência dele, "todos os povos da terra" seriam "abençoados" (Gn 22:18). "Ao seu descendente', dando a entender que se trata de um só, isto é, Cristo" (Gl 3:16).

3. Moisés profetizou sobre o Messias que viria: "O Senhor, o seu Deus, levantará do meio de seus próprios irmãos um profeta como eu; ouçam-nO" (Dt 18:15).

4. O Messias deveria ser da linhagem real, pois Jacó disse: "O cetro não se apartará de Judá, nem o bastão de comando de seus descendentes, até que venha Aquele a quem ele pertence, e Ele as nações obedecerão" (Gn 49:10).

* Este capítulo é baseado em Atos 17:1-10.

5. Isaías profetizou: "Um ramo surgirá do tronco de Jessé, e das suas raízes brotará um renovo" (Is 11:1).

6. Jeremias também testemunhou do futuro Redentor: "'Dias virão', declara o Senhor, 'em que levantarei para Davi um Renovo justo, um rei que reinará com sabedoria e fará o que é justo e certo na Terra. [...] E este é o nome pelo qual será chamado: O Senhor é a Nossa Justiça'" (Jr 23:5, 6).

7. Até o local do nascimento do Messias foi predito: "Mas tu, Belém-Efrata, embora sejas pequena entre os clãs de Judá, de ti virá para mim Aquele que será o governante sobre Israel. Suas origens estão no passado distante, em tempos antigos" (Mq 5:2).

8. A obra que o Salvador devia fazer estava totalmente definida: "O Espírito do Soberano Senhor está sobre Mim porque o Senhor ungiu-Me para levar boas notícias aos pobres. Enviou-Me para cuidar dos que estão com o coração quebrantado, anunciar liberdade aos cativos e libertação das trevas aos prisioneiros, para proclamar o ano da bondade do Senhor e o dia da vingança do nosso Deus; para consolar todos os que andam tristes" (Is 61:1, 2).

"Eis o Meu servo, a quem sustento, o Meu escolhido, em quem tenho prazer. Porei nEle o meu Espírito, e Ele trará justiça às nações [...], não mostrará fraqueza nem se deixará ferir, até que estabeleça a justiça sobre a Terra" (Is 42:1, 4).

9. Com poder convincente, Paulo concluiu a partir das Escrituras "que o Cristo deveria sofrer e ressuscitar dentre os mortos" (At 17:3). Por meio de Isaías, o Prometido profetizou de Si mesmo: "Ofereci Minhas costas para aqueles que Me batiam, Meu rosto para aqueles que arrancavam Minha barba; não escondi a face da zombaria e dos cuspes" (Is 50:6).

Por meio do salmista, Cristo havia predito o tratamento que receberia por parte da humanidade: "Mas Eu sou verme, e não homem, motivo de zombaria e objeto de desprezo do povo. Caçoam de Mim todos os que Me veem; balançando a cabeça, lançam insultos contra Mim, dizendo: 'Recorra ao Senhor! Que o Senhor O liberte! Que Ele O livre, já que Lhe quer bem!'" (Sl 22:6-8). "Posso contar todos os Meus ossos, mas eles Me encaram com desprezo. Dividiram as Minhas roupas entre si, e tiraram sortes pelas Minhas vestes" (v. 17, 18).

10. As profecias de Isaías sobre os sofrimentos e a morte de Cristo foram inconfundivelmente claras: "Quem creu em nossa mensagem e a quem foi revelado o braço do Senhor? [...] Ele não tinha qualquer beleza ou majestade que nos atraísse, nada em

Sua aparência para que O desejássemos. Foi desprezado e rejeitado pelos homens, um homem de dores e experimentado no sofrimento. Como alguém de quem os homens escondem o rosto, foi desprezado, e nós não O tínhamos em estima [...]. Mas Ele foi transpassado por causa das nossas transgressões, foi esmagado por causa de nossas iniquidades; o castigo que nos trouxe paz estava sobre Ele, e pelas Suas feridas fomos curados. Todos nós, tal qual ovelhas, nos desviamos, cada um de nós se voltou para o seu próprio caminho; e o Senhor fez cair sobre Ele a iniquidade de todos nós. Ele foi oprimido e afligido, contudo não abriu a Sua boca; [...] e como uma ovelha que diante de seus tosquiadores fica calada, Ele não abriu a Sua boca. [...] Por causa da transgressão do meu povo Ele foi golpeado" (Is 53:1-8).

11. O Antigo Testamento até deu indicações de como Ele morreria. Assim como a serpente de bronze tinha sido levantada no deserto, assim também o Redentor devia ser "levantado" (Jo 3:14). "Se alguém Lhe disser: Que feridas são essas nas Tuas mãos?, responderá Ele: São as feridas com que fui ferido na casa dos Meus amigos" (Zc 13:6, ARA).

12. Mas Aquele que devia morrer nas mãos de homens maus ressurgiria como um vencedor: "O Meu corpo repousará tranquilo, porque Tu não Me abandonarás no sepulcro, nem permitirás que o Teu santo sofra decomposição" (Sl 16:9, 10).

13. Paulo mostrou a proximidade da relação entre o serviço de sacrifícios e as profecias a respeito dAquele que "como um cordeiro foi levado para o matadouro" (Is 53:7). O Messias devia dar Sua vida "como oferta pelo pecado" (Is 53:10, ARA). Isaías tinha testificado que o Cordeiro de Deus "derramou Sua vida até à morte. [...] Ele levou o pecado de muitos, e pelos transgressores intercedeu" (v. 12).

Portanto, o Salvador não viria como um rei terrestre para livrar a nação judaica dos opressores deste mundo, mas para viver uma vida de pobreza e humildade; e finalmente ser desprezado, rejeitado e morto. O Salvador Se ofereceria como sacrifício pela humanidade caída, cumprindo todos os requisitos da lei desobedecida. NEle, os símbolos do sacrifício deviam ser cumpridos. Sua morte na cruz revelaria o verdadeiro significado de todo o sistema judaico.

Paulo Conta Sua História

Paulo contou aos judeus tessalonicenses sua experiência incrível nos portões da cidade de Damasco. Antes de se converter, sua fé não estava ancorada em Cristo; ele tinha confiado em formalismos e cerimônias. Enquanto se vangloriava de ser irrepreensível na realização das obras da lei, ele tinha recusado Aquele que deu valor à lei. Quando Paulo se converteu, tudo mudou. O perseguidor viu Jesus como o Filho de Deus, Aquele que tinha cumprido todas as especificações dos Escritos Sagrados.

Enquanto Paulo anunciava o evangelho com santa ousadia em Tessalônica, uma luz abundante revelou o verdadeiro significado do serviço do tabernáculo. Ele levou o pensamento de seus ouvintes para além do ministério de Cristo no santuário celestial, até o momento em que Ele virá com poder e grande glória e estabelecerá Seu reino. Paulo acreditava na segunda vinda. Ele apresentou as verdades sobre esse acontecimento de maneira tão clara que a mente de muitos foi impressionada para sempre.

Por três sábados seguidos, Paulo pregou, discutindo a partir das Escrituras sobre o "Cordeiro que foi morto desde a criação do mundo" (Ap 13:8). Ele exaltou Cristo, cujo ministério, quando compreendido devidamente, é a chave que nos dá acesso aos ricos tesouros das Escrituras do Antigo Testamento.

As palavras de Paulo prenderam a atenção de grandes congregações. "Alguns dos judeus foram persuadidos e se uniram a Paulo e Silas, bem como muitos gregos tementes a Deus,

e não poucas mulheres de alta posição" (At 17:4). No entanto, como em outros lugares por onde já tinham passado, os apóstolos encontraram oposição. Ao se reunirem com "alguns homens perversos", os judeus "iniciaram um tumulto na cidade" (v. 5). Eles "invadiram a casa de Jasom" (v. 5), mas não conseguiram encontrar Paulo nem Silas. Em seu ódio frustrado, a multidão arrastou "Jasom e alguns outros irmãos para diante dos oficiais da cidade, gritando: 'Esses homens que têm causado alvoroço por todo o mundo, agora chegaram aqui, e Jasom os recebeu em sua casa. Todos eles estão agindo contra os decretos de César, dizendo que existe um outro rei, chamado Jesus'" (v. 6, 7).

Os oficiais prenderam os cristãos acusados para garantir a paz. Temendo mais violência, "os irmãos enviaram Paulo e Silas para Bereia" (v. 10) logo que anoiteceu.

Aqueles que ensinam verdades impopulares hoje, às vezes não são recebidos melhor do que Paulo e seus companheiros de trabalho o foram, nem mesmo por parte daqueles que afirmam ser cristãos. Entretanto, os mensageiros da cruz devem avançar com fé e coragem, em nome de Jesus. Devem exaltar Cristo como nosso Mediador no santuário celestial, Aquele em quem os que desobedeceram à lei de Deus podem encontrar paz e perdão.

Em Bereia e Atenas*

m Bereia, Paulo encontrou judeus dispostos a examinar a verdade. "Os bereanos eram mais nobres do que os tessalonicenses, pois receberam a mensagem com grande interesse, examinando todos os dias as Escrituras, para ver se tudo era assim mesmo. E creram muitos dentre os judeus, bem como dentre os gregos, um bom número de mulheres de elevada posição e não poucos homens" (At 17:11, 12).

Os bereanos estudavam a Bíblia não por curiosidade, mas para aprender o que estava escrito sobre o Messias prometido. Ao compararem os textos bíblicos diariamente, anjos celestiais iluminavam-lhes a mente.

Hoje, se os que ouvem as verdades impopulares da Bíblia seguissem o exemplo dos bereanos, haveria muitas pessoas fiéis à lei de Deus. Contudo, quando essas verdades são apresentadas, muitos relutam em estudar as evidências oferecidas. Alguns supõem que, mesmo que essas doutrinas sejam verdadeiras, aceitar a nova luz não é algo importante. Assim, essas pessoas se separam do Céu. Os que buscam sinceramente a verdade, à luz da Palavra de Deus, investigarão cuidadosamente as doutrinas que lhes são apresentadas.

Cheios de ódio, os judeus incrédulos de Tessalônica seguiram os apóstolos até Bereia e despertaram a ira da multidão contra eles. Os cristãos temeram que houvesse violência. Então enviaram Paulo a Atenas, acompanhado por alguns bereanos que tinham aceitado recentemente a fé. Os inimigos de Cristo não puderam impedir o avanço do evangelho, mas dificultaram muito o trabalho dos apóstolos. No entanto, Paulo prosseguiu firmemente.

Quando Paulo chegou a Atenas, ele enviou os cristãos bereanos de volta a Bereia, com uma mensagem para que Silas e Timóteo se encontrassem com ele imediatamente. Timóteo tinha ido a Bereia antes

* Este capítulo é baseado em Atos 17:11-34.

que Paulo deixasse a cidade, pois ele havia ficado com Silas para ensinar os novos convertidos.

A Capital do Paganismo

Atenas era a capital do paganismo. Ali Paulo encontrou um povo famoso por sua inteligência e cultura. Estátuas de deuses e heróis divinizados podiam ser vistas em toda parte, enquanto a arquitetura e pinturas magníficas representavam a glória nacional e a adoração de deuses pagãos. Esplêndidas obras de arte fascinavam os sentidos do povo. Santuários e templos enormes que envolviam custos imensos eram encontrados por toda parte. Esculturas e relicários comemoravam vitórias na guerra e feitos de homens famosos.

Enquanto Paulo contemplava a beleza da cidade, completamente envolvida na idolatria, seu espírito se agitou e seu coração teve pena daquelas pessoas que, apesar da sua cultura, não conheciam o Deus verdadeiro. A natureza espiritual de Paulo estava tão atenta à beleza das coisas celestiais, que a glória das riquezas que nunca perecerão fez o esplendor que o cercava parecer sem valor a seus olhos. Ao ver a grandeza de Atenas, ele ficou profundamente impressionado com a importância do trabalho diante dele.

Enquanto esperava por Silas e Timóteo, Paulo não ficou desocupado.

Ele "discutia na sinagoga com judeus e com gregos tementes a Deus, bem como na praça principal, todos os dias, com aqueles que por ali se encontravam" (At 17:17). O apóstolo logo se depararia com o paganismo em sua forma mais sutil e sedutora.

Como um mestre incomum, Paulo estava apresentando ao povo doutrinas novas e desconhecidas. Alguns homens importantes de Atenas encontraram Paulo e começaram a conversar com ele. Logo uma multidão se reuniu ao redor. Alguns ridicularizavam o apóstolo, considerando-o alguém muito abaixo deles, social e intelectualmente. Eles zombavam: "O que está tentando dizer esse tagarela?" (v. 18).

"Outros diziam: 'Ele parece ser um proclamador de deuses estrangeiros'" (v. 18).

Os filósofos epicuristas e estoicos, além de outros que entraram em contato com ele, logo viram que Paulo tinha uma riqueza de conhecimento superior ao deles. Seu poder intelectual impunha respeito aos homens cultos, enquanto seu raciocínio lógico e sincero prendia a atenção de todos na plateia. Ele foi capaz de enfrentar todas as classes com argumentos convincentes. Assim, o apóstolo permaneceu inabalável, contrapondo lógica a lógica, filosofia a filosofia.

Seus adversários pagãos lembraram a Paulo do destino de Sócrates, que apresentou deuses estranhos e foi condenado à morte. Eles aconselharam Paulo a não pôr sua vida em perigo da mesma maneira. Quando perceberam que ele estava determinado a realizar sua missão entre eles e contar sua história, não importava o custo, decidiram conceder a Paulo uma audiência justa no Areópago.

O Discurso de Paulo no Areópago

Esse era um dos lugares mais sagrados de Atenas, reverenciado de maneira supersticiosa. Nesse lugar, homens que atuavam como juízes em questões morais e civis muitas vezes julgavam cuidadosamente assuntos ligados à religião. Ali, longe do ruído e da agitação das ruas lotadas de pessoas, eles puderam ouvir o apóstolo sem interrupção. Poetas, artistas, filósofos (eruditos e sábios de Atenas) lhe disseram: "Podemos saber que novo ensino é esse que você está anunciando? Você está nos apresentando algumas ideias estranhas, e queremos saber o que elas significam" (At 17:19, 20).

O apóstolo estava calmo e sereno, e suas palavras convenceram seus ouvintes de que ele não era um tagarela superficial. Paulo disse: "Atenienses! Vejo que em todos os aspectos vocês são muito religiosos, pois, andando pela cidade, observei cuidadosamente seus objetos de culto e encontrei até um altar com esta inscrição: AO DEUS DESCONHECIDO. Ora, o que vocês adoram, apesar de não conhecerem, eu lhes anuncio" (v. 22, 23). Com todo seu conhecimento geral, eles ignoravam o Deus que criou o Universo. No entanto, alguns desejavam uma luz maior.

Com a mão estendida em direção ao templo repleto de ídolos, Paulo expôs os erros da religião dos atenienses. Seus ouvintes ficaram espantados. Ele mostrou que estava familiarizado com a arte, literatura e religião daquele povo. Apontando para as estátuas e ídolos, ele declarou que Deus não podia ser comparado àquelas imagens esculpidas. Elas não tinham vida. Moviam-se apenas quando as mãos humanas as carregavam. Além do mais, aqueles que as adoravam eram superiores em tudo, comparados aos objetos que adoravam.

Paulo atraiu a mente de seus ouvintes para a Divindade a quem chamavam de "Deus Desconhecido". Esse Ser não precisava de nenhum esforço humano acrescentado ao Seu poder e Sua glória.

O povo foi tomado de admiração pela apresentação lógica que Paulo fez dos atributos do Deus verdadeiro. Eloquentemente, o apóstolo declarou: "O Deus que fez o mundo e tudo o que nele há é o Senhor do céu e da Terra, e não habita em santuários feitos por mãos humanas. Ele não é servido por mãos de homens, como se necessitasse de algo, porque Ele mesmo dá a todos a vida, o fôlego e as demais coisas" (v. 24, 25).

Naquela época em que os direitos humanos, muitas vezes, não eram reconhecidos, Paulo proclamou que Deus "de um só fez Ele todos os povos, para que povoassem toda a terra" (v. 26). Todos são iguais, e todo ser humano deve lealdade suprema ao Criador. Em seguida, o apóstolo mostrou, pela maneira com a qual Deus tem tratado a humanidade, como Seu propósito de graça e misericórdia corre como um fio de ouro. Ele determinou "os tempos anteriormente estabelecidos e os lugares exatos em que deveriam habitar. Deus fez isso para que os homens O buscassem e talvez, tateando, pudessem encontrá-Lo, embora não esteja longe de cada um de nós" (v. 26, 27).

Com palavras de um dos próprios poetas daquele povo, ele descreveu Deus como um Pai, de quem eles eram filhos. Paulo declarou: "'Pois nEle vivemos, nos movemos e existimos', como disseram alguns dos poetas de vocês: 'Também somos descendência dEle'. Assim, visto que somos descendência de Deus, não devemos pensar que a Divindade é semelhante a uma escultura de ouro, prata ou pedra, feita pela arte e imaginação do homem" (v. 28, 29).

Os Grandes Filósofos Rejeitam o Evangelho

Nos séculos de trevas, antes do nascimento de Cristo, o Governante divino não tinha responsabilizado totalmente os pagãos por sua adoração a ídolos. Entretanto, Ele esperava o arrependimento, não só dos pobres e humildes, mas dos orgulhosos filósofos e príncipes. Ele "estabeleceu um dia em que há de julgar o mundo com justiça, por meio do Homem que designou. E deu provas disso a todos, ressuscitando-O dentre os mortos" (At 17:31). Enquanto Paulo falava da ressurreição dos mortos, "alguns deles zombaram, e outros disseram: 'A esse respeito nós o ouviremos outra vez'" (v. 32).

Assim, os atenienses, apegando-se aos seus ídolos, afastaram-se da luz. Gabando-se do seu saber e sofisticação, eles estavam se tornando mais corruptos e mais satisfeitos com os mistérios obscuros da adoração aos ídolos.

Alguns ouvintes de Paulo foram convencidos, mas não se humilharam para aceitar o plano de salvação. Nenhuma eloquência, nenhum argumento pode converter o pecador. Somente o poder de Deus pode fazer a verdade tocar diretamente o coração.

Os gregos buscavam sabedoria; mas, para eles, a mensagem da cruz era loucura.

No orgulho intelectual daquele povo, encontramos a razão pela qual o evangelho obteve pouco sucesso entre os atenienses. Os sábios deste mundo que vêm a Cristo como pecadores perdidos se tornarão sábios para a salvação, mas aqueles que se gabam da própria sabedoria não receberão a luz nem o conhecimento que somente Ele pode dar. Assim, Paulo enfrentou o paganismo de seu tempo. Seus trabalhos em Atenas não foram inteiramente inúteis. Dionísio, um dos cidadãos mais ilustres, e alguns outros aceitaram o evangelho.

Os atenienses, com todo seu conhecimento, sofisticação e arte, ainda estavam afundados no vício. Por meio de Seu servo, Deus reprovou os pecados de um povo orgulhoso e autossuficiente. As palavras do apóstolo, conforme registradas pelo escritor inspirado, testificam da sua coragem em meio à solidão e oposição, e também da vitória que ele trouxe ao cristianismo no centro do paganismo.

Verdade e Discernimento

Se o discurso inspirador de Paulo fosse um ataque direto aos deuses e aos grandes homens da cidade, ele correria o perigo de ser executado como Sócrates. Porém, com um discernimento que veio do amor divino, o apóstolo afastou os pensamentos do povo dos deuses pagãos, revelando a eles o Deus verdadeiro.

Hoje, as verdades das Escrituras devem ser levadas à atenção dos grandes homens do mundo, para que eles possam escolher entre a obediência à lei de Deus e a lealdade ao príncipe do mal. Deus não os obriga a aceitar a verdade; mas, se eles se desviarem dela, o Senhor os deixa para que se encham do fruto de suas escolhas.

"A mensagem da cruz é loucura para os que estão perecendo, mas para nós, que estamos sendo salvos, é o poder de Deus" (1Co 1:18). "Deus escolheu as coisas loucas do mundo para envergonhar os sábios e escolheu as coisas fracas do mundo para envergonhar as fortes" (v. 27, ARA). Muitos estudiosos e estadistas importantes, as pessoas mais ilustres do mundo, se desviarão da luz nestes últimos dias. No entanto, os servos de Deus devem comunicar a verdade a esses homens e mulheres. Alguns tomarão seus lugares como humildes aprendizes aos pés de Jesus, o Mestre.

Na hora mais escura, há luz do alto. Dia após dia, Deus renovará a força daqueles que O amam e O servem. Ele coloca Seu entendimento infinito a serviço deles, para que eles não cometam erros. A luz da verdade de Deus deve brilhar no meio da escuridão que envolve o nosso mundo. Não deve haver desânimo no serviço ao Senhor. Deus é capaz e deseja conceder aos Seus servos a força de que eles precisam. Deus fará mais do que satisfazer as elevadas expectativas daqueles que confiam nEle.

A Mensagem da Cruz em Corinto*

orinto era uma das principais cidades do mundo. Viajantes de todas as regiões se aglomeravam em suas ruas, concentrados nos negócios e prazeres. Era um lugar importante para o estabelecimento da presença de Deus e de Sua verdade.

Entre os judeus que viviam em Corinto estavam Áquila e Priscila, trabalhadores dedicados à causa de Cristo. Paulo conheceu esse casal e reconheceu suas boas qualidades. O apóstolo ficou ali e trabalhou com eles.

Nessa cidade repleta de viajantes, Vênus era a deusa favorita, e muitos ritos desmoralizantes acompanhavam sua adoração. Mesmo entre os pagãos, os coríntios se tornaram famosos por sua grave imoralidade.

Em Corinto, o apóstolo adotou um método diferente do que havia usado em Atenas, onde tinha contraposto lógica com lógica, filosofia com filosofia.

Ele percebeu que seu ensino em Atenas tinha dado pouco fruto. Em seus esforços para atrair a atenção das pessoas desatentas e indiferentes em Corinto, ele decidiu evitar argumentos elaborados e "nada saber entre" eles, "a não ser Jesus Cristo, e este, crucificado" (1Co 2:2). Ele não pregaria com "palavras persuasivas de sabedoria", mas com a "demonstração do poder do Espírito" (v. 4).

Jesus, a quem Paulo estava prestes a apresentar como o Cristo, veio de uma cidade amplamente conhecida por sua maldade. Ele tinha sido rejeitado por Sua nação e, finalmente, crucificado como um criminoso. Os gregos consideravam a filosofia e a ciência como a única maneira de alcançar a verdadeira grandeza e honra. Poderia Paulo levá-los a acreditar que a fé nesse judeu desconhecido elevaria e enobreceria todas as faculdades da pessoa?

* Este capítulo é baseado em Atos 18:1-18.

Para muitas pessoas hoje, a cruz do Calvário desperta lembranças sagradas. Nos dias de Paulo, as pessoas olhavam a cruz com horror. Defender como Salvador alguém que tinha morrido na cruz resultaria, obviamente, em zombaria e oposição. Paulo sabia muito bem como as pessoas receberiam sua mensagem. Ela deixaria seus ouvintes judeus furiosos. Na opinião dos gregos, suas palavras seriam absurdas. Como a cruz poderia ter algo a ver com o enobrecimento ou a salvação da humanidade?

O Único Objeto de Interesse Supremo

Desde que Paulo havia interrompido sua carreira de perseguidor dos seguidores do nazareno crucificado, ele nunca tinha deixado de se gloriar na cruz. O apóstolo havia recebido uma revelação do amor infinito de Deus, revelado na morte de Cristo. Esse fato tinha realizado uma transformação maravilhosa em sua vida, colocando todos os seus planos e propósitos em harmonia com o Céu. Ele sabia por experiência própria que, quando um pecador se rende ao amor do Pai, conforme visto no sacrifício de Seu Filho, o coração é transformado e Cristo se torna tudo para o cristão.

A partir de então, Paulo dedicou a vida ao esforço de retratar o amor e o poder do Crucificado. Ele escreveu: "Sou devedor tanto a gregos como a bárbaros, tanto a sábios como a ignorantes" (Rm 1:14). Se seu entusiasmo diminuísse, bastaria olhar para a cruz e para o amor incrível ali revelado para fazê-lo avançar no caminho da abnegação.

Veja o apóstolo na sinagoga de Corinto, argumentando a partir dos escritos de Moisés e dos profetas e levando seus ouvintes ao advento do Messias prometido. Considere como ele esclareceu a obra dAquele que, sacrificando a própria vida, fez expiação pelo pecado e então começou Seu ministério no santuário celestial. O Messias que os ouvintes de Paulo tanto desejavam já havia chegado. Sua morte foi o cumprimento de todas as ofertas de sacrifício. Seu ministério no santuário celestial era a grande realidade representada vagamente no passado. Também revela o significado do ministério do sacerdócio judaico.

Das Escrituras do Antigo Testamento, Paulo traçou a genealogia de Jesus desde Abraão até Davi, o salmista real. Ele não apenas leu o testemunho dos profetas a respeito do caráter e obra do Messias prometido, mas também mostrou que todas essas predições haviam se cumprido em Jesus de Nazaré.

Cristo tinha vindo oferecer a salvação primeiramente à nação que aguardava a vinda do Messias, mas essa nação O havia rejeitado e escolhido outro líder cujo reinado terminaria em morte. Apenas o arrependimento poderia salvar a nação judaica da ruína que se aproximava. Paulo contou a história da sua conversão miraculosa. Seus ouvintes não puderam deixar de ver que ele amava de todo o coração o Salvador crucificado e ressuscitado. Eles viram que toda a vida do apóstolo estava ligada ao seu Senhor. Somente os que estavam cheios do ódio mais cruel permaneceram indiferentes às suas palavras.

O Evangelho Novamente é Rejeitado

Os judeus de Corinto fecharam os olhos para as evidências que o apóstolo apresentou e se recusaram a atender aos seus apelos. O mesmo espírito que os havia levado a rejeitar a Cristo os encheu de fúria contra Seu servo e, se Deus não tivesse protegido Paulo de maneira especial, eles o teriam matado.

"Opondo-se eles e lançando maldições, Paulo sacudiu a roupa e lhes disse: 'Caia sobre a cabeça de vocês o seu próprio sangue! Estou livre da minha responsabilidade. De agora em diante irei para os gentios'" (At 18:6).

Silas e Timóteo tinham vindo ajudar Paulo e juntos eles pregaram

Cristo como o Salvador. Evitando o raciocínio complicado e mirabolante, os mensageiros da cruz apelaram aos pagãos que considerassem o sacrifício infinito que Jesus fez em favor da humanidade. Se os que tateavam na escuridão do paganismo pudessem ver a luz fluindo da cruz do Calvário, seriam atraídos, ao Salvador (Jo 12:32).

A mensagem dos apóstolos foi clara, franca e poderosa. O evangelho foi revelado não só em suas palavras, mas em sua vida diária. Os anjos cooperaram com eles, e muitas pessoas foram convertidas, demonstrando a graça e o poder de Deus. "Crispo, chefe da sinagoga, creu no Senhor, ele e toda a sua casa; e dos coríntios que o ouviam, muitos criam e eram batizados" (At 18:8).

Atacado Cruelmente

O ódio dos judeus então se intensificou. O batismo de Crispo irritou esses adversários obstinados. Eles difamavam o evangelho e o nome de Jesus. Nenhuma palavra era tão cruel, nenhum plano tão baixo, que eles não usassem. Eles afirmaram com ousadia que Paulo realizava suas obras maravilhosas por intermédio do poder de Satanás.

A maldade que Paulo viu na corrupta cidade de Corinto quase o desanimou. A corrupção moral entre os gentios e os insultos que ele recebeu dos judeus lhe causaram grande sofrimento. Ele duvidou da ideia de tentar estabelecer uma igreja a partir do material humano que encontrou ali.

Enquanto estava planejando partir para um campo mais promissor, o Senhor apareceu a ele em uma visão e disse: "Não tenha medo, continue falando e não fique calado, pois estou com você, [...] tenho muita gente nesta cidade" (At 18:9, 10). Paulo entendeu isso como uma garantia de que o Senhor germinaria a semente lançada em Corinto. Animado, continuou a trabalhar com dedicação naquele lugar.

Paulo passou muito tempo visitando as pessoas de casa em casa. Ele visitou os doentes e enlutados, confortou os aflitos e encorajou os oprimidos. Ele se preocupava muito com o fato de que seu ensino pudesse ter o selo humano, em vez do divino.

"Falamos de sabedoria entre os que já têm maturidade, mas não da sabedoria desta era ou dos poderosos desta era, que estão sendo reduzidos a nada. Pelo contrário, falamos da sabedoria de Deus, do mistério que estava oculto, o qual Deus preordenou, antes do princípio das eras, para a nossa glória. Nenhum dos poderosos desta era O entendeu, pois, se O tivessem entendido, não teriam crucificado o Senhor da glória" (1Co 2:6-8).

Dessas coisas "também falamos, não com palavras ensinadas pela sabedoria humana, mas com palavras ensinadas pelo Espírito" (v. 13).

Paulo disse a respeito de si mesmo: "Trazemos sempre em nosso corpo o morrer de Jesus, para que a vida de Jesus também seja revelada em nosso corpo" (2Co 4:10). Nos ensinamentos do apóstolo, Cristo era a figura central. Ele disse: "Já não sou eu quem vive, mas Cristo vive em mim" (Gl 2:20).

Paulo era um orador eloquente. Contudo, naquela ocasião, deixou de lado toda a sua oratória. Em vez de ceder ao uso de expressões poéticas vazias que poderiam agradar os sentidos, mas não tocar a experiência cotidiana, com uma linguagem simples, ele tentou trazer ao coração as verdades de vital importância. As provações com as quais as pessoas lutavam — essas ele desejava enfrentar com instruções práticas sobre os princípios fundamentais do cristianismo.

Muitos em Corinto abandonaram os ídolos para servir ao Deus vivo, e uma grande igreja foi estabelecida sob a bandeira de Cristo. Alguns dos pecadores mais descarados entre os gentios se tornaram grandes exemplos do poder do sangue de Cristo para purificar do pecado.

Diante do Procônsul da Acaia

O crescente sucesso de Paulo levou os judeus incrédulos a se oporem a ele com mais violência ainda.

"Sendo Gálio procônsul da Acaia, os judeus fizeram em conjunto um levante contra Paulo e o levaram ao tribunal" (At 18:12). Com gritos enfurecidos, eles reclamaram: "Este homem está persuadindo o povo a adorar a Deus de maneira contrária à lei" (v. 13).

Os acusadores de Paulo pensavam que, se pudessem prendê-lo sob a acusação de transgredir a religião judaica, que estava sob a proteção do poder romano, ele, provavelmente, fosse entregue a eles para ser julgado e sentenciado. No entanto, Gálio, um homem íntegro, recusou fazer isso. Aborrecido com o preconceito e a presunção dos judeus, ele não permitiria que a acusação se sustentasse. Enquanto Paulo se preparava para falar em legítima defesa, Gálio lhe disse que não era necessário. Então, voltando-se para os acusadores furiosos, disse: "'Se vocês, judeus, estivessem apresentando queixa de algum delito ou crime grave, seria razoável que eu os ouvisse. Mas, visto que se trata de uma questão de palavras e nomes de sua própria lei, resolvam o problema vocês mesmos. Não serei juiz dessas coisas.' E mandou expulsá-los do tribunal" (v. 14-16).

Ao rejeitar imediatamente o caso, Gálio estava dando um sinal para que os judeus fossem embora, frustrados e irados. As ações decisivas do procônsul abriram os olhos da multidão barulhenta que estava ajudando os judeus. Pela primeira vez durante o trabalho de Paulo na Europa, a multidão ficou do seu lado. "Então todos se voltaram contra Sóstenes, o chefe da sinagoga, e o espancaram diante do tribunal. Mas Gálio não demonstrava nenhuma preocupação com isso" (v. 17).

Em seguida, Paulo permaneceu por algum tempo com os cristãos em Corinto. Se o apóstolo tivesse sido forçado a deixar Corinto naquele momento, os conversos teriam ficado em uma posição perigosa. Os judeus teriam tentado aproveitar a vantagem que haviam obtido, até exterminar o cristianismo naquela região.

Cartas Importantes aos Tessalonicenses*

Paulo tinha ficado muito contente com a chegada de Silas e Timóteo a Corinto. Eles trouxeram ao apóstolo boas notícias sobre a fé e o amor dos que haviam aceitado o evangelho em Tessalônica. Esses cristãos haviam permanecido fiéis, mesmo em meio às provações e dificuldades. Paulo desejava visitá-los, mas como isso não era possível naquele momento, ele lhes escreveu: "Por isso, irmãos, em toda a nossa necessidade e tribulação ficamos animados quando soubemos da sua fé; pois agora vivemos, visto que vocês estão firmes no Senhor" (1Ts 3:7, 8).

"Como podemos ser suficientemente gratos a Deus por vocês, por toda a alegria que temos diante dEle por causa de vocês?" (v. 9).

Muitas pessoas em Tessalônica tinham abandonado os ídolos e, "apesar de muito sofrimento, receberam a palavra". Seus corações foram preenchidos "com alegria que vem do Espírito Santo" (1Ts 1:6). Em sua fidelidade, "tornaram-se modelo para todos os crentes que" estavam "na Macedônia e na Acaia" (v. 7). O apóstolo declarou: "Porque, partindo de vocês, propagou-se a mensagem do Senhor na Macedônia e na Acaia. Não somente isso, mas também por toda parte" (v. 8).

O coração dos cristãos de Tessalônica ardia com zelo por seu Salvador. Uma transformação maravilhosa havia ocorrido na vida deles, e as verdades que eles apresentavam conquistaram outros corações para o Senhor.

Na primeira carta, Paulo declarou que não havia tentado ganhar conversos entre os tessalonicenses por meio de enganos nem equívocos. "Vocês bem sabem que a nossa palavra nunca foi de bajulação nem

* Este capítulo é baseado em 1 e 2 Tessalonicenses.

de pretexto para ganância; Deus é testemunha. [...] Fomos bondosos quando estávamos entre vocês, como uma mãe que cuida dos próprios filhos. Sentindo assim, tanta afeição por vocês, decidimos dar-lhes não somente o evangelho de Deus, mas também a nossa própria vida, porque vocês se tornaram muito amados por nós" (1Ts 2:5, 7, 8).

"Pois vocês sabem que tratamos cada um como um pai trata seus filhos, exortando, consolando e dando testemunho, para que vocês vivam de maneira digna de Deus, que os chamou" (v. 11, 12).

"Pois quem é a nossa esperança, alegria ou coroa em que nos gloriamos perante o Senhor Jesus na Sua vinda? Não são vocês? De fato, vocês são a nossa glória e a nossa alegria" (v. 19, 20).

Onde Estão os Mortos?

Paulo fez o seu melhor para instruir os cristãos tessalonicenses a respeito da verdadeira condição dos mortos. Ele se referiu aos que morrem como se estivessem em um estado de inconsciência: "Irmãos, não queremos que vocês sejam ignorantes quanto aos que dormem, para que não se entristeçam como os outros que não têm esperança. Se cremos que Jesus morreu e ressurgiu, cremos também que Deus trará, mediante Jesus e

com Ele, aqueles que nEle dormiram" (1Ts 4:13, 14).

"Pois, dada a ordem, com a voz do arcanjo e o ressoar da trombeta de Deus, o próprio Senhor descerá dos Céus, e os mortos em Cristo ressuscitarão primeiro. Depois nós, os que estivermos vivos, seremos arrebatados com eles nas nuvens, para o encontro com o Senhor nos ares. E assim estaremos com o Senhor para sempre" (v. 16, 17).

Os tessalonicenses haviam se apegado à ideia de que Cristo viria transformar os fiéis que estivessem vivos e levá-los para Si. Porém, a morte os estava separando de seus entes queridos, um a um, e eles mal ousaram ter esperança de se encontrar com seus queridos em uma vida futura.

Quando os cristãos abriram e leram a carta de Paulo, as palavras que revelavam a verdadeira condição dos mortos trouxeram a eles grande alegria e conforto. Aqueles que estivessem vivos quando Cristo viesse, não se encontrariam com seu Senhor antes daqueles que tinham adormecido em Jesus. Os mortos em Cristo ressuscitarão primeiro, antes que os vivos recebam a imortalidade. Portanto, "consolem-se uns aos outros com estas palavras" (v. 18).

Dificilmente poderemos compreender a esperança e a alegria que essa certeza trouxe à jovem igreja de

Tessalônica. Eles apreciaram a carta que seu pai no evangelho lhes havia enviado, e os corações foram tocados de amor por ele. Paulo já dissera essas coisas anteriormente; mas, naquela época, eles estavam tentando compreender doutrinas que pareciam novas e estranhas. A carta de Paulo deu aos tessalonicenses uma nova esperança e um amor mais profundo por Jesus, que, por Sua morte, havia revelado a vida e a imortalidade. Seus amigos que acreditaram em Jesus seriam ressuscitados e sairiam dos túmulos para viver para sempre no reino de Deus. A mensagem de Paulo dissipou a escuridão que envolvia a sepultura dos mortos. Um novo esplendor coroou a fé cristã.

Paulo escreveu: "Deus trará, mediante Jesus e com Ele, aqueles que nEle dormiram" (v. 14). Muitos interpretam essa passagem como se Jesus fosse trazer do Céu os que dormem, mas Paulo quis dizer que, assim como Cristo ressuscitou, Deus também chamará os mortos redimidos de suas sepulturas.

Sinais da Vinda de Cristo
Em Tessalônica, Paulo apresentou de maneira tão completa os sinais dos tempos que ocorreriam antes da vinda do Filho do homem nas nuvens do céu, que ele não escreveu muito sobre esse assunto. No entanto, ele se referiu aos seus ensinamentos anteriores: "Irmãos, quanto aos tempos e épocas, não precisamos escrever-lhes, pois vocês mesmos sabem perfeitamente que o dia do Senhor virá como ladrão à noite. Quando disserem: 'Paz e segurança', então, de repente, a destruição virá sobre eles" (1Ts 5:1-3).

Hoje, os sinais do fim estão se cumprindo rapidamente. Paulo ensinou que é pecado ser negligente com relação aos sinais que antecederão a segunda vinda de Cristo. Ele chama os culpados por essa negligência de filhos da escuridão: "Mas vocês, irmãos, não estão nas trevas, para que esse dia os surpreenda como ladrão. Vocês todos são filhos da luz, filhos do dia. Não somos da noite nem das trevas" (v. 4, 5).

Para os que vivem tão perto do grande dia da vinda de Jesus, as palavras de Paulo são ainda mais importantes: "Nós, porém, que somos do dia, sejamos sóbrios, vestindo a couraça da fé e do amor e o capacete da esperança da salvação. Porque Deus não nos destinou para a ira, mas para recebermos a salvação por meio de nosso Senhor Jesus Cristo. Ele morreu por nós para que, quer estejamos acordados quer dormindo, vivamos unidos a Ele" (1Ts 5:8-10).

Cristãos atentos fazem tudo o que está ao seu alcance para o avanço do evangelho. Eles passam por provações severas, mas não permitem que experiências difíceis tornem amargas suas perspectivas nem destruam sua paz de espírito. Sabem que, se suportarem bem as provações, elas os purificarão e os trarão para mais perto de Cristo.

Os cristãos em Tessalônica foram importunados por pessoas que apresentavam ideias fanáticas. Alguns estavam vivendo ociosos; não trabalhavam, mas andavam se intrometendo na vida alheia (2Ts 3:11). Alguns, teimosos e precipitados, recusavam-se a obedecer à orientação daqueles que tinham autoridade na igreja. Eles reivindicavam o direito de impor suas opiniões publicamente à igreja. Paulo chamou a atenção dos tessalonicenses para o dever que tinham de mostrar respeito àqueles que haviam sido escolhidos para ocupar cargos de autoridade na igreja.

O apóstolo pediu que eles revelassem a piedade prática em sua vida diária: "Pois vocês conhecem os mandamentos que lhes demos pela autoridade do Senhor Jesus. A vontade de Deus é que vocês sejam santificados: abstenham-se da imoralidade sexual. [...] Porque Deus não nos chamou para a impureza, mas para a santidade" (1Ts 4:2, 3, 7).

Paulo queria que eles crescessem no conhecimento de Jesus Cristo. Muitas vezes ele se encontrava com pequenos grupos de homens e mulheres que amavam a Jesus e orava com eles, pedindo a Deus que lhes ensinasse como manter uma conexão viva com Ele. Além disso, ele implorava a Deus, com frequência, para que os guardasse do mal e os ajudasse a ser missionários fervorosos e ativos.

Uma das evidências mais fortes da verdadeira conversão é o amor a Deus e aos outros. O apóstolo escreveu: "Quanto ao amor fraternal, não precisamos escrever-lhes, pois vocês mesmos já foram ensinados por Deus a se amarem uns aos outros" (1Ts 4:9). "Esforcem-se para ter uma vida tranquila, cuidar dos seus próprios negócios e trabalhar com as próprias mãos, como nós os instruímos; a fim de que andem decentemente aos olhos dos que são de fora e não dependam de ninguém" (v. 11, 12).

"Que o Senhor faça crescer e transbordar o amor que vocês têm uns para com os outros e para com todos, a exemplo do nosso amor por vocês. Que Ele fortaleça o coração de vocês para serem irrepreensíveis em santidade diante de nosso Deus e Pai, na vinda de nosso Senhor Jesus com todos os Seus santos" (1Ts 3:12, 13).

Paulo advertiu os tessalonicenses a não desprezarem o dom de profecia: "Não apaguem o Espírito. Não tratem com desprezo as profecias, mas ponham à prova todas as coisas e fiquem com o que é bom" (1Ts 5:19-21). Ele apelou a eles que prestassem muita atenção para distinguir o falso do verdadeiro e concluiu sua carta pedindo a Deus que os santificasse plenamente, para que em "todo espírito, alma, e corpo" eles fossem conservados "irrepreensíveis na vinda de nosso Senhor Jesus Cristo" (v. 23). Ele acrescentou: "Aquele que os chama é fiel, e fará isso" (v. 24).

A Verdadeira Mensagem de Paulo

Alguns cristãos tessalonicenses entenderam que Paulo estava expressando a esperança de que ele próprio viveria para testemunhar a vinda do Salvador. Isso os fez ficar ainda mais entusiasmados. Aqueles que tinham negligenciado seus deveres, tornaram-se mais persistentes em impor suas opiniões equivocadas.

Na segunda carta, Paulo começou a corrigir o equívoco deles. Antes do retorno de Cristo, aconteceriam coisas importantes, preditas pelas profecias: "Rogamos a vocês que não se deixem abalar nem alarmar tão facilmente, quer por profecia, quer por palavra, quer por carta supostamente vinda de nós, como se o dia do Senhor já tivesse chegado. Não deixem que ninguém os engane de modo algum. Antes daquele dia virá a apostasia e, então, será revelado o homem do pecado, o filho da perdição. Este se opõe e se exalta acima de tudo o que se chama Deus ou é objeto de adoração, a ponto de se assentar no santuário de Deus, proclamando que ele mesmo é Deus" (2Ts 2:1-4).

Ninguém deveria ensinar que Paulo tinha advertido os tessalonicenses de que Cristo viria imediatamente. O apóstolo advertiu os cristãos a não receber essa mensagem como se fosse sua. Ele enfatizou que o poder papal, descrito pelo profeta Daniel, ainda não tinha se levantado contra o povo de Deus. Até que esse poder realizasse seu trabalho blasfemo, seria inútil aguardar a vinda do Senhor.

Provações terríveis oprimiriam a igreja verdadeira. O "mistério da iniquidade" (v. 7) já havia entrado em ação. Eventos futuros, "segundo a ação de Satanás", ocorrerão "com todo o poder, com sinais e com maravilhas enganadoras. Ele fará uso de todas as formas de engano da injustiça para os que estão perecendo" (v. 9, 10). Paulo escreveu sobre os que intencionalmente rejeitariam a verdade: "Deus lhes" enviará "um poder sedutor, a fim de que creiam na mentira" (v. 11). Ele retirará Seu Espírito, deixando-os a depender dos enganos que eles amam.

Assim, Paulo descreveu a obra desse poder maligno, que devia continuar por longos séculos de escuridão e perseguição antes da segunda vinda de Cristo. Ele aconselhou os cristãos tessalonicenses a assumirem corajosamente a obra diante deles, e a não negligenciarem seus deveres nem ficar desocupados. Depois da ardente expectativa de serem libertados imediatamente, a rotina da vida pareceria insuportável. Então ele os exortou:

"Portanto, irmãos, permaneçam firmes e apeguem-se às tradições que lhes foram ensinadas, quer de viva voz, quer por carta nossa" (v. 15).

"Que o próprio Senhor Jesus Cristo e Deus nosso Pai, que nos amou e nos deu eterna consolação e boa esperança pela graça, dê ânimo ao coração de vocês e os fortaleçam para fazerem sempre o bem, tanto em atos como em palavras" (v. 16, 17). "O Senhor conduza o coração de vocês ao amor de Deus e à perseverança de Cristo" (2Ts 3:5).

O apóstolo mostrou a eles seu exemplo de dedicação em assuntos terrestres enquanto trabalhava na causa de Cristo. Ele repreendeu aqueles que tinham se entregado à preguiça e ao entusiasmo sem objetivo. Então ordenou que eles trabalhassem tranquilamente e comessem "o seu próprio pão" (v. 12).

Paulo concluiu a carta orando para que, em todos os trabalhos e provações da vida, a paz de Deus e a graça do Senhor Jesus Cristo fossem o conforto e o apoio daquele povo.

Divergências em Corinto[*]

epois de deixar Corinto, Paulo foi trabalhar em Éfeso. Ele estava a caminho de Jerusalém para assistir a um festival; portanto, podia ficar ali apenas por pouco tempo. Ele causou uma impressão tão positiva nos judeus na sinagoga, que eles imploraram que ele ficasse com eles. Paulo prometeu voltar se fosse "da vontade de Deus" (At 18:21), e deixou que Áquila e Priscila continuassem a obra.

"Enquanto isso, um judeu chamado Apolo, natural de Alexandria, chegou a Éfeso. Ele era homem culto e tinha grande conhecimento das Escrituras" (v. 24). Ele tinha ouvido a pregação de João Batista e era uma prova viva de que a obra do profeta não havia sido em vão. Apolo "fora instruído no caminho do Senhor e com grande fervor falava e ensinava com exatidão acerca de Jesus, embora conhecesse apenas o batismo de João" (v. 25).

Em Éfeso, Apolo "começou a falar corajosamente na sinagoga" (v. 26). Áquila e Priscila, reconhecendo que ele ainda não tinha recebido toda a luz do evangelho, "convidaram-no para ir à sua casa e lhe explicaram com mais exatidão o caminho de Deus" (v. 26). Ele se tornou um dos porta-vozes mais eficientes à fé cristã.

Apolo foi para Corinto, onde "refutava vigorosamente os judeus em debate público, provando pelas Escrituras que Jesus" era "o Cristo" (v. 28). Paulo plantou a semente da verdade, e Apolo a regou. Seu sucesso levou alguns cristãos a valorizar mais os esforços de Apolo do que o trabalho de Paulo. Isso trouxe um espírito de rivalidade, que ameaçou enfraquecer a propagação do evangelho.

Durante o ano e meio que Paulo passou em Corinto, ele propositadamente apresentou o evangelho de maneira simples. "Em demonstração do poder do Espírito" (1Co 2:4), ele havia

---

[*] Este capítulo é baseado em Atos 18:18-28.

declarado "o testemunho de Deus" (v. 1, ARA), para que a fé deles "não se baseasse na sabedoria humana, mas no poder de Deus" (1Co 2:5).

Ele explicou posteriormente: "Dei-lhes leite, e não alimento sólido, pois vocês não estavam em condições de recebê-lo. De fato, vocês ainda não estão em condições" (1Co 3:2). Muitos cristãos coríntios tinham demorado para aprender. Seu crescimento no conhecimento espiritual não havia estado à altura das oportunidades que tiveram. Quando deviam ter sido capazes de compreender as verdades mais profundas, não avançaram muito mais que os discípulos quando Cristo lhes dissera: "Tenho ainda muito que lhes dizer, mas vocês não o podem suportar agora" (Jo 16:12). A inveja e as más suspeitas haviam fechado o coração de muitos contra a atuação plena do Espírito Santo. Não passavam de crianças no conhecimento de Cristo.

Paulo tinha ensinado aos coríntios o alfabeto da fé, como pessoas que não conheciam o poder divino no coração. Aqueles que o seguiram deviam levar adiante a obra, concedendo luz espiritual conforme a igreja fosse capaz de suportá-la.

Lidando com a Imoralidade Sexual

O apóstolo sabia que, entre seus ouvintes em Corinto, haveria cristãos que se orgulhavam de teorias humanas, esperando encontrar teorias na natureza que contradissessem as Escrituras. Ele também sabia que os críticos argumentariam contra a interpretação cristã da Palavra de Deus e que os céticos tratariam o evangelho de Cristo com desprezo.

Ao guiar as pessoas para a cruz, Paulo tentou não repreender diretamente os que viviam na imoralidade nem mostrar o quanto o pecado deles era detestável diante de um Deus santo. Em vez disso, ele falou especialmente sobre a piedade prática e a santidade que as pessoas deviam ter se quisessem ser consideradas dignas de um lugar no reino de Deus. À luz do evangelho de Cristo, elas poderiam ver o quanto suas práticas imorais eram ofensivas aos olhos de Deus. Portanto, o tema do ensino de Paulo foi Cristo, e Ele crucificado.

O filósofo se desvia da luz porque ela envergonha suas teorias arrogantes. A pessoa mundana a recusa porque essa luz a separaria dos seus ídolos. Paulo viu que as pessoas deviam compreender o caráter de Cristo antes de poderem amá-Lo ou contemplar a cruz com os olhos da fé. Somente à luz da cruz alguém pode começar a compreender o verdadeiro valor de um ser humano.

A influência enobrecedora da graça de Deus muda as atitudes

naturais de uma pessoa. As pessoas não convertidas não achariam o Céu agradável, e se elas pudessem entrar ali, não encontrariam nada atrativo. Os impulsos que controlam o coração natural devem ser dominados pela graça de Cristo antes que alguém possa desfrutar a companhia dos anjos puros e santos.

Paulo havia tentado imprimir na mente dos cristãos de Corinto que ele e os ministros que o acompanhavam estavam todos fazendo o mesmo trabalho, e todos eles dependiam de Deus para o sucesso. A discussão na igreja sobre os pontos fortes dos diferentes ministros aconteceu porque as pessoas estimaram os atributos do coração natural. "Pois quando alguém diz: 'Eu sou de Paulo', e outro: 'Eu sou de Apolo', não estão sendo mundanos?" (1Co 3:4).

"Eu plantei, Apolo regou, mas Deus é quem fez crescer; de modo que nem o que planta nem o que rega são alguma coisa, mas unicamente Deus, que efetua o crescimento" (v. 6, 7).

Paulo foi o primeiro a pregar o evangelho em Corinto e a organizar a igreja. A semente que semeou devia ser regada, e foi isso que Apolo fez. Ele deu outras orientações mais; porém, foi Deus quem fez a semente crescer. Os que plantam e os que regam não são a causa do crescimento da semente. A honra e a glória que vêm com o sucesso pertencem ao Obreiro Mestre.

Deus deu a cada um de Seus mensageiros uma obra individual. Todos eles devem trabalhar em harmonia, dirigidos pelo Espírito Santo. Ao revelarem o evangelho, o instrumento humano é escondido, e Cristo aparece como o Chefe entre dez mil, o Único totalmente amável.

"Pois nós somos cooperadores de Deus; vocês são lavoura de Deus e edifício de Deus" (v. 9). O apóstolo comparou a igreja a um campo cultivado e também a um edifício, que deve se tornar um templo para o Senhor. Deus dá a seus obreiros sabedoria e habilidade, e se eles seguirem Sua orientação, Ele coroará os esforços deles com o sucesso.

Os servos de Deus devem trabalhar unidos, misturando-se uns aos outros de maneira amável e cortês, preferindo "dar honra aos outros mais do que a si próprios" (Rm 12:10). Ninguém deve fragmentar o trabalho dos outros, e não deve haver partes separadas. Cada pessoa deve fazer seu trabalho designado, sendo respeitado, amado e encorajado pelos outros. Juntos, eles devem concluir a obra.

Mensagem Oportuna Hoje

Na primeira carta de Paulo à igreja de Corinto, ele se referiu às comparações feitas entre seus esforços e os de

Apolo: "Irmãos, apliquei essas coisas a mim e a Apolo por amor a vocês, para que aprendam de nós o que significa: 'Não ultrapassem o que está escrito'. Assim, ninguém se orgulhe a favor de um homem em detrimento de outro. Pois, quem torna você diferente de qualquer outra pessoa? O que você tem que não tenha recebido? E se o recebeu, por que se orgulha, como se assim não fosse?" (1Co 4:6, 7).

Paulo contou à igreja sobre as dificuldades que ele e aqueles que trabalhavam com ele tinham suportado. "Até agora estamos passando fome, sede e necessidade de roupas, estamos sendo tratados brutalmente, não temos residência certa e trabalhamos arduamente com nossas próprias mãos. Quando somos amaldiçoados, abençoamos; quando perseguidos, suportamos; quando caluniados, respondemos amavelmente. Até agora nos tornamos a escória da terra, o lixo do mundo. Não estou tentando envergonhá-los ao escrever estas coisas, mas procuro adverti-los, como a meus filhos amados. Embora possam ter dez mil tutores em Cristo, vocês não têm muitos pais, pois em Cristo Jesus eu mesmo os gerei por meio do evangelho" (v. 11-15).

Aquele que envia os evangelistas é desonrado quando os membros da igreja desenvolvem um apego tão forte a algum pastor favorito, que não estão dispostos a aceitar outro mestre. O Senhor envia ajudantes ao Seu povo, nem sempre alguém da escolha dos membros, mas de acordo com a sua necessidade, pois as pessoas não podem reconhecer o que é para o seu bem maior. Nem sempre um pastor tem todas as qualidades necessárias ao desenvolvimento perfeito de uma igreja; por isso, Deus muitas vezes envia outros, cada qual com qualidades que outros não tinham.

A igreja deve aceitar com gratidão esses servos de Cristo. Devem procurar obter todo o benefício possível de cada pastor. Em humildade, devem aceitar as verdades que os servos de Deus apresentam, mas nenhum pastor deve ser idolatrado.

Quando os ministros de Deus obtiverem o poder do Espírito Santo para expandir as vitórias da cruz, verão resultados; realizarão uma obra que resistirá aos ataques de Satanás. Muitas pessoas se converterão das trevas para a luz, não ao mensageiro humano, mas a Cristo. Somente Jesus, o Homem do Calvário, aparecerá. Deus está tão disposto a dar poder a Seus servos hoje como esteve a dar a Paulo, Apolo, Silas, Timóteo, Pedro, Tiago e João.

O Perigo de Seguir Sozinho

Nos dias de Paulo, algumas pessoas equivocadas afirmavam crer em Cristo, mas se recusavam a mostrar respeito a Seus embaixadores. Elas alegavam que Cristo as havia ensinado diretamente, sem a ajuda dos ministros do evangelho. Não estavam dispostas a se submeter à voz da igreja. Pessoas como essas corriam o perigo de ser enganadas.

Deus colocou pessoas com diferentes dons na igreja, para que, por meio da sabedoria de muitos, possamos fazer o que o Espírito deseja. Obreiros que se recusam a trabalhar em equipe, com outros que tiveram longa experiência na obra de Deus, serão incapazes de distinguir o falso do verdadeiro. Se essas pessoas fossem escolhidas como líderes da igreja, seguiriam as próprias opiniões, independentemente das opiniões de seus irmãos. É fácil para o inimigo trabalhar por meio delas. Impressões apenas não são um guia seguro para o cumprimento do dever. O inimigo convence essas pessoas de que Deus as está guiando, quando, na realidade, elas estão apenas seguindo seus impulsos humanos. Se nos aconselharmos com outros na igreja, Deus nos fará compreender Sua vontade.

Na igreja primitiva, alguns se recusaram a aceitar Paulo ou Apolo, dizendo que Pedro, também conhecido

como Cefas, era seu líder. Afirmaram que Pedro tinha sido um dos discípulos mais próximos de Cristo, enquanto Paulo tinha sido um perseguidor de cristãos. Dominados pelo preconceito, eles não demonstraram a generosidade e a ternura reveladas no coração daqueles que vivem em Cristo.

O Senhor instruiu Paulo a protestar. Dirigindo-se aos que diziam: "'Eu sou de Paulo'; ou 'Eu de Apolo'; ou 'Eu sou de Pedro'; ou ainda 'Eu de Cristo'" (1Co 1:12), ele perguntou: "Acaso Cristo está dividido? Foi Paulo crucificado em favor de vocês? Foram vocês batizados em nome de Paulo?" (1Co 1:13). "Ninguém se glorie em homens" (1Co 3:21), ele apelou. "Seja Paulo, seja Apolo, seja Pedro, seja o mundo, a vida, a morte, o presente ou o futuro; tudo é de vocês, e vocês são de Cristo, e Cristo, de Deus" (1Co 3:22, 23).

Apolo ficou triste por causa do conflito em Corinto. Ele não o encorajou, mas rapidamente saiu de cena. Mais tarde, quando Paulo insistiu para que ele visitasse novamente a cidade de Corinto, ele se recusou até muitos anos depois, quando a igreja tinha alcançado uma condição espiritual melhor.

Queimando os Livros de Magia*

No tempo dos apóstolos, Éfeso era a capital da província romana da Ásia. Seu porto era abarrotado de navios e suas ruas repletas de pessoas de todos os países. Assim como Corinto, aquele era um campo missionário promissor.

Os judeus, amplamente espalhados por todas as terras civilizadas, aguardavam o Messias. Quando João Batista ainda estava pregando, muitos que visitavam Jerusalém haviam ido ao Jordão para ouvi-lo. Lá, o ouviram proclamar Jesus como o Prometido, e eles levaram a notícia a todas as partes do mundo. Dessa maneira, Deus havia preparado o caminho para os apóstolos.

Em Éfeso, Paulo encontrou doze cristãos que tinham sido discípulos de João Batista e que haviam adquirido algum conhecimento da missão de Cristo. No entanto, quando Paulo perguntou se eles tinham recebido o Espírito Santo, eles responderam: "'Não, nem sequer ouvimos que existe o Espírito Santo'. 'Então, que batismo vocês receberam?', perguntou Paulo. 'O batismo de João', responderam eles" (At 19:2, 3).

Então o apóstolo lhes falou da vida de Cristo, da Sua morte cruel e vergonhosa, e como Ele havia ressuscitado vitoriosamente dos mortos. Ele repetiu a ordem do Salvador: "Foi-Me dada toda a autoridade no céu e na terra. Portanto, vão e façam discípulos de todas as nações, batizando-os em nome do Pai e do Filho e do Espírito Santo" (Mt 28:18, 19). Ele também contou a eles sobre a promessa de Cristo de enviar o Consolador e descreveu como o Senhor havia cumprido gloriosamente essa promessa no dia do Pentecostes.

* Este capítulo é baseado em Atos 19:1-20.

Os homens ouviram com espanto e alegria. Eles compreenderam a verdade do sacrifício redentor de Cristo e O receberam como seu Salvador.

Eles foram então batizados em nome de Jesus, e, enquanto Paulo impunha as mãos sobre eles, aqueles homens receberam o Espírito Santo e foram habilitados a falar as línguas de outras nações e a profetizar. Dessa maneira, Deus os capacitou para pregar o evangelho na Ásia Menor.

Nutrindo um espírito humilde e receptivo ao ensino, esses homens se tornaram experientes, o que os capacitou a trabalhar na colheita. O exemplo deles apresenta uma lição valiosa. Muitos fazem pouco progresso em sua vida espiritual porque são muito autossuficientes. Eles se contentam com um conhecimento superficial da Palavra de Deus.

Se os seguidores de Cristo buscassem sinceramente a sabedoria, Deus os conduziria a ricos campos da verdade que ainda não conhecem. A mão divina guiará aqueles que se entregam inteiramente a Ele. Ao guardarem as lições da sabedoria divina, Deus os habilitará a tornar sua vida uma honra para Ele e uma bênção para o mundo.

O Fruto do Espírito no Cristão

Cristo chamou nossa atenção ao desenvolvimento do mundo vegetal como uma ilustração de como Seu Espírito sustenta a vida espiritual. A seiva da videira, subindo da raiz, vai para os galhos e produz frutos. Assim, o Espírito Santo, enviado pelo Salvador, preenche o coração, renova as motivações e leva até os pensamentos à obediência à vontade de Deus, capacitando a pessoa a dar frutos preciosos.

O método exato que Deus usa para dar vida espiritual está além da explicação humana. No entanto, a atuação do Espírito está sempre em harmonia com a Bíblia. Assim como a vida natural não é sustentada diretamente por um milagre, mas pelo uso das bênçãos que Deus coloca ao nosso alcance, assim também a vida espiritual é sustentada ao utilizarmos recursos que a Providência forneceu. O seguidor de Cristo deve comer o pão da vida e beber a água da salvação, obedecendo, em todas as coisas, às orientações de Deus em Sua Palavra.

Há outra lição na experiência desses judeus convertidos. Quando receberam o batismo de João, eles não entenderam completamente a missão de Jesus como o Portador dos pecados. Entretanto, com um conhecimento mais claro, eles aceitaram alegremente Cristo como seu Redentor. Ao receberem uma fé mais pura, a vida deles foi transformada de acordo com suas novas crenças.

Para representar essa mudança e reconhecer sua fé em Cristo, eles foram rebatizados em nome de Jesus. Paulo continuou seu trabalho em Éfeso por três meses. Na sinagoga, ele "falava ousadamente, dissertando e persuadindo com respeito ao reino de Deus" (At 19:8, ARA). Assim como nos outros lugares, Paulo logo enfrentou uma oposição violenta. "Alguns deles se endureceram e se recusaram a crer, e começaram a falar mal do Caminho diante da multidão" (v. 9). Ao persistirem em rejeitar o evangelho, o apóstolo parou de pregar na sinagoga.

Paulo apresentou evidências suficientes para ganhar todos os que sinceramente desejavam a verdade. Contudo, muitos se recusaram a aceitar a evidência mais convincente. Temendo que os cristãos corressem perigo se continuassem a se associar com esses opositores da verdade, Paulo reuniu os discípulos em um grupo próprio, continuando a ensinar publicamente na escola de Tirano.

A Batalha Entre Cristo e Satanás em Éfeso

Paulo percebeu que "uma porta ampla e promissora" (1Co 16:9) estava se abrindo diante dele, embora houvesse "muitos adversários" (v. 9). Éfeso não era apenas a cidade mais magnífica da Ásia, mas também era a mais corrompida. A superstição e os prazeres sensuais dominavam as pessoas. Criminosos de todos os tipos encontravam abrigo debaixo da sombra de seus templos, e os pecados degradantes se multiplicavam.

Diana dos efésios tinha ali um templo grandioso, cuja fama se estendia por todo o mundo. Seu esplendor o tornou o orgulho da nação. As pessoas afirmavam que o ídolo dentro do templo tinha caído do céu. Livros tinham sido escritos para explicar o significado dos símbolos inscritos nele. Entre os que estudavam atentamente esses livros estavam muitos magos, que exerciam uma influência poderosa sobre os supersticiosos adoradores do ídolo daquele templo.

O poder de Deus acompanhou os esforços de Paulo em Éfeso, e muitas pessoas foram curadas de suas doenças físicas. Essas demonstrações de poder sobrenatural eram muito mais fortes do que as que já tinham sido vistas em Éfeso, e nenhuma habilidade de ilusionistas nem magia de feiticeiros poderia reproduzi-las. Como Paulo fez esses milagres em nome de Jesus, o povo teve a oportunidade de ver que o Deus do Céu era mais poderoso do que os mágicos da deusa Diana. E assim o Senhor exaltou Seu servo muito acima do mais poderoso mago.

Deus, a quem todos os espíritos do mal estão sujeitos, estava prestes a trazer uma derrota ainda maior sobre aqueles que despreza-ram e profanaram Seu santo nome. A lei de Moisés proibia a feitiçaria, mas os judeus apóstatas a pratica-vam secretamente. Em Éfeso, havia "alguns judeus que andavam expul-sando espíritos malignos" (At 19:13), e vendo as maravilhas que Paulo rea-lizava, "tentaram invocar o nome do Senhor Jesus sobre os endemo-ninhados" (v. 13). "Os que estavam fazendo isso eram os sete filhos de Ceva, um dos chefes dos sacerdotes dos judeus" (v. 14). Ao encontrarem um homem possuído por um demô-nio, eles disseram a ele: "Em nome de Jesus, a quem Paulo prega, eu lhes or-deno que saiam!" (v. 13). Mas "o espí-rito maligno lhes respondeu: 'Jesus, eu conheço, Paulo, eu sei quem é; mas vocês, quem são?'" (v. 15).

"Então o endemoninhado saltou sobre eles e os dominou, espancando-os com tamanha violência que eles fugiram da casa nus e feridos" (v. 16).

Essa experiência foi uma prova indiscutível da santidade do nome de Cristo e do perigo de tentar usá-lo sem fé na divindade do Salvador. "Todos eles foram tomados de temor; e o nome do Senhor Jesus era engran-decido" (v. 17).

Fatos que estavam ocultos até então vieram à luz. Em certa medida, alguns cristãos continuavam a pra-ticar a magia. Agora, convencidos de seu erro, "muitos dos que creram vi-nham, e confessavam e declaravam abertamente suas más obras. Grande número dos que tinham praticado ocultismo reuniram seus livros e os queimaram publicamente. Calculado o valor total, este chegou a cinquenta mil dracmas. Dessa maneira a pala-vra do Senhor muito se difundia e se fortalecia" (18-20).

Ao queimar seus livros de magia, os efésios convertidos mostraram que as coisas com as quais antes se encantavam, passaram a odiar. Por meio da magia, eles tinham ofendido especialmente a Deus e colocado sua vida espiritual em perigo. Agora, de-monstravam essa indignação contra a magia. Dessa maneira, provaram ter sido convertidos de verdade.

Por Que Eles Queimaram os Livros Satânicos?

Esses livros de feitiçaria expres-savam os regulamentos da adoração a Satanás, orientações de como pedir sua ajuda e obter informações dele. Se guardassem esses livros, os discí-pulos teriam se exposto à tentação. Ao vendê-los, eles teriam colocado a tentação no caminho de outras pes-soas. Para destruir o poder do reino das trevas, eles não hesitaram em fazer nenhum sacrifício. A verdade venceu o amor que eles tinham pelo dinheiro. O evangelho foi vitorioso na fortaleza da superstição. A influência do que ocorreu ali se espalhou mais do que Paulo imaginava. A feitiçaria é praticada hoje tanto quanto o foi nos dias dos magos antigos. Por meio do espiritismo moderno, Satanás se apresenta como se ele fosse um de nossos amigos falecidos. As Escrituras declaram que "os mortos nada sabem" (Ec 9:5). Eles não se comunicam com os vivos. Satanás usa esse truque para ganhar o controle da mente das pessoas. Por meio do espiritismo, muitos doentes, enlutados e curiosos estão se comunicando com espíritos malignos. Todos os que fazem isso estão em terreno perigoso.

Os magos dos tempos pagãos correspondem aos médiuns espiritualistas e adivinhos de hoje. As vozes místicas de En-Dor e Éfeso ainda estão enganando homens e mulheres com suas palavras mentirosas. Anjos malignos estão usando todas as suas habilidades para enganar e destruir. Sempre que uma influência faz com que as pessoas se esqueçam de Deus, Satanás está exercendo seu poder enfeitiçador naquele lugar. Quando alguém cede à sua influência, a mente fica confusa e o coração poluído. "Não participem das obras infrutíferas das trevas; antes, exponham-nas à luz" (Ef 5:11).

Rebelião em Éfeso*

Por mais de três anos, Éfeso foi o centro do trabalho de Paulo. Ali, ele fundou uma igreja próspera e, dessa cidade, o evangelho se espalhou por toda a Ásia, entre judeus e gentios. O apóstolo então "decidiu no espírito ir a Jerusalém, passando pela Macedônia e pela Acaia. Ele dizia: 'Depois de haver estado ali, é necessário também que eu vá visitar Roma'" (At 19:21). Em harmonia com esse plano, ele "enviou à Macedônia dois dos seus auxiliares, Timóteo e Erasto" (v. 22), mas sentindo que a cidade de Éfeso ainda precisava da sua presença, ele decidiu ficar ali até depois do Pentecostes. No entanto, logo ocorreu um evento que o fez ir embora mais cedo do que o planejado.

Uma vez por ano eram realizadas cerimônias especiais em Éfeso para honrar a deusa Diana. Elas atraíam um grande número de pessoas. Esse período de festividades foi um momento difícil para aqueles que haviam se convertido recentemente à fé. Os cristãos que se reuniam na escola de Tirano estavam claramente em desarmonia com a ocasião festiva, e as pessoas os atacaram com zombaria e insultos.

Os esforços de Paulo fizeram com que o culto pagão sofresse um grave retrocesso, e houve uma queda notável na audiência no festival nacional e no entusiasmo dos adoradores. A influência dos ensinos de Paulo se estendeu muito além dos conversos. Muitos que tinham rejeitado as novas doutrinas ainda haviam adquirido conhecimento suficiente para perder toda a confiança em seus deuses pagãos.

Havia também outro motivo de insatisfação. Um negócio lucrativo tinha se desenvolvido por meio da venda de santuários em miniatura e imagens, moldados segundo o templo e a imagem de Diana. Aqueles que

* Este capítulo é baseado em Atos 19:21-41; 20:1.

trabalhavam nessa atividade viram seus lucros encolherem, e todos culparam o ministério de Paulo pela mudança indesejada.

Demétrio, um fabricante de miniaturas de prata do templo, reuniu os operários dessa profissão e disse: "'Senhores, vocês sabem que temos uma boa fonte de lucro nesta atividade e estão vendo e ouvindo como este indivíduo, Paulo, está convencendo e desviando grande número de pessoas aqui em Éfeso e em quase toda a província da Ásia. Diz ele que deuses feitos por mãos humanas não são deuses.

Não somente há o perigo de nossa profissão perder sua reputação, mas também de o templo da grande deusa Ártemis cair em descrédito e de a própria deusa, adorada em toda a província da Ásia e em todo o mundo, ser destituída de sua majestade divina'. Ao ouvirem isso, eles ficaram furiosos e começaram a gritar: 'Grande é a Ártemis dos efésios'" (v. 25-28).

Rumores sobre esse discurso circularam rapidamente, e "em pouco tempo a cidade toda estava em tumulto" (At 19:29). As pessoas procuraram por Paulo, mas o apóstolo não pôde ser encontrado. Seus irmãos cristãos rapidamente o tiraram daquele lugar. Deus enviou anjos para proteger o apóstolo. Seu tempo de morrer como mártir ainda não havia chegado.

Quando não conseguiram encontrar o objeto da sua ira, a multidão prendeu "os companheiros de viagem de Paulo, os macedônios Gaio e Aristarco", e o povo foi "às pressas para o teatro" com eles (v. 29).

Em Defesa da Verdade

Paulo não estava longe, e logo soube do perigo em que seus amigos se encontravam. Desprezando a própria segurança, ele queria ir ao teatro imediatamente para falar com os manifestantes, "mas os discípulos não o permitiram" (At 19:30). Eles esperavam que nada sério acontecesse a Gaio e Aristarco; porém, se o apóstolo aparecesse ali, despertaria os piores sentimentos da multidão, e seria humanamente impossível salvar sua vida.

Uma mensagem vinda do teatro finalmente convenceu Paulo a não ir. Seus amigos lhe enviaram "um recado, pedindo-lhe que não se arriscasse a ir ao teatro" (v. 31).

O tumulto lá no teatro estava ficando cada vez mais forte. "A assembleia estava em confusão [...]. A maior parte do povo nem sabia por que estava ali" (v. 32). Os judeus, ansiosos para mostrar que não simpatizavam com Paulo nem com sua obra, trouxeram alguém do próprio povo para falar à multidão. Escolheram um orador chamado Alexandre, artesão que trabalhava com cobre. Paulo, mais tarde, disse que esse homem tinha lhe feito muito mal (ver 2Tm 4:14). Alexandre aplicou todas as suas energias para concentrar a ira do povo exclusivamente em Paulo e em seus companheiros. A multidão, vendo que ele era judeu, empurrou-o para o lado, e "todos com uma só voz gritaram por cerca de duas horas, 'Grande é a Ártemis dos Efésios!'" (v. 34). Finalmente, houve um momento de silêncio. Então o escrivão da cidade chamou a atenção da multidão, já que ele era um oficial importante do governo. Ele mostrou que não havia motivo para aquele tumulto e apelou à razão do povo. "Efésios, quem não sabe que a cidade de Éfeso é a guardiã do templo da grande Ártemis e da sua imagem que caiu do céu? Portanto, [...] acalmem-se e não façam nada precipitadamente" (v. 35, 36). "'Vocês trouxeram estes homens aqui, embora eles não tenham roubado templos nem blasfemado contra a nossa deusa. Se Demétrio e seus companheiros de profissão têm alguma queixa contra alguém, os tribunais estão abertos, e há procônsules. Eles que apresentem suas queixas ali.' [...] 'Da maneira como está, corremos o perigo de sermos acusados de perturbar a ordem pública por causa dos acontecimentos de hoje. Nesse caso, não seríamos capazes de justificar este tumulto, visto que não há

razão para tal'. E, tendo dito isso, encerrou a assembleia" (v. 37, 38, 40, 41).

Em seu discurso, Demétrio revelou a verdadeira causa do tumulto e também de grande parte da perseguição que acompanhava os apóstolos: "Há o perigo de nossa profissão perder sua reputação" (v. 27). A propagação do evangelho colocou em risco o negócio da fabricação de ídolos. O lucro dos sacerdotes e artesãos pagãos estava em jogo.

A decisão do escrivão e de outros na cidade tinha confirmado, diante do povo, que Paulo era inocente de qualquer ato ilegal. Deus tinha levantado um grande oficial da cidade para inocentar Seu apóstolo e manter a multidão sob controle. O coração de Paulo se encheu de gratidão a Deus por preservar sua vida e porque o cristianismo não tinha sido desonrado pelo tumulto em Éfeso.

"Cessado o tumulto, Paulo mandou chamar os discípulos e, depois de encorajá-los, despediu-se e partiu para a Macedônia" (At 20:1).

Oprimido e Abandonado

O ministério de Paulo em Éfeso envolveu trabalho constante, muitas dificuldades e angústia profunda. Ele havia ensinado as pessoas publicamente e de casa em casa, orientando-as e advertindo-as. Paulo sofreu oposição dos judeus em todos os momentos.

Enquanto enfrentava oposição, ele carregava um pesado fardo no coração por todas as igrejas. Notícias de apostasia em algumas igrejas lhe causaram profunda tristeza. Ele passou muitas noites sem dormir, orando com fervor quando soube de como as pessoas estavam tentando desfazer seu trabalho. Quando tinha oportunidade, ele escrevia para as igrejas, corrigindo-as, dando conselhos, advertências e ânimo. Nas cartas, ele às vezes dava vislumbres de seus sofrimentos no serviço de Cristo. Surras e prisões, frio, fome e sede, perigos em terra e mar, na cidade e no deserto, de seus compatriotas, dos pagãos e dos falsos cristãos – tudo isso ele suportou pelo evangelho. Ele foi difamado, insultado, tornou-se o lixo do mundo; foi perturbado, perseguido, pressionado de todos os lados; expôs-se a perigos o tempo todo, sempre entregue à morte por amor a Jesus.

O corajoso apóstolo quase desanimou. No entanto, ele olhava para o Calvário e, com um novo entusiasmo, prosseguia, espalhando o conhecimento do Jesus crucificado. Paulo estava trilhando o caminho ensanguentado que Cristo havia percorrido antes dele. Não queria se livrar da luta, até que chegasse a hora de colocar sua armadura aos pés do Redentor.

29

Advertências e Apelo*

Por um ano e meio, Paulo havia trabalhado entre os cristãos em Corinto, mostrando a eles um Salvador crucificado e ressuscitado, e apelando para que confiassem completamente no poder transformador de Sua graça. Antes de aceitá-los na comunhão da igreja, ele os havia ensinado cuidadosamente sobre os deveres cristãos e tinha tentado ajudá-los a serem fiéis aos seus votos batismais.

Paulo tinha uma noção clara do conflito que cada cristão tem que travar contra os agentes do mal. Ele havia trabalhado incansavelmente para fortalecer os jovens na fé. Tinha implorado para que se rendessem completamente a Deus, pois sabia que, quando a pessoa não se rende por completo, o pecado não é abandonado, e as tentações confundem a consciência. Toda pessoa fraca, que possui dúvidas e lutas, mas que se entrega plenamente ao Senhor, entra em contato direto com os poderes celestiais que lhe permitem vencer. Os anjos ajudam esses cristãos em cada momento de necessidade.

Os membros da igreja de Corinto estavam cercados pela idolatria e impureza. Enquanto Paulo esteve com eles, essas influências tiveram pouco poder sobre os coríntios. As orações de Paulo, suas palavras fervorosas de orientação e sua vida piedosa os ajudaram a negar a si mesmos, por amor a Cristo, em vez de desfrutarem os prazeres do pecado.

No entanto, depois que Paulo partiu, pouco a pouco muitos se tornaram descuidados e permitiram que seus gostos e desejos naturais os controlassem. Muitos que tinham abandonado maus hábitos quando foram convertidos acabaram retornando aos pecados degradantes do paganismo. Paulo havia escrito brevemente, apelando a eles que não se associassem com membros que

* Este capítulo é baseado em 1 Coríntios.

persistiam na imoralidade. Porém, muitos discutiam a respeito das suas palavras e se justificavam por ignorar sua orientação.

A igreja enviou uma carta a Paulo, pedindo conselhos sobre vários assuntos, mas sem dizer nada sobre os pecados terríveis que existiam entre eles. O Espírito Santo, porém, impressionou o apóstolo com o fato de que a igreja havia ocultado sua verdadeira condição.

Por volta dessa época, foram a Éfeso os membros da família de Cloe, uma família cristã de Corinto. Eles disseram a Paulo que a rivalidade que havia surgido por ocasião da visita de Apolo havia aumentado muito. Falsos mestres estavam levando os membros a rejeitar as orientações de Paulo. O orgulho, a idolatria e os pecados sexuais estavam aumentando constantemente.

Paulo viu que seus piores temores haviam se tornado realidade. Ele não se permitiu pensar que seu trabalho tinha sido um fracasso. Com "angústia de coração, e com muitas lágrimas" (2Co 2:4), ele buscou o conselho de Deus. Ele teria visitado Corinto de boa vontade e imediatamente, mas sabia que, na condição atual daqueles cristãos, ele não conseguiria ajudá-los com seus esforços. Portanto, Paulo enviou Tito para preparar o caminho para que ele pudesse visitar a cidade

mais tarde. Então o apóstolo escreveu à igreja de Corinto uma de suas cartas mais ricas, instrutivas e poderosas.

Com uma clareza extraordinária, ele respondeu às perguntas e estabeleceu princípios gerais que, se eles os seguissem, seriam conduzidos a um nível espiritual mais elevado. Fielmente, Paulo os advertiu de seus perigos e os repreendeu por seus pecados. Lembrou-lhes os dons do Espírito Santo que eles haviam recebido e lhes mostrou que era privilégio deles avançar na vida cristã até que alcançassem a pureza e a santidade de Cristo (ver 1Co 1:4-8).

Paulo falou claramente sobre a rivalidade na igreja de Corinto. Ele escreveu: "Irmãos, em nome de nosso Senhor Jesus Cristo suplico a todos vocês que concordem uns com os outros no que falam, para que não haja divisões entre vocês; antes, que todos estejam unidos num só pensamento e num só parecer. Meus irmãos, fui informado por alguns da casa de Cloe de que há divisões entre vocês" (1Co 1:10, 11).

A Natureza da Inspiração de um Profeta

Paulo era um apóstolo inspirado. A verdade que ele ensinou, havia recebido por revelação, mas ainda assim o Senhor nem sempre revelava diretamente a ele a condição de Seu povo. Nesse caso em especial, os que se interessavam pela igreja tinham contado ao apóstolo sobre a situação e, pelas revelações divinas que já havia recebido antes, ele estava preparado para julgar esses acontecimentos. Embora o Senhor não tivesse dado a ele uma nova revelação para aquela ocasião especial, os que desejavam luz de Deus aceitaram sua mensagem como sendo a expressão do pensamento de Cristo. À medida que os males iam surgindo, o apóstolo reconhecia seu significado. Deus o havia encarregado de defender a igreja. Não era bom e correto que ele tomasse conhecimento da divisão entre eles? Sim, com certeza, e sua repreensão foi tão certamente escrita sob a inspiração do Espírito de Deus quanto o foram quaisquer outras de suas cartas!

O apóstolo não mencionou os falsos mestres que estavam tentando destruir o fruto do seu trabalho. Com sabedoria, ele decidiu não irritar os coríntios com essas referências. Ele chamou a atenção para o trabalho dele mesmo "como sábio construtor" (1Co 3:10), que tinha lançado as bases sobre as quais outros construíram. "Nós somos cooperadores de Deus" (v. 9). Ele reconheceu que somente o poder divino o havia habilitado a apresentar a verdade de uma maneira que agradava a Deus. Paulo tinha escrito lições que deviam ser aplicadas em todos os tempos, em todos os lugares e sob todas as circunstâncias.

Um ex-convertido tinha ido tão longe na apostasia, que seus pecados sexuais ofenderam até mesmo o baixo padrão de moralidade do mundo gentio. O apóstolo pediu à igreja que afastasse essa pessoa má do seu convívio. "Livrem-se do fermento velho, para que sejam massa nova e sem fermento, como realmente são" (1Co 5:7).

Outro grave mal era que os membros da igreja estavam processando uns aos outros. O próprio Cristo dera orientações de como resolver essas questões: "Se o seu irmão pecar contra você, vá e, a sós com ele, mostre-lhe o erro. Se ele o ouvir, você ganhou seu irmão. Mas se ele não o ouvir, leve consigo mais um ou dois outros, de modo que 'qualquer acusação seja confirmada pelo depoimento de duas ou três testemunhas'. Se ele se recusar a ouvi-los, conte à igreja" (Mt 18:15-17).

Ações Judiciais Entre Membros da Igreja

Paulo perguntou: "Se algum de vocês tem queixa contra outro irmão, como ousa apresentar a causa para ser julgada pelos ímpios, em vez de levá-la aos santos? Vocês não sabem que os santos hão de julgar o mundo? Se vocês hão de julgar o mundo, acaso não são capazes de julgar as causas de menor importância? Vocês não sabem que haveremos de julgar os anjos? Quanto mais as coisas desta vida!" (1Co 6:1-3). "Digo isso para envergonhá-los. Acaso não há entre vocês alguém suficientemente sábio para julgar uma causa entre irmãos? Mas, ao invés disso, um irmão vai ao tribunal contra outro irmão, e isso diante de descrentes!"

"O fato de haver litígios entre vocês já significa uma completa derrota. Por que não preferem sofrer a injustiça"? (v. 5-7).

Satanás está constantemente procurando trazer desconfiança, ressentimento e rancor entre o povo de Deus. Muitas vezes seremos tentados a sentir que nossos direitos estão sendo violados, mesmo quando não temos uma causa real para esses sentimentos. Aqueles que colocam os próprios interesses em primeiro lugar fazem de tudo para defendê-los. O orgulho e o amor por si mesmos impedem muitos de ir, em particular, até os que eles acham que estão errados; de conversar com eles no espírito de Cristo e orarem juntos. Em vez de obedecer ao mandamento do Salvador, alguns vão ao tribunal quando acham que seus irmãos na fé os prejudicaram.

Os cristãos não devem recorrer aos tribunais civis para resolver as diferenças entre membros da igreja.

Mesmo que alguém possa ter cometido uma injustiça, os seguidores do humilde Jesus se permitirão "ser enganados" e defraudados, em vez de apresentarem os pecados de seus irmãos diante do mundo.

Cristãos que vão ao tribunal um contra o outro expõem a igreja ao ridículo diante dos inimigos da igreja. Eles estão ferindo novamente a Cristo e O envergonhando publicamente. Ao ignorarem a autoridade da igreja, eles mostram desprezo por Deus, que deu à igreja sua autoridade.

Nessa carta, Paulo tentou mostrar aos coríntios o poder de Cristo para guardá-los do mal. A fim de ajudá-los a romper com a escravidão do pecado, Paulo os lembrou da declaração dAquele a quem tinham dedicado suas vidas: "Acaso não sabem [...] que vocês não são de si mesmos? Vocês foram comprados por alto preço. Portanto, glorifiquem a Deus com seu próprio corpo" (v. 19, 20).

Vida Pura em um Oceano de Impureza

Paulo implorou a eles que controlassem as paixões e os desejos inferiores da carne. Ele despertou a melhor natureza deles e os inspirou a fazer todos os esforços para ter uma vida superior. Paulo sabia que Satanás iria se opor aos cristãos de Corinto em cada passo na caminhada cristã, e que eles teriam que enfrentar conflitos diariamente. Os coríntios teriam que vencer os velhos hábitos e desejos naturais e estar sempre atentos em oração. Paulo também sabia que em Cristo, o crucificado, eles encontrariam poder suficiente para resistir a todas as tentações do mal.

Os cristãos de Corinto tinham visto apenas os primeiros raios da glória de Deus. Paulo desejava que eles prosseguissem em conhecer Aquele cuja vinda é tão certa como o nascer do sol (Os 6:3), e aprendessem dEle, até que chegassem à plena luz do dia de uma fé evangélica perfeita.

30

A Corrida da Fé*

De todos os jogos instituídos entre os gregos e os romanos, as maratonas antigas, próximas a Corinto, eram consideradas os mais importantes. Reis, nobres e estadistas estavam entre os espectadores. Jovens ricos e de alta posição social participavam e aceitavam fazer qualquer esforço ou disciplina necessários para ganhar o prêmio.

Normas rigorosas regulamentavam as competições, das quais não havia como recorrer. Aqueles que desejavam participar tinham de suportar um treinamento severo para se prepararem. Eles se negavam qualquer alimento ou bebida prejudiciais, ou qualquer coisa que reduzisse seu vigor mental e físico. Os músculos deviam ser fortes, e os nervos estar sob controle. As capacidades físicas deviam atingir o nível mais alto.

À medida que os participantes apareciam diante da multidão que os aguardava, seus nomes eram chamados, e eles ouviam as regras da corrida claramente indicadas. Então todos largavam juntos, atentos aos espectadores que os inspiravam com a determinação de vencer. Os juízes sentavam-se perto da linha de chegada para assistir à corrida do começo ao fim e dar o prêmio ao verdadeiro vencedor.

Esses jogos envolviam grandes riscos. Alguns competidores nunca se recuperavam do terrível esforço físico. Não era incomum os corredores caírem ao longo do percurso, sangrando pela boca e nariz. Às vezes, um competidor caía morto quando estava prestes a agarrar o prêmio.

Quando o vencedor alcançava a linha de chegada, os aplausos enchiam o ar. O juiz o presenteava com os emblemas da vitória: uma coroa de louro e uma palmeira para levar na mão. Pessoas de toda a região cantavam louvores ao atleta; seus pais também recebiam honra, e até mesmo a

* Este capítulo é baseado em 1 Coríntios.

cidade em que ele vivia era respeitada e venerada por ter produzido um atleta tão admirável.

Paulo se referiu a essas maratonas como uma ilustração da luta do cristão. Ele escreveu: "Todos os que competem nos jogos se submetem a um treinamento rigoroso" (1Co 9:25). Os corredores abandonam todo prazer que tende a enfraquecer sua força física. Ah, quanto mais importante é que cristãos coloquem o apetite e os desejos sob o controle da razão e da vontade de Deus! Nunca devemos permitir que a nossa atenção se volte para o entretenimento, luxos e inatividade. A razão, iluminada pela Palavra de Deus e guiada pelo Seu Espírito, é que deve estar no controle.

Nos jogos de Corinto, os competidores davam os últimos passos da corrida com um esforço agonizante, para manter a velocidade máxima. Assim também os cristãos, ao se aproximarem do alvo, vão acelerar com mais determinação do que quando começaram.

Paulo comparou a coroa de louros, recebida nas maratonas, à coroa de glória imortal que será dada aos que vencerem a corrida cristã. Ele declarou que os competidores correm "para obter uma coroa que logo perece; mas nós o fazemos para ganhar uma coroa que dura para sempre" (v. 25). Os corredores gregos não deixavam de fazer qualquer esforço nem disciplina. Quanto mais disposto deveria ser nosso sacrifício e abnegação!

"Livremo-nos de tudo o que nos atrapalha e do pecado que nos envolve, e corramos com perseverança a corrida que nos é proposta, tendo os olhos fitos em Jesus, autor e consumador da nossa fé" (Hb 12:1, 2). A inveja, o ódio, pensamentos maus, comentários maldosos, a cobiça – essas coisas atrapalham o cristão, e ele as deve deixar de lado. Devemos abandonar toda prática que desonre a Cristo, não importa o sacrifício. Um pecado acariciado é suficiente para degradar nosso caráter e corromper outros.

Nos jogos antigos, depois que os competidores se submetiam à renúncia e à rígida disciplina, eles ainda não tinham certeza da vitória. "Vocês não sabem que dentre todos os que correm no estádio, apenas um ganha o prêmio?" (1Co 9:24). Somente as mãos do vencedor podiam segurar a coroa de louros tão cobiçada. Enquanto uns se estendiam para agarrar o prêmio, outro, um instante antes deles, podia agarrar o tesouro cobiçado.

A Corrida que Todos Podem Ganhar

Na luta cristã, ninguém que cumpra as condições será decepcionado no fim da corrida. O cristão mais fraco bem como o mais forte podem usar a coroa de glória imortal. Muitas vezes, as pessoas consideram os princípios estabelecidos na Palavra de Deus como algo sem importância, um assunto insignificante para que seja dada atenção. Porém, nada é pequeno quando ajuda ou dificulta. Além do mais, a recompensa dada aos vencedores será proporcional à energia e à dedicação com que se esforçaram.

O apóstolo se comparou a um homem disputando uma corrida, forçando cada músculo para ganhar. "Sendo assim, não corro como quem corre sem alvo" (1Co 9:26), ele disse. "Não luto como quem esmurra o ar. Mas esmurro o meu corpo e faço dele meu escravo, para que, depois de ter pregado aos outros, eu mesmo não venha a ser reprovado" (v. 26, 27). As palavras "esmurro o meu corpo" literalmente significam repelir, por meio da disciplina severa, os desejos, impulsos e paixões.

Paulo percebeu que suas conversas, influência, sua recusa em ceder à satisfação própria, deviam mostrar que sua religião não era apenas conversa fiada, mas uma conexão diária e viva com Deus. Um alvo que ele sempre tentava arduamente alcançar era "a justiça que procede de Deus e se baseia na fé" (Fp 3:9).

Paulo percebeu que era necessário vigiar a si mesmo, para que os desejos mundanos não vencessem seu fervor espiritual. Ele continuou a lutar contra suas inclinações naturais. Entregava ao Espírito de Deus o controle das suas palavras, práticas e paixões.

Paulo sabia que os cristãos de Corinto teriam uma vida de luta pela frente, da qual não ficariam livres. Ele implorou que deixassem de lado tudo o que os atrapalhava e seguissem rumo ao alvo da perfeição em Cristo.

O apóstolo os lembrou da maneira miraculosa pela qual Deus tirou os hebreus do Egito – Ele os fez passar através do Mar Vermelho, enquanto os egípcios, tentando cruzar da mesma maneira, foram todos afogados. Os israelitas "comeram do mesmo alimento espiritual e beberam da mesma bebida espiritual; pois bebiam da rocha espiritual que os acompanhava, e essa rocha era Cristo" (1Co 10:3, 4). Os hebreus tinham Cristo como líder. A rocha que Moisés tocou representava Jesus, que foi ferido por nossas transgressões para que a salvação fluísse para todos.

Por causa do desejo dos hebreus pelas comodidades deixadas no Egito, e por causa da rebelião, as sentenças de Deus caíram sobre eles. O apóstolo escreveu: "Essas coisas ocorreram como exemplos para nós, para que não cobicemos coisas más, como eles fizeram" (v. 6).

Seu amor pela inatividade e prazer tinha preparado o caminho para os pecados que atraíram a vingança de Deus sobre eles. Quando os israelitas se sentaram para comer e beber e levantaram-se para se divertir, eles abandonaram a reverência e o respeito por Deus. Fizeram um bezerro de ouro e o adoraram. Depois de uma festa extravagante ligada à adoração a Baal-Peor, muitos hebreus cederam aos pecados sexuais. A ira de Deus foi despertada, e 23.000 pessoas morreram em um único dia por uma peste. Se os coríntios se tornassem orgulhosos e confiassem em si mesmos, cairiam em terrível pecado. Porém, Paulo deu a eles uma garantia: "Deus é fiel; Ele não permitirá que vocês sejam tentados além do que podem suportar. Mas, quando forem tentados, Ele lhes providenciará um escape, para que o possam suportar" (v. 13).

Paulo insistiu com os cristãos para que eles não fizessem nada, por mais inocente que fosse, que parecesse aprovar a idolatria ou ofender os fracos na fé. "Assim, quer vocês comam, bebam ou façam qualquer outra coisa, façam tudo para a glória de Deus. Não se tornem motivo de tropeço, nem para judeus, nem para gregos, nem para a igreja de Deus" (v. 31, 32).

As palavras do apóstolo se aplicam especialmente aos nossos dias. Por idolatria, ele se referiu não só à adoração a ídolos, mas também ao egoísmo, ao amor à inatividade, à satisfação do apetite e dos desejos. Uma religião que trata o comodismo e a satisfação própria de maneira leve não é a religião de Cristo.

Ao comparar a igreja ao corpo humano, o apóstolo ilustrou a estreita relação que deve existir entre todos os membros da igreja. "O corpo não é composto de um só membro, mas de muitos. Se o pé disser: 'Porque não sou mão, não pertenço ao corpo', nem por isso deixa de fazer parte do corpo. E se o ouvido disser: 'Porque não sou olho, não pertenço ao corpo, nem por isso deixa de fazer parte do corpo [...]. De fato, Deus dispôs cada um dos membros no corpo, segundo a Sua vontade. [...] Mas Deus estruturou o corpo dando maior honra aos membros que dela tinham falta, a fim de que não haja divisão no corpo, mas, sim, que todos os membros tenham igual cuidado uns pelos outros. Quando um membro sofre, todos os outros sofrem com ele; quando um membro é honrado, todos os outros se alegram com ele. Ora, vocês são o corpo de Cristo, e cada um de vocês, individualmente, é membro desse corpo" (1Co 12:14-16; 18; 24-27).

A Importância do Amor

Em seguida, Paulo escreveu sobre a importância do amor: "Ainda que eu fale as línguas dos homens e dos anjos, se não tiver amor, serei como o sino que ressoa ou como o prato que retine.

Ainda que eu tenha o dom de profecia e saiba todos os mistérios e todo o conhecimento, e tenha uma fé capaz de mover montanhas, se não tiver amor, nada serei. Ainda que eu dê aos pobres tudo o que possuo e entregue o meu corpo para ser queimado, mas não tiver amor, nada disso me valerá" (1Co 13:1-3).

Não importa o quanto professem ser cristãos, aqueles cujo coração não está cheio de amor por Deus e por outras pessoas não são verdadeiros discípulos de Cristo. Em seu fervor, eles podem até morrer como mártires, mas se o amor não os induzir a isso, não passariam de fanáticos iludidos ou hipócritas ambiciosos.

"O amor é paciente, o amor é bondoso. Não inveja, não se vangloria, não se orgulha" (v. 4). O caráter mais nobre é construído sobre o fundamento da paciência, do amor e da submissão à vontade de Deus.

O amor não "maltrata, não procura seus interesses, não se ira facilmente, não guarda rancor" (v. 5). O amor cristão interpreta da melhor maneira os motivos e atos dos outros. Não escuta com ansiedade os relatos negativos, mas tenta pensar nas boas qualidades dos outros. Esse amor "nunca perece" (1Co 13:8). Aqueles que tiverem esse amor o levarão pelas portas da cidade de Deus.

Verdade Esclarecida

Entre os cristãos de Corinto, alguns foram tão longe que chegaram a negar a doutrina da ressurreição. Paulo enfrentou essa heresia com um testemunho muito claro sobre a evidência inconfundível da ressurreição de Cristo. Ele "ressuscitou no terceiro dia" (1Co 15:4), e então "apareceu a Pedro e depois aos Doze. Depois disso apareceu a mais de quinhentos irmãos de uma só vez, a maioria dos quais ainda vive, embora alguns já tenham adormecido. Depois apareceu a Tiago e, então, a todos os apóstolos; depois destes apareceu também a mim, como a um que nasceu fora de tempo" (v. 5-8).

Paulo argumentou: "Se não há ressurreição dos mortos, então nem Cristo ressuscitou; e, se Cristo não ressuscitou, é inútil a nossa pregação [...]. Pois, se os mortos não ressuscitam, nem mesmo Cristo ressuscitou. E, se Cristo não ressuscitou, inútil é a fé que vocês têm, e ainda estão em seus pecados. Neste caso, também os que dormiram em Cristo estão perdidos. Se é somente para esta vida que temos esperança em Cristo, dentre todos os homens somos os mais dignos de compaixão" (v. 13, 14, 16-19).

Ele escreveu: "Eis que eu lhes digo um mistério: Nem todos

dormiremos, mas todos seremos transformados, num momento, num abrir e fechar de olhos, ao som da última trombeta. Pois a trombeta soará, os mortos ressuscitarão incorruptíveis e nós seremos transformados. Pois é necessário que aquilo que é corruptível se revista de incorruptibilidade, e aquilo que é mortal, se revista de imortalidade" (v. 51-53).

O apóstolo tentou chamar a atenção dos cristãos coríntios para coisas que os elevariam do egoísmo e da sensualidade, e que glorificariam a vida com a esperança da imortalidade. "Meus amados irmãos, mantenham-se firmes, e que nada os abale. Sejam sempre dedicados à obra do Senhor, pois vocês sabem que, no Senhor, o trabalho de vocês não será inútil" (v. 58). Dessa maneira, o apóstolo falou claramente, mas em amor. A luz brilhava do trono de Deus, revelando os pecados ocultos que estavam contaminando-lhes a vida. Como eles a receberiam?

Paulo temia que houvesse outra separação entre os membros, e, às vezes, desejava poder retirar suas palavras. Os que são responsáveis por igrejas ou instituições podem compreender como ele se sentiu deprimido e culpado. Os servos de Deus que carregam o fardo da Sua obra atualmente também têm um pouco da mesma experiência de trabalho, conflito e ansioso cuidado. Preocupado com as divisões na igreja, percebendo o perigo que corriam as igrejas que toleravam pecados terríveis, obrigado a falar claramente duras verdades para repreender o pecado, Paulo foi, ao mesmo tempo, oprimido pelo medo de que poderia ter exagerado na maneira severa de tratar com os cristãos. Ansiosamente, ele esperou notícias de como os coríntios haviam recebido a mensagem.

Conselho Aceito*

A "preocupação com todas as igrejas" (2Co 11:28), especialmente com a igreja de Corinto, pesava sobre o coração de Paulo. Ele esperava encontrar Tito em Trôade e, assim, descobrir como os cristãos coríntios tinham recebido seu conselho e repreensão. Porém, ele ficou desapontado e escreveu: "Não tive sossego em meu espírito, porque não encontrei ali meu irmão Tito" (2Co 2:13). Então ele deixou a cidade de Trôade e foi para a Macedônia, onde encontrou Timóteo em Filipos.

Às vezes, uma tristeza profunda devastava o coração de Paulo. Ele temia que a igreja de Corinto pudesse interpretar mal seu conselho e advertência. Mais tarde, ele escreveu: "Fomos atribulados de toda forma: conflitos externos, temores internos. Deus, porém, que consola os abatidos, consolou-nos com a chegada de Tito" (2Co 7:5, 6).

Esse mensageiro fiel trouxe a feliz notícia de que uma mudança maravilhosa havia ocorrido entre os cristãos de Corinto. Muitos aceitaram a orientação da carta de Paulo e se arrependeram. A vida deles não era mais uma mancha no cristianismo.

Cheio de satisfação, Paulo enviou outra carta, expressando sua alegria: "Mesmo que a minha carta lhes tenha causado tristeza, não me arrependo. É verdade que a princípio me arrependi" (v. 8). Às vezes, ele se arrependia de ter escrito com palavras tão severas. Ele continuou: "Agora, porém, me alegro, não porque vocês foram entristecidos, mas porque a tristeza os levou ao arrependimento. [...] A tristeza segundo Deus não produz remorso, mas sim um arrependimento que leva à salvação" (v. 9, 10). O arrependimento que a graça divina produz leva a pessoa a confessar e abandonar o pecado.

Paulo vinha carregando no coração um peso pelas igrejas. Os falsos mestres estavam recomendando as

* Este capítulo é baseado em 2 Coríntios.

próprias doutrinas em vez de ratificar a verdade do evangelho. O desânimo que cercava Paulo foi revelado nas palavras: "As tribulações que sofremos [...] foram muito além da capacidade de suportar, a ponto de perdermos a esperança da própria vida" (2Co 1:8). Entretanto, um dos motivos da sua ansiedade havia desaparecido.

Paulo exclamou com alegria: "Bendito seja o Deus e Pai de nosso Senhor Jesus Cristo, Pai das misericórdias e Deus de toda consolação, que nos consola em todas as nossas tribulações, para que, com a consolação que recebemos de Deus, possamos consolar os que estão passando por tribulações. [...] E a nossa esperança em relação a vocês está firme, porque sabemos que, da mesma forma como vocês participam dos nossos sofrimentos, participam também da nossa consolação" (2Co 1:3, 4, 7).

A Alegria de Paulo

Paulo louvou a Deus porque os coríntios haviam se convertido novamente, e pela transformação do coração e da vida deles. Ele exclamou: "Mas graças a Deus, que sempre nos conduz vitoriosamente em Cristo e por nosso intermédio exala em todo lugar a fragrância do Seu conhecimento; porque para Deus somos o aroma de Cristo entre os que estão sendo salvos e os que estão perecendo" (2Co 2:14, 15).

Era costume da época um general vitorioso retornar da guerra desfilando e exibindo seus prisioneiros. Ele então nomeava portadores de incenso e, quando o exército marchava vitoriosamente em direção à cidade, o cheiro era um aroma de morte aos prisioneiros condenados, indicando que eles estavam próximos do momento de sua execução. No entanto, aos prisioneiros cuja vida devia ser poupada, era um aroma de vida, pois significava que sua liberdade estava próxima.

Paulo sentia que Satanás não venceria em Corinto. O apóstolo e seus companheiros de trabalho celebrariam a vitória. Eles sairiam com novo fervor para espalhar por todo o mundo a fragrância do evangelho como um incenso. Para aqueles que aceitassem a Cristo, a mensagem seria um aroma de vida; mas, para aqueles que persistissem na incredulidade, um aroma de morte.

Percebendo a grande obra diante dele, Paulo exclamou: "Quem está capacitado para tanto?" (2Co 2:16). Quem é capaz de pregar Cristo de tal maneira que Seus inimigos não tenham razão válida para desprezar o mensageiro nem a mensagem? Somente a fidelidade na pregação da Palavra, unida a uma vida pura e coerente, pode tornar os esforços dos pastores aceitáveis a Deus.

Alguns haviam acusado Paulo de se promover em sua carta anterior. Ele perguntou: "Será que com isso, estamos começando a nos recomendar a nós mesmos novamente? Será que precisamos, como alguns, de cartas de recomendação para vocês ou da parte de vocês?" (2Co 3:1). Cristãos que se mudavam para um outro lugar, muitas vezes, levavam cartas de recomendação da igreja. Contudo, os fundadores dessas igrejas não precisavam dessas recomendações. Os próprios cristãos coríntios, a quem ele tinha conduzido da adoração idólatra ao evangelho, eram a recomendação de que Paulo precisava. Vidas transformadas eram um testemunho eloquente da obra de Paulo e de sua autoridade como ministro de Cristo. "Vocês mesmos são a nossa carta, escrita em nosso coração, conhecida e lida por todos. Vocês demonstram que são uma carta de Cristo, resultado do nosso ministério, escrita não com tinta, mas com o Espírito do Deus vivo, não em tábuas de pedra, mas em tábuas de corações humanos" (2Co 3:2, 3).

A Carreira Mais Maravilhosa Possível

A conversão dos pecadores e a vida piedosa que levam por meio da verdade é a prova mais poderosa que um pastor pode ter de que Deus o chamou. A evidência do seu apostolado está escrita no coração dos convertidos, e as vidas renovadas testificam isso. Um pastor é grandemente fortalecido por essas evidências de seu ministério.

Embora hoje existam muitos pregadores, há uma grande falta de pastores santos e capazes, que sejam cheios do amor visto no coração de Cristo. Os frutos de muitos cristãos são: orgulho, confiança própria, amor ao mundo e críticas. A vida deles é um testemunho lamentável do caráter do trabalho ministerial que "os converteu".

Não há maior honra para um cristão do que ser aceito por Deus como ministro do evangelho. Mas aqueles a quem o Senhor abençoa com poder e sucesso reconhecem sua total dependência dEle. Não possuem poder próprio. Com Paulo, eles dizem: "Não que possamos reivindicar qualquer coisa com base em nossos próprios méritos, mas a nossa capacidade vem de Deus. Ele nos capacitou para sermos ministros de uma nova aliança" (2Co 3:5, 6).

O verdadeiro pastor percebe que tem um relacionamento com a igreja e com o mundo semelhante ao que Cristo tinha. Ele trabalha incansavelmente para levar os pecadores a uma vida mais nobre e superior. Exalta Jesus como a única esperança do pecador. Seus ouvintes sabem que ele tem se aproximado de Deus por meio da oração fervorosa e eficaz. O Espírito Santo tem descido sobre ele. Seu coração sentiu o fogo vital e celestial. Quando apresenta o amor divino, o coração das pessoas é quebrantado, e muitos são levados a perguntar: O que devo fazer para ser salvo?

"Não pregamos a nós mesmos, mas a Jesus Cristo, o Senhor, e a nós como escravos de vocês, por amor de Jesus. Pois Deus, que disse: 'Das trevas resplandeça a luz', Ele mesmo brilhou em nossos corações, para iluminação do conhecimento da glória de Deus na face de Cristo" (2Co 4:5, 6). Assim, Paulo louvou a graça e a misericórdia de Deus. Ele e seus companheiros foram sustentados em meio à aflição e ao perigo. Não tinham deixado de falar toda a verdade para tornar seu ensino atrativo. Haviam tentado manter seu comportamento em harmonia com seus ensinos, para que a verdade pudesse ser recomendada à consciência de todos.

O apóstolo continuou: "Mas temos esse tesouro em vasos de barro, para mostrar que este poder que a tudo excede provém de Deus, e não de nós" (v. 7). Deus não pretendia proclamar Sua verdade por meio de anjos sem pecado. Ele colocou um tesouro inestimável em vasos de barro, os seres humanos. Por intermédio

destes, Sua glória deve resplandecer. Eles devem não apenas encontrar os pecadores e os necessitados, mas conduzi-los à cruz.

Paulo demonstrou que nenhum motivo egoísta o havia levado a escolher o serviço de Cristo. Ele escreveu: "De todos os lados somos pressionados, mas não desanimados; ficamos perplexos, mas não desesperados; somos perseguidos, mas não abandonados; abatidos, mas não destruídos. Trazemos sempre em nosso corpo o morrer de Jesus, para que a vida de Jesus também seja revelada em nosso corpo" (v. 8-10).

Como mensageiros de Cristo, Paulo e seus companheiros estavam constantemente em perigo. Ele escreveu: "Pois nós, que estamos vivos, somos sempre entregues à morte por amor a Jesus, para que a Sua vida também se manifeste em nosso corpo mortal" (v. 11). Por meio da miséria e do trabalho pesado, esses ministros estavam imitando a morte de Cristo; porém, o que os levava à morte estava trazendo vida aos coríntios. Por causa disso, os seguidores de Jesus não deviam aumentar os fardos e as dificuldades dos obreiros.

Nada podia tentar Paulo a esconder sua convicção. Ele não compraria riquezas nem prazeres ao se conformar com as opiniões do mundo. Embora estivesse em perigo constante de morrer por causa de sua fé, ele não era intimidado. Sabia que Jesus, que tinha morrido e ressuscitado, também o ressuscitaria da sepultura e o apresentaria ao Pai.

A Cruz e a Verdadeira Conversão

Os apóstolos não pregaram o evangelho para se exaltar. A esperança de salvar pessoas perdidas os impedia de interromper seus esforços por causa dos perigos ou sofrimentos. Paulo escreveu: "Por isso não desanimamos. Embora exteriormente estejamos a desgastar-nos, interiormente estamos sendo renovados dia após dia" (2Co 4:16). Embora sua força física estivesse se acabando, ainda assim, ele anunciava o evangelho sem hesitar. Esse herói da cruz seguiu em frente no conflito. "Assim, fixamos os olhos, não naquilo que se vê, mas no que não se vê, pois o que se vê é transitório, mas o que não se vê é eterno" (v. 18).

O apóstolo apelou aos irmãos em Corinto para que considerassem novamente o amor inigualável de seu Redentor: "Pois vocês conhecem a graça de nosso Senhor Jesus Cristo que, sendo rico, Se fez pobre por amor de vocês, para que por meio de Sua pobreza vocês se tornassem ricos" (2Co 8:9). Conhecemos a altura da qual Ele Se rebaixou, a profundidade da humilhação a que Ele desceu.

Não houve descanso para Ele entre o trono e a cruz. Paulo escreveu demoradamente sobre cada ponto, para que os que lessem sua carta pudessem compreender o quanto o Salvador Se sacrificou por nós.

O apóstolo relatou o trajeto que Cristo fez para alcançar as profundezas da humilhação. Paulo estava convencido de que, se seus leitores pudessem compreender o sacrifício maravilhoso feito pela Majestade do Céu, expulsariam da vida todo egoísmo. O Filho de Deus Se humilhou como servo, tornando-Se obediente até a morte, "e morte de cruz" (Fp 2:8), para que Ele pudesse erguer a humanidade caída de sua condição degradada.

Quando estudamos o caráter divino à luz da cruz, vemos misericórdia e perdão misturados com imparcialidade e justiça. Vemos no trono Aquele que tem em Suas mãos, em Seus pés; e, ao Seu lado, as marcas do sofrimento que Ele suportou para nos reconciliar com Deus. Vemos um Pai nos recebendo por meio dos méritos de Seu Filho. À luz da cruz refletida, a nuvem de vingança, que ameaçava apenas com miséria e desespero, revela as palavras de Deus: "Viva, pecador arrependido e crente! Eu paguei o resgate."

Ao contemplar a Cristo, contemplamos demoradamente um amor que não se pode medir. Falamos desse amor, mas a linguagem não é suficiente.

"Nisto consiste o amor: não em que nós tenhamos amado a Deus, mas em que Ele nos amou e enviou Seu Filho como propiciação pelos nossos pecados" (1Jo 4:10).

Foi na Terra que o amor de Deus foi revelado por meio de Cristo. É na Terra que Seus filhos devem refletir esse amor por meio de uma vida inocente, irrepreensível.

Dar com Generosidade

Em sua primeira carta aos cristãos coríntios, Paulo deu instruções sobre o sustento da obra de Deus. Ele perguntou: "Quem serve como soldado à própria custa? Quem planta uma vinha e não come do seu fruto? Quem apascenta um rebanho e não bebe do seu leite?" (1Co 9:7).

"Pois está escrito na Lei de Moisés: 'Não amordace o boi enquanto ele estiver debulhando o cereal'. Por acaso é com bois que Deus está preocupado? Não é certamente por nossa causa que Ele o diz? Sim, isso foi escrito em nosso favor. Porque 'o lavrador quando ara e o debulhador quando debulha, devem fazê-lo na esperança de participar da colheita'" (v. 9, 10).

O apóstolo ainda perguntou: "Vocês não sabem que aqueles que trabalham no templo alimentam-se das coisas do templo, e que os que servem diante do altar participam do que é oferecido no altar? Da mesma forma o Senhor ordenou àqueles que pregam o evangelho, que vivam do evangelho" (v. 13, 14).

Os sacerdotes que serviam no templo eram sustentados pelas pessoas a quem ministravam bênçãos espirituais. "A Lei requer dos sacerdotes dentre os descendentes de Levi que recebam o dízimo do povo" (Hb 7:5). A tribo de Levi foi escolhida pelo Senhor para o sacerdócio (ver Dt 18:5). O Senhor reivindicou para Si um décimo de toda renda, e Ele considerou a retenção do dízimo como roubo.

Paulo se referiu a esse plano para sustentar o ministério quando disse: "Da mesma forma, o Senhor ordenou àqueles que pregam o evangelho, que vivam do evangelho" (1Co 9:14). "O trabalhador merece o seu salário" (1Tm 5:18).

A devolução do dízimo era apenas uma parte do plano de Deus para o sustento de Seu trabalho. O povo era ensinado a cultivar um espírito de generosidade. A lei de Moisés especificava muitos presentes e ofertas.

Dar com Generosidade

Na colheita, o povo dedicava os primeiros frutos do campo ao Senhor. Os frutos que os ceifeiros deixavam pelo caminho e o que crescia nos cantos da plantação eram reservados aos pobres. Quando as ovelhas eram tosadas, os primeiros produtos da lã eram separados para o Senhor, assim também como os primeiros grãos, quando o trigo era debulhado. Da mesma forma, os primogênitos de todos os animais eram separados, e as famílias pagavam um preço de resgate pelo filho mais velho. Assim, o povo se lembrava de que Deus era o dono de seus campos e rebanhos de ovelhas e gados. Ele enviava o sol e a chuva que amadureciam a colheita. Eles eram apenas gerentes de Seus bens.

Podemos Dar Menos?

A generosidade que Deus exigiu dos hebreus era, principalmente, em benefício da própria nação. Hoje, Cristo dá a Seus seguidores a responsabilidade de levar as boas-novas da salvação ao mundo. Nossas obrigações são muito maiores do que as do antigo povo de Israel. À medida que a obra de Deus se espalhar, pedidos de ajuda aparecerão com mais frequência. Os cristãos devem obedecer ao mandamento: "Tragam o dízimo todo ao depósito do templo, para que haja alimento em Minha casa" (Ml 3:10).

Se aqueles que se dizem cristãos trouxessem fielmente seus dízimos e ofertas a Deus, não haveria necessidade de recorrer a bazares, rifas nem festas para angariar fundos.

Muitos membros da igreja não hesitam em gastar extravagantemente para satisfazer seus desejos, para adornar-se ou embelezar a casa. Entretanto, quando alguém pede que doem à tesouraria do Senhor, eles contestam e dão uma quantia muito menor do que costumam gastar com coisas das quais não precisam. Eles não demonstram amor real pelo serviço de Cristo, nenhum interesse profundo na salvação dos outros. A vida cristã dessas pessoas não passa de uma existência atrofiada, doentia!

Para aqueles cujo coração brilha com o amor de Cristo, será um prazer ajudar a promover o mais alto e mais santo trabalho confiado à humanidade: o de apresentar ao mundo as riquezas da verdade. O espírito de generosidade é o espírito do Céu. Esse espírito encontra sua expressão mais sublime no sacrifício de Cristo na cruz. O Pai deu Seu único Filho, e Cristo Se entregou para que pudéssemos ser salvos. A cruz do Calvário deve apelar à generosidade de todo seguidor do Salvador. O princípio ilustrado ali é de doação.

O espírito de egoísmo é o espírito de Satanás. O princípio ilustrado na vida das pessoas sem Cristo é o ganho. Todavia, o fruto que colhem é miséria e morte.

Bênçãos em Ofertas de Gratidão

Os filhos de Deus não devem apenas devolver ao Senhor a porção que Lhe pertence, mas também trazer uma oferta de gratidão, os primeiros frutos das ricas bênçãos que receberam – suas melhores posses, seu melhor e mais santo serviço. Assim, eles receberão grandes bênçãos. Deus fará do coração deles um jardim regado. A colheita que trarão ao Mestre será a recompensa do uso generoso dos talentos que Ele lhes emprestou.

Os mensageiros escolhidos nunca deveriam ter que servir ao Senhor à própria custa, sem a ajuda do sustento sincero de seus irmãos cristãos. É responsabilidade dos membros da igreja tratar com generosidade aqueles que deixam o emprego secular para se dedicar ao ministério. A causa de Deus é grandemente fortalecida quando Seus pastores são incentivados.

Deus está descontente com aqueles que permitem que os trabalhadores consagrados sofram as necessidades da vida. Essas pessoas egoístas terão que dar conta não apenas do mau uso do dinheiro, mas também da depressão trazida sobre os servos fiéis do Senhor. Aqueles que

atendem ao chamado e desistem de tudo para se envolver no serviço de Deus devem receber salários suficientes para sustentar a si e sua família.

No mundo secular, os trabalhadores podem ganhar bons salários. O trabalho de levar pessoas a Cristo não é mais importante do que qualquer negócio comum? Aqueles que se dedicam fielmente a esse trabalho não têm o direito de receber um salário digno?

Uma responsabilidade sagrada recai sobre os pastores. Eles devem conscientizar suas igrejas sobre as necessidades da causa de Deus e ensiná-las a dar com generosidade. Quando as igrejas não doam, não é apenas a obra do Senhor que sofre, mas Deus também retém a bênção que deveria recair sobre os cristãos.

As Doações dos Pobres São Valiosas

Até mesmo os muito pobres devem trazer suas ofertas a Deus. Eles devem participar da graça de Cristo, ajudando aqueles cuja necessidade é mais urgente do que a deles. A doação do pobre, fruto da renúncia pessoal, chega diante de Deus como incenso perfumado. Cada ato de abnegação une o doador mais intimamente Àquele que era rico, mas, por nossa causa, Se tornou pobre.

Cristo chamou a atenção dos discípulos para a viúva que deu duas moedinhas – "tudo o que possuía para viver" (Mc 12:44). Ele considerou a doação dela mais valiosa do que as grandes ofertas daqueles cujas doações não exigiram sacrifício próprio. A viúva tinha se privado das necessidades básicas da vida, confiando em Deus para atender às suas necessidades. "Afirmo-lhes que esta viúva pobre colocou na caixa de ofertas mais do que todos os outros" (Mc 12:43). Deus mede o valor da doação não pela quantidade, mas pela proporção que é dada, e o motivo que leva o doador a dar.

O apóstolo Paulo declarou, "lembrando as palavras do próprio Senhor Jesus, que disse: 'Há maior felicidade em dar do que em receber'" (At 20:35). "Aquele que semeia pouco, também colherá pouco, e aquele que semeia com fartura, também colherá fartamente. Cada um dê conforme determinou em seu coração, não com pesar ou por obrigação, pois Deus ama quem dá com alegria" (2Co 9:6, 7).

Quase todos os cristãos macedônios eram pobres no que diz respeito aos bens deste mundo, mas eles deram ofertas de boa vontade para sustentar o evangelho. Paulo exaltou a generosidade dos convertidos na Macedônia como um exemplo para outras igrejas: "No meio da mais severa tribulação, a grande alegria e a extrema pobreza deles transbordaram em rica generosidade" (2Co 8:2).

Movidos pelo Espírito de Deus, "entregaram-se primeiramente a si mesmos ao Senhor" (v. 5). De forma voluntária, eles estavam dispostos a doar seu dinheiro para sustentar a obra do evangelho. Não era necessário insistir com eles. Pelo contrário, eles ficavam felizes com o privilégio de se privar de coisas necessárias para atender às necessidades dos outros.

Quando Paulo enviou Tito a Corinto para que ele fortalecesse os cristãos ali, em uma carta pessoal, ele apelou: "Assim como vocês se destacam em tudo: na fé, na palavra, no conhecimento, na dedicação completa e no amor que vocês têm por nós, destaquem-se também neste privilégio de contribuir" (v. 7). "E Deus é poderoso para fazer que lhes seja acrescentada toda a graça, para que em todas as coisas, em todo o tempo, tendo tudo o que é necessário, vocês transbordem em toda boa obra" (2Co 9:8). "Vocês serão enriquecidos de todas as formas, para que possam ser generosos em qualquer ocasião e, por nosso intermédio, a sua generosidade resulte em ação de graças a Deus" (v. 11).

A generosidade trouxe grande alegria para a igreja primitiva. Os cristãos sabiam que seus esforços estavam ajudando a transmitir o evangelho àqueles que estavam na escuridão. Sua generosidade mostrava que eles não haviam recebido a graça de Deus em vão. Aos olhos dos cristãos e dos incrédulos, esse tipo de generosidade era um milagre da graça.

A prosperidade espiritual anda de mãos dadas com a generosidade cristã. Ao darem ao Senhor, os seguidores de Cristo têm a certeza de que seu tesouro está indo adiante deles para as cortes celestiais. Você gostaria de assegurar sua propriedade? Coloque-a nas mãos que levam as marcas da cruz. Você quer desfrutar sua riqueza? Use-a para abençoar os necessitados. Você quer aumentar seus bens? "Honre o Senhor com todos os seus recursos e com os primeiros frutos de todas as suas plantações; os seus celeiros ficarão plenamente cheios, e os seus barris transbordarão de vinho" (Pv 3:9, 10).

Guarde suas posses para fins egoístas e você experimentará a perda eterna. No entanto, o tesouro que damos a Deus será firmemente marcado com Seu nome.

"Há quem dê generosamente, e vê aumentar suas riquezas; outros retêm o que deveriam dar, e caem na pobreza" (Pv 11:24). O semeador multiplica sua semente lançando-a na terra. Assim também, os que são fiéis em compartilhar os presentes de Deus aumentam suas bênçãos (ver Lc 6:38).

Trabalhando em Meio a Dificuldades

Os judeus consideravam um pecado os jovens crescerem sem conhecer o trabalho manual. Todo jovem, não importava se seus pais fossem ricos ou pobres, aprendia uma profissão. No início de sua vida, Paulo tinha aprendido a construir tendas.

Antes de se tornar um discípulo de Cristo, Paulo ocupava um cargo elevado e não dependia do próprio trabalho para se sustentar. Depois de usar todos os seus bens para promover a causa de Cristo, algumas vezes teve que recorrer à sua profissão para ganhar a vida.

Em Tessalônica, Paulo trabalhou para se sustentar enquanto pregava a Palavra. Escrevendo aos cristãos tessalonicenses, ele os lembrou: "Irmãos, certamente vocês se lembram do nosso trabalho esgotante e da nossa fadiga; trabalhamos noite e dia para não sermos pesados a ninguém, enquanto lhes pregávamos o evangelho de Deus" (1Ts 2:9). E, novamente, ele escreveu: "Nem comemos coisa alguma à custa de ninguém. Pelo contrário, trabalhamos arduamente e com fadiga, dia e noite, para não sermos pesados a nenhum de vocês, não por que não tivéssemos tal direito, mas para que nos tornássemos um modelo para ser imitado por vocês" (2Ts 3:8, 9).

Em Tessalônica, Paulo se opôs àqueles que se recusavam a trabalhar com as próprias mãos. "Pois ouvimos que alguns de vocês estão ociosos; não trabalham, mas andam se intrometendo na vida alheia. A tais pessoas ordenamos e exortamos no Senhor Jesus Cristo que trabalhem tranquilamente e comam o seu próprio pão" (v. 11, 12). "Quando ainda estávamos com vocês, nós lhes ordenamos isto: Se alguém não quiser trabalhar, também não coma" (v. 10).

Em todas as épocas, Satanás tentou introduzir o fanatismo na igreja. Assim também aconteceu nos dias de Paulo e, mais tarde, durante a Reforma. Wycliffe, Lutero e muitos outros enfrentaram pessoas excessivamente zelosas, desequilibradas e não consagradas. Pessoas equivocadas ensinaram que era um pecado trabalhar; que os cristãos deviam dedicar a vida inteiramente às coisas espirituais. O ensinamento e o exemplo de Paulo reprovam essas visões extremas.

Paulo não dependeu completamente de seu trabalho em Tessalônica. Ele escreveu aos cristãos de Filipos para agradecer as doações que havia recebido deles, dizendo: "Pois, estando eu em Tessalônica, vocês me mandaram ajuda, não apenas uma vez, mas duas, quando tive necessidade" (Fp 4:16). Apesar de ter recebido essa ajuda, ele deu um exemplo de dedicação, repreendendo aqueles que tinham opiniões fanáticas sobre o trabalho manual.

Os gregos eram comerciantes qualificados, instruídos em práticas de negócios desonestos. Eles acreditavam que ganhar dinheiro era louvável, fosse por meios justos ou injustos. Paulo não deu a eles nenhuma razão para que dissessem que ele pregava o evangelho para se enriquecer. Ele estava disposto a ficar sem a ajuda de seus ouvintes de Corinto, em vez de permitir que sua utilidade como apóstolo fosse prejudicada por uma suspeita injusta de que ele estava pregando para obter lucro.

Priscila e Áquila Animam Paulo

Em Corinto, Paulo "encontrou um judeu chamado Áquila, natural do Ponto, que havia chegado recentemente da Itália com Priscila, sua mulher" (At 18:2). Eles "tinham a mesma profissão" do apóstolo. Áquila e Priscila haviam montado uma empresa de fabricação de tendas. Ao descobrir que eles temiam a Deus e que estavam tentando evitar as influências contaminantes ao seu redor, Paulo "ficou morando e trabalhando com eles, pois eram fabricantes de tendas. Todos os sábados ele debatia na sinagoga, e convencia judeus e gregos" (v. 3, 4).

Em sua segunda carta aos coríntios, Paulo escreveu novamente sobre sua maneira de viver entre eles. "Quando estive entre vocês e passei por alguma necessidade, não fui um peso para ninguém; pois os irmãos, quando vieram da Macedônia, supriram aquilo de que eu necessitava. Fiz tudo para não ser pesado a vocês, e continuarei a agir assim" (2Co 11:9).

Enquanto trabalhava na confecção de tendas, Paulo também tinha proclamado o evangelho fielmente. Ele escreveu sobre seu trabalho: "Em que vocês foram inferiores às outras igrejas, exceto no fato de eu nunca ter sido um peso para vocês? Perdoem-me esta ofensa! Agora, estou pronto para visitá-los pela terceira vez e não lhes serei um peso, porque o que desejo não são os seus bens, mas vocês mesmos. [...] Assim, de boa vontade, por amor de vocês, gastarei tudo o que tenho e também me desgastarei pessoalmente" (2Co 12:13-15).

Durante seu ministério em Éfeso, Paulo voltou a trabalhar em sua profissão. Assim como em Corinto, o apóstolo estava feliz em associar-se com Áquila e Priscila, que o acompanharam à Ásia ao final de sua segunda viagem missionária.

Alguns foram contra o trabalho manual de Paulo, alegando que este era incoerente com o trabalho de um ministro do evangelho. Por que Paulo deveria associar o trabalho mecânico à pregação da Palavra? Por que gastar tempo fabricando tendas se o apóstolo poderia usá-lo para fazer coisas melhores?

Entretanto, Paulo não considerava perdido o tempo que passava exercendo sua profissão. A mente dele estava sempre buscando o conhecimento espiritual. Instruía seus companheiros de trabalho nas coisas espirituais, e também dava exemplo por ser dedicado. Ele era um trabalhador ágil e habilidoso, diligente nos negócios, fervoroso no espírito, servindo ao Senhor (ver Rm 12:11). Ao trabalhar em sua profissão, o apóstolo teve acesso a pessoas que ele não poderia ter alcançado de outras maneiras. Ele demonstrou que a habilidade nas profissões comuns é um dom de Deus – Aquele que concede tanto o dom quanto a sabedoria para usá-lo corretamente. As mãos de Paulo, endurecidas pelo trabalho, em nada diminuíam a força de seus apelos como ministro cristão.

Às vezes, Paulo trabalhava dia e noite, não só para o sustento dele mesmo, mas para ajudar seus colegas de trabalho. Ele até mesmo sofreu fome algumas vezes para poder suprir as necessidades dos outros. Paulo viveu uma vida altruísta. Quando se despediu dos anciãos em Éfeso, ele pôde levantar as mãos calejadas e desgastadas pelo trabalho, e dizer: "Não cobicei a prata nem o ouro nem as roupas de ninguém. Vocês mesmos sabem que estas minhas mãos supriram minhas necessidades e as de meus companheiros. Em tudo o que fiz, mostrei-lhes que mediante trabalho árduo devemos ajudar os fracos, lembrando as palavras do próprio Senhor Jesus, que disse: 'Há maior felicidade em dar do que em receber'" (At 20:33-35).

Sugestão para Pastores

Se os pastores sentem que estão sofrendo dificuldades, permita a eles imaginar que estão visitando a oficina de Paulo. Que tenham em mente que, enquanto esse homem de Deus estava cortando e costurando lonas, ele estava trabalhando pelo alimento que já havia recebido por seus trabalhos como apóstolo.

O trabalho é uma bênção, não uma maldição. A inatividade entristece o Espírito de Deus. Uma piscina com água parada é prejudicial, mas um riacho em que flui águas puras espalha saúde e alegria sobre a terra. Paulo queria ensinar aos jovens pastores que, exercitando seus músculos, seriam fortes para suportar o trabalho e as dificuldades que lhes aguardavam. Seus ensinamentos não teriam vitalidade nem força se ele não se exercitasse.

Milhares de pessoas vivem apenas para gastar os benefícios que Deus lhes concede. Elas se esquecem de que devem ser produtoras assim como consumidoras.

Jovens a quem Deus escolher para o ministério darão provas de seu alto chamado. Eles trabalharão para alcançar uma experiência que os prepare para planejar, organizar e executar. Por meio da autodisciplina, eles se tornarão cada vez mais como seu Mestre, revelando Sua bondade, amor e verdade.

Nem todos os que se sentem chamados para pregar devem imediatamente pedir o apoio financeiro da igreja para si e sua família. O dinheiro dedicado à obra de Deus não deve ser consumido por aqueles que desejam pregar somente para que sejam sustentados.

Embora fosse um orador eloquente, e Deus o tivesse escolhido para fazer uma obra especial, Paulo nunca se colocou acima do trabalho, nem se cansou de fazer sacrifícios pela causa que amava. Ele escreveu aos coríntios: "Até agora estamos passando fome, sede e necessidade de roupas, estamos sendo tratados brutalmente, não temos residência certa e trabalhamos arduamente com nossas próprias mãos" (1Co 4:11, 12). Ele trabalhou nessa profissão, mas sempre esteve disposto a deixar de lado o trabalho secular a fim de enfrentar os inimigos do evangelho ou ganhar pessoas para Jesus. Seu fervor e sua dedicação foram uma reprovação à inatividade e ao desejo por facilidades.

Paulo ilustrou o que os leigos consagrados podiam fazer em muitos lugares. Muitos podem fazer avançar a causa de Deus e, ao mesmo tempo, se sustentar no trabalho diário. Deus usou Áquila e Priscila para mostrar mais perfeitamente a Apolo o caminho da verdade. Enquanto Deus escolhe alguns com talentos especiais para dedicar todas as suas energias à obra do evangelho, Ele chama muitos outros para desempenhar uma parte importante em levar as pessoas a Jesus.

Há muitas oportunidades para os trabalhadores do evangelho que ganham o próprio sustento. Muitos podem ter experiências valiosas no ministério enquanto ocupam parte de seu tempo no trabalho manual. Por meio desse método, eles podem se tornar trabalhadores poderosos para realizar um serviço importante em campos carentes.

Peso no Coração

Os servos abnegados de Deus não medem seu trabalho por horas. Seus salários não os influenciam em seus esforços. Eles receberam sua comissão do Céu, e do Céu buscam sua recompensa.

Esses trabalhadores devem ser livrados de preocupações desnecessárias. Embora devam ter cuidado em se exercitar para manter a mente e o corpo vigorosos, eles não têm que gastar uma grande parte do tempo no emprego secular. Esses trabalhadores fiéis não estão imunes à tentação. Quando ficam oprimidos e preocupados pelo fato de a igreja não ter conseguido dar a eles o apoio financeiro adequado, alguns são atacados ferozmente pelo tentador. Eles ficam deprimidos. Sua família deve ter comida e roupas. Se pudessem sentir-se liberados do chamado divino, estariam dispostos a trabalhar manualmente. Porém, percebem que seu tempo pertence a Deus e continuam fazendo avançar a causa que amam mais do que a própria vida. No entanto, por algum tempo, eles podem ser forçados a se envolver com o trabalho secular enquanto exercem o trabalho ministerial.

Às vezes, por causa da falta de recursos, parece impossível realizar o trabalho que necessita ser feito. Alguns temem não poder fazer tudo o que consideram ser seu dever. Contudo, se avançarem na fé, o sucesso acompanhará seus esforços. Jesus, que pediu a Seus seguidores que fossem a todo o mundo, sustentará cada trabalhador que tenta proclamar Sua mensagem.

Na edificação da Sua obra, o Senhor às vezes testa a confiança do Seu povo, trazendo circunstâncias que os obrigam a avançar pela fé. Muitas vezes, Ele lhes diz para avançar quando seus pés parecem estar tocando as águas do Jordão (ver Js 3:14-17). Nessas ocasiões, quando oram com fé sincera, Deus abre o caminho diante deles e abençoa seus esforços para além das suas expectativas. Os anjos prepararão o caminho diante deles, e os recursos necessários para o trabalho serão providenciados.

Aqueles a quem Deus iluminou doarão livremente para sustentar a obra. O Espírito de Deus moverá o coração deles para que mantenham a causa do Senhor, não somente nos campos de seu país, mas nas regiões além. E assim, a obra do Senhor avançará com a ajuda dEle.

A Alegria de Cooperar com Cristo

eus não vive para Si mesmo. "Ele faz raiar o Seu sol sobre maus e bons e derrama chuva sobre justos e injustos" (Mt 5:45). Pelo Seu exemplo, Jesus ensinou o que significa servir. Serviu a todos, ministrou a todos.

Diversas vezes Ele tentou estabelecer esse princípio entre Seus discípulos. "Quem quiser tornar-se importante entre vocês deverá ser servo, e quem quiser ser o primeiro deverá ser escravo; como o Filho do homem, que não veio para ser servido, mas para servir e dar a Sua vida em resgate por muitos" (Mt 20:26-28). Desde que subiu ao Céu, Cristo tem continuado Sua obra por meio de embaixadores escolhidos. Por intermédio deles, Ele fala com as pessoas e atende às necessidades delas. Como representantes de Jesus, eles devem apelar a homens e mulheres para que se reconciliem com Deus.

O trabalho desses homens foi comparado ao dos guardas. Nos tempos antigos, os vigilantes ficavam nos muros das cidades, de onde observavam postos importantes e avisavam sobre os inimigos que se aproximavam. Em momentos predeterminados, eles chamavam uns aos outros para se certificar de que todos estavam acordados e de que nenhum mal tinha ocorrido a alguém. Cada um repetia o grito de alegria ou de advertência até que este ecoasse pela cidade.

As palavras do profeta Ezequiel declaram a responsabilidade sagrada daqueles que são escolhidos como guardiões da igreja: "Filho do homem, Eu fiz de você uma sentinela para a nação de Israel; por isso, ouça a Minha palavra e advirta-os em Meu nome. Quando Eu disser ao ímpio que é certo que ele morrerá, e você não falar para dissuadi-lo de seus caminhos, aquele ímpio morrerá por sua iniquidade, mas Eu considerarei você responsável pela morte dele. Entretanto, se você de fato advertir o ímpio para que se desvie dos seus caminhos [...], você estará livre da sua responsabilidade" (Ez 33:7-9).

As pessoas estão em perigo de cair na tentação, e elas morrerão eternamente a menos que os pastores de Deus sejam fiéis. Se os sentidos espirituais dos pastores se tornarem tão entorpecidos a ponto de eles serem incapazes de reconhecer o perigo, Deus os considerará responsáveis pelo sangue dos perdidos.

Motivação Maior do que o Dinheiro

Os vigias nos muros de Sião podem viver tão perto de Deus e ser tão receptivos às impressões de Seu Espírito, de maneira que o Senhor possa trabalhar por meio deles para avisar homens e mulheres do perigo e lhes mostrar um lugar seguro. Não devem diminuir sua vigilância em nenhum momento. Nunca devem dar um aviso vacilante e incerto. Os pastores não devem trabalhar somente pelo salário, mas porque percebem que haverá um julgamento sobre eles se não pregarem o evangelho. Deus os escolheu, portanto, devem salvar homens e mulheres da destruição.

Os que cooperam com Cristo não colocam em primeiro lugar o próprio conforto nem o bem-estar. Esquecem-se de si mesmos. Em sua busca das ovelhas perdidas, não percebem que estão cansados, com frio e famintos. Têm apenas um objetivo em mente: salvar os perdidos.

Os soldados da cruz, sem hesitar, permanecem na frente da batalha. Quando o inimigo os ataca gravemente, eles se voltam para Deus em busca de ajuda e encontram força para os deveres daquele momento. Suas vitórias não os levam à exaltação própria, mas fazem com que dependam cada vez mais dAquele que é poderoso. Confiando nesse Poder, são capacitados a apresentar a mensagem da salvação de maneira tão enérgica que ela vibra na mente de outras pessoas.

Aqueles que ensinam a Palavra devem viver constantemente em contato com Deus por meio da oração e do estudo da Bíblia. Isso dará aos seus esforços um poder maior do que a influência de sua pregação. Não devem se privar desse poder. Eles devem implorar a Deus para que o Senhor os fortaleça e toque seus lábios com o fogo vivo. Pelo poder e luz que Deus lhes dá, eles podem compreender e realizar mais do que sua mente finita acha possível.

Os enganos de Satanás são mais bem-sucedidos contra aqueles que estão deprimidos. Quando o desânimo ameaçar, que o pastor apresente suas necessidades diante de Deus. Quando os céus se tornaram como bronze (ver Dt 28:23) para Paulo, ele confiou plenamente em Deus. O apóstolo estava aflito e angustiado, mas ouça seu grito vitorioso: "Pois os nossos sofrimentos leves e momentâneos estão produzindo para nós uma glória eterna que pesa mais do que todos eles. Assim, fixamos os olhos, não naquilo que se vê, mas no que não se vê, pois o que se vê é transitório, mas o que não se vê é eterno" (2Co 4:17, 18). Ao ver Aquele que é invisível, nosso coração é fortalecido e revigorado.

Aproxime-se das Pessoas

Quando um pastor apresenta um sermão, seu trabalho está apenas começando. Ele deve visitar as pessoas na casa delas e mostrar-lhes o caminho mais elevado. Que os pastores ensinem a verdade às famílias, aproximando-se daqueles por quem estão trabalhando para salvar. Cristo dará a eles palavras que tocarão profundamente o coração dos ouvintes. Paulo disse: "Vocês sabem que não deixei de pregar-lhes nada que fosse proveitoso, mas ensinei-lhes tudo publicamente e de casa em casa. [...] Testifiquei [...] que eles precisam converter-se com arrependimento e fé em nosso Senhor Jesus" (At 20:20, 21).

O Salvador ia de casa em casa, curando os doentes e falando de paz aos desanimados. Ele pegava criancinhas em Seus braços e falava palavras de esperança e consolo para as mães cansadas. Jesus era servo de todos. Enquanto homens e mulheres escutavam as verdades que saíam de Seus lábios, a esperança brotava no coração deles. Ele falava com tanto fervor, que Suas palavras atingiam diretamente o coração com poder convencedor.

Os ministros de Deus devem aprender o método de trabalho de Cristo. Essa é a única maneira pela qual podem cumprir seu dever. O mesmo Espírito que viveu em Cristo deve ser a fonte de seu conhecimento e o segredo de seu poder.

Alguns pastores falham porque não dedicam toda a sua atenção à obra do Senhor. Os pastores não devem ter nenhum interesse envolvente além do grande trabalho de levar as pessoas ao Salvador. Os pescadores a quem Cristo chamou deixaram suas redes e O seguiram. Os pastores não podem trabalhar para Deus e carregarem, ao mesmo tempo, o peso e a responsabilidade de grandes empreendimentos pessoais. O pastor necessita de todas as suas energias para cumprir seu chamado superior. Suas melhores capacidades e força pertencem a Deus.

Os Embaixadores

O Perigo das Atividades Secundárias

"Nenhum soldado se deixa envolver pelos negócios da vida civil, já que deseja agradar aquele que o alistou" (2Tm 2:4). Com essas palavras, o apóstolo enfatizou que os pastores precisam ser completamente dedicados ao serviço do Mestre. Não trabalham duro para ganhar riquezas terrestres. Seu único desejo é levar os indiferentes e infiéis a apreciar as realidades da eternidade. Eles podem ser convidados a aproveitar oportunidades que prometem grandes ganhos mundanos, mas respondem: "Pois, que adianta ao homem ganhar o mundo inteiro e perder a sua alma?" (Mc 8:36).

Satanás apresentou essa tentação a Cristo, sabendo que, se Ele aceitasse sua proposta, o mundo nunca seria resgatado. De maneiras diferentes ele apresenta a mesma tentação aos pastores de Deus hoje, sabendo que os que caem nesse engano serão infiéis ao seu dever.

"O amor ao dinheiro é raiz de todos os males. Algumas pessoas, por cobiçarem o dinheiro, desviaram-se da fé e se atormentaram com muitos sofrimentos" (1Tm 6:10).

"Você, porém, homem de Deus, fuja de tudo isso" (1Tm 6:11). Por meio de seu exemplo e palavras, o embaixador de Cristo deve ordenar "aos que são ricos no presente mundo que não sejam arrogantes, nem ponham sua esperança na incerteza da riqueza, mas em Deus, que de tudo nos provê ricamente, para a nossa satisfação. Ordene-lhes que pratiquem o bem, sejam ricos em boas obras, generosos e prontos para repartir (1Tm 6:17,18).

O coração de Paulo ardia de amor pelos pecadores, e ele colocava todas as suas energias na obra de ganhar pessoas para Cristo. As bênçãos que recebia, usava para abençoar os outros. Paulo ia de um lugar para outro, fundando igrejas. Onde quer que pudesse, ele combatia o erro e trabalhava para levar homens e mulheres ao caminho da justiça.

O apóstolo decidiu que, como parte de seu trabalho, educaria jovens para o ministério. Ele os levou em suas viagens missionárias, e estes ganharam experiência de maneira que puderam ocupar cargos de responsabilidade. Mesmo quando estava longe desses jovens, ele ainda acompanhava o trabalho deles.

Paulo nunca se esquecia de que, se as pessoas se perdessem por ele não ter sido fiel, Deus o consideraria responsável. Cristo, "nós O proclamamos, advertindo e ensinando a cada um com toda a sabedoria, a fim de que apresentemos todo homem perfeito em Cristo. Para isso eu me esforço, lutando conforme a Sua força, que atua poderosamente em mim" (Cl 1:28, 29).

Todos os que se colocam sob a direção do grande Mestre podem alcançar esse objetivo elevado. O pastor que se dedica inteiramente ao Senhor pode ter a certeza de que receberá o que precisa para levar a palavra da vida a seus ouvintes. Paulo nos deixou um retrato da sua obra na carta aos cristãos de Corinto: "Como servos de Deus, recomendamo-nos de todas as formas: em muita perseverança; em sofrimentos, privações e tristezas; em açoites, prisões e tumultos; em trabalhos árduos, noites sem dormir e jejuns; [...] por honra e por desonra; por difamação e por boa fama; tidos por enganadores, sendo verdadeiros; como desconhecidos, apesar de bem conhecidos; como morrendo, mas eis que vivemos; espancados, mas não mortos; entristecidos, mas sempre alegres; pobres, mas enriquecendo a muitos" (2Co 6:4-10).

Não existe nada mais precioso aos olhos de Deus do que Seus ministros, que vão a lugares desolados da Terra para semear as sementes da verdade. Deus dá Seu Espírito a eles para que tirem as pessoas do pecado e as conduzam à justiça. Deus está à procura de trabalhadores que estejam dispostos a abandonar suas fazendas, seus negócios e, se necessário for, suas famílias, para se tornar Seus missionários. Muitos atenderão ao chamado. No passado, homens deixaram casa e amigos, até mesmo esposa e filhos, para proclamar a mensagem de misericórdia aos adoradores de ídolos e pessoas cruéis. Muitos perderam a vida, mas outros surgiram para continuar o trabalho. Assim, a semente lançada com sofrimento produziu uma colheita abundante. O conhecimento de Deus tem sido amplamente estendido.

Se Cristo deixou as noventa e nove ovelhas para que pudesse buscar e salvar uma única ovelha perdida, será que podemos fazer menos? Se formos negligentes e não trabalharmos como Cristo trabalhou, nem nos sacrificarmos como Ele Se sacrificou, isso não significa trair nossa responsabilidade sagrada?

O verdadeiro pastor deseja, intensamente, salvar outras pessoas. Elas devem ouvir as verdades que trouxeram ao coração essa paz e alegria. Com os olhos fixos na cruz do Calvário, acreditando que o Salvador estará com ele até o fim, o pastor procura ganhar pessoas para Jesus, e o Céu o considera participante dos que são "chamados, escolhidos e fiéis" (Ap 17:14).

O Plano Especial de Deus para os Judeus*

Depois de muita demora, Paulo chegou a Corinto, lugar em que havia dedicado muito esforço no passado. Muitos dos primeiros cristãos ainda sentiam afeição por aquele que havia trazido o evangelho a eles. Ao ver evidências da fidelidade deles, Paulo ficou feliz porque sua obra em Corinto não havia sido em vão. Os coríntios tinham desenvolvido a força do caráter cristão. Passaram a ser uma força poderosa para o bem naquele centro de paganismo e superstição. Na companhia desses fiéis convertidos, o apóstolo encontrou descanso para sua mente cansada e preocupada.

Enquanto estava em Corinto, a possibilidade de ir a Roma ocupava especialmente os pensamentos de Paulo. Ver a fé cristã firmemente estabelecida no grande centro do mundo conhecido era uma de suas esperanças mais estimadas. O apóstolo queria que a igreja já estabelecida em Roma cooperasse no trabalho a ser feito na Itália e em outros países. Para preparar o caminho, ele enviou uma carta a esses cristãos, anunciando sua intenção de visitar Roma e sua esperança de cravar a bandeira da cruz na Espanha.

Em sua carta, Paulo apresentou a doutrina da justificação pela fé em Cristo com clareza e poder. Ele esperava que seu ensino também pudesse ajudar outras igrejas; no entanto, sequer poderia prever a ampla influência de suas palavras! Ao longo de todos os séculos, a grande verdade da justificação pela fé permaneceu como um farol poderoso para guiar os pecadores no caminho da vida. Essa luz dissipou a escuridão que obscurecia a mente de Lutero

*Este capítulo é baseado na carta de Paulo aos Romanos.

e revelou a ele o poder do sangue de Cristo para purificar do pecado. A mesma luz tem guiado milhares à verdadeira fonte do perdão e da paz. Desde a sua conversão, Paulo desejava ajudar seus irmãos judeus a entender claramente o evangelho. Ele escreveu: "O desejo do meu coração e a minha oração a Deus pelos israelitas é que eles sejam salvos" (Rm 10:1). Os israelitas não tinham reconhecido Jesus de Nazaré como o Messias prometido. Paulo assegurou aos cristãos em Roma: "Pois eu até desejaria ser amaldiçoado e separado de Cristo por amor de meus irmãos, os de minha raça, o povo de Israel" (Rm 9:3, 4). Por meio dos judeus, Deus pretendia abençoar toda a humanidade. Muitos profetas entre eles tinham predito a vinda de um Redentor que seria rejeitado e morto por aqueles que deveriam tê-Lo reconhecido como o Prometido.

Embora Israel tivesse rejeitado Seu Filho, Deus não os rejeitou. Paulo continuou: "Pergunto, pois: Acaso Deus rejeitou o Seu povo? De maneira nenhuma! Eu mesmo sou israelita, descendente de Abraão, da tribo de Benjamim. Deus não rejeitou o Seu povo, o qual de antemão conheceu. [...] Assim, hoje também há um remanescente escolhido pela graça" (Rm 11:1, 2, 5).

É Possível Levantar-se Outra Vez

Israel havia tropeçado e caído, mas isso não impossibilitou que eles se levantassem outra vez. Em resposta à pergunta: "Acaso tropeçaram para que ficassem caídos?", o apóstolo disse: "De maneira nenhuma! Ao contrário, por causa da transgressão deles, veio salvação para os gentios, para provocar ciúme em Israel" (Rm 11:11).

"Pois se a rejeição deles é a reconciliação do mundo, o que será a sua aceitação, senão vida dentre os mortos?" (v. 15).

Deus decidiu revelar Sua graça entre os gentios, bem como entre os israelitas. Paulo perguntou: "O oleiro não tem direito de fazer do mesmo barro um vaso para fins nobres e outro para uso desonroso?" (Rm 9:21). "E se Deus, querendo mostrar a Sua ira e tornar conhecido o Seu poder, suportou com grande paciência os vasos de Sua ira, preparados para destruição? Que dizer, se Ele fez isto para tornar conhecidas as riquezas de Sua glória aos vasos de Sua misericórdia, que preparou de antemão para glória, ou seja, a nós, a quem também chamou, não apenas dentre os judeus, mas também dentre os gentios?" (v. 22-24).

Apesar do fracasso de Israel como nação, havia homens e mulheres fiéis que, de boa vontade, receberam a mensagem de João Batista e assim foram levados a estudar novamente as profecias sobre o Messias. A igreja cristã primitiva era composta por esses judeus fiéis. Paulo se referiu a esse "remanescente": "Se é santa a parte da massa que é oferecida como primeiros frutos, toda a massa também o é; se a raiz é santa, os ramos também o serão" (Rm 11:16).

Paulo comparou os gentios aos ramos de uma oliveira selvagem, enxertados no tronco original. Ele escreveu: "Se alguns ramos foram cortados, e você, sendo oliveira brava, foi enxertado entre os outros e agora participa da seiva que vem da raiz da oliveira cultivada, não se glorie contra esses ramos" (v. 17, 18).

"Eles, porém, foram cortados devido à incredulidade, e você permanece pela fé. Não se orgulhe, mas tema. Pois se Deus não poupou os ramos naturais, também não poupará você" (v. 20, 21).

O Israel Verdadeiro

Ao rejeitar o plano divino, Israel, como nação, havia perdido sua conexão com Deus. Mas Deus pegou os galhos que tinham sido separados do tronco original e os uniu novamente ao verdadeiro tronco de Israel. "Afinal de contas, se você foi cortado de uma oliveira brava por natureza e, de maneira antinatural, foi enxertado numa oliveira cultivada, quanto mais serão enxertados os ramos naturais em sua própria oliveira?" (Rm 11:24).

"Israel experimentou um endurecimento em parte, até que chegasse a plenitude dos gentios. E assim todo o Israel será salvo" (v. 25, 26). "Pois os dons e o chamado de Deus são irrevogáveis. Assim como vocês, que antes eram desobedientes a Deus mas agora receberam misericórdia, graças à desobediência deles, assim também agora eles se tornaram desobedientes, a fim de que também recebam agora misericórdia" (v. 29-31). "Ó profundidade da riqueza da sabedoria e do conhecimento de Deus! Quão insondáveis são os Seus juízos, e inescrutáveis os Seus caminhos!" (v. 33).

Deus é capaz de transformar o coração dos judeus e gentios da mesma forma. "Pois o Senhor executará na Terra a Sua sentença, rápida e definitivamente" (Rm 9:28).

Quando Jerusalém foi destruída e o templo arruinado, muitos judeus foram vendidos como escravos em terras pagãs, espalhados entre as nações como destroços em uma praia deserta. Difamados e perseguidos, século após século, eles tiveram uma herança de sofrimento.

Embora Deus tenha pronunciado a condenação da nação, houve muitos judeus nobres e tementes a Deus ao longo dos anos. Deus consolou cada coração aflito e olhou com piedade para sua situação terrível. Alguns que se voltaram para Ele a fim de compreender corretamente Sua Palavra aprenderam a ver o humilde Nazareno como o verdadeiro Messias. Quando compreenderam o significado das profecias que havia muito tempo foram obscurecidas pela tradição e interpretadas de maneira equivocada, o coração deles transbordou de gratidão a Deus pelo dom indescritível de Cristo como Salvador pessoal.

Como Despertar

Isaías disse em sua profecia: "O remanescente será salvo" (Rm 9:27). Desde os tempos de Paulo até os dias atuais, o Espírito Santo tem chamado tanto o judeu quanto o gentio. "Deus não julga pela aparência" (Gl 2:6), declarou Paulo. Segundo ele, o evangelho "é o poder de Deus para a salvação de todo aquele que crê: primeiro do judeu, depois do grego. Porque no evangelho é revelada a justiça de Deus, uma justiça que do princípio ao fim é pela fé, como está escrito: 'O justo viverá pela fé'" (Rm 1:16, 17). Esse evangelho é igualmente eficaz para judeus e gentios.

Quando esse evangelho for apresentado de maneira completa aos judeus, muitos aceitarão a Cristo. Apenas alguns pastores cristãos se sentem chamados a trabalhar pelo povo judeu; mas a mensagem de Cristo deve alcançar aqueles que muitas vezes foram ignorados.

Na proclamação final do evangelho, Deus espera que Seus mensageiros tenham um interesse especial pelo povo judeu. Muitos deles verão o Cristo do evangelho nas páginas do Antigo Testamento e compreenderão como o Novo Testamento explica o Antigo. Eles reconhecerão Cristo como o Salvador do mundo. A eles, Deus cumprirá as palavras: "Aos que O receberam, aos que creram em Seu nome, deu-lhes o direito de se tornarem filhos de Deus" (Jo 1:12).

Alguns judeus, como Saulo de Tarso, são poderosos nas Escrituras, e eles proclamarão com poder a natureza imutável da lei de Deus. O Deus de Israel cumprirá isso em nossos dias. Quando Seus servos trabalharem com fé por aqueles que há muito tempo têm sido negligenciados, Deus revelará Sua salvação.

A Carta de Paulo aos Gálatas*

Por meio da influência de falsos ensinadores, a heresia e a imoralidade estavam ganhando espaço entre os cristãos da Galácia. Esses falsos mestres estavam misturando tradições judaicas com as verdades do evangelho. Os males que eles apresentavam ameaçavam destruir as igrejas da Galácia.

Paulo estava com o coração partido. Ele escreveu imediatamente para os cristãos enganados, expondo as ideias falsas que eles haviam aceitado.

"Admiro-me de que vocês estejam abandonando tão rapidamente aquele que os chamou pela graça de Cristo, para seguirem outro evangelho que, na realidade, não é o evangelho. O que ocorre é que algumas pessoas os estão perturbando, querendo perverter o evangelho de Cristo. Mas ainda que nós ou um anjo do Céu pregue um evangelho diferente daquele que lhes pregamos, que seja amaldiçoado!" (Gl 1:6-8). O Espírito Santo havia confirmado o trabalho do apóstolo, e ele advertiu seus irmãos em Cristo a não darem ouvidos a nada que contradissesse as verdades que ele tinha ensinado.

Ele exclamou: "Ó gálatas insensatos! Quem os enfeitiçou? Não foi diante dos seus olhos que Jesus Cristo foi exposto como crucificado?" (Gl 3:1). Recusando-se a aceitar as doutrinas dos falsos mestres, o apóstolo tentou levar os conversos a ver que eles tinham sido terrivelmente enganados, mas que, ao retornar à sua fé anterior no evangelho, eles ainda poderiam derrotar os planos de Satanás. Paulo confiava totalmente na mensagem que tinha apresentado, e essa confiança ajudou muitos, que haviam falhado na fé, a retornar ao Salvador.

---

* Este capítulo é baseado na carta de Paulo aos Gálatas.

Como as palavras de Paulo aos gálatas foram diferentes da maneira pela qual ele tinha escrito à igreja de Corinto! Ele repreendeu os coríntios com ternura, mas os gálatas, com palavras da mais pura repreensão. Foi necessário cautela e paciência para ensinar os coríntios a diferenciar o falso do verdadeiro. Contudo, nas igrejas da Galácia, o erro estava substituindo o evangelho de maneira aberta e descarada. Os gálatas haviam rejeitado a Cristo essencialmente para aderirem às cerimônias do judaísmo. O apóstolo viu que, para que os cristãos fossem salvos das influências perigosas que os ameaçavam, ele tinha que agir de maneira decisiva.

Por Que Paulo Foi Tão Rude?

Em sua carta, Paulo recapitulou brevemente os eventos relacionados à sua conversão e às primeiras experiências cristãs. Ao fazer isso, ele estava tentando mostrar que foi por meio de uma manifestação especial do poder divino que ele passou a ver as grandes verdades do evangelho. O próprio Deus levou Paulo a escrever aos gálatas com essa linguagem forte. Com convicção inabalável e conhecimento absoluto, ele descreveu claramente a diferença entre o ensino humano e a instrução que vinha diretamente de Cristo.

As pessoas que haviam tentado desviar do evangelho a fé dos gálatas eram hipócritas, com um coração ímpio e maldoso e uma vida corrompida. Elas esperavam conquistar o favor de Deus por meio de uma série de cerimônias. Não desejavam um evangelho que exigisse obediência à Palavra: "Ninguém pode ver o Reino de Deus, se não nascer de novo" (Jo 3:3). Uma religião baseada em uma doutrina como essa exigia um sacrifício muito grande, então eles se apegavam aos seus erros.

Os não convertidos ainda acham agradável substituir a santidade do coração e da vida por formas exteriores. Satanás tenta intencionalmente desviar a mente da esperança de salvação por meio da fé em Cristo e da obediência à lei de Deus. O principal inimigo adapta suas tentações às preferências das pessoas que ele está tentando enganar. No tempo dos apóstolos, ele levou os judeus a valorizar a lei cerimonial e a rejeitar a Cristo. Hoje, ele leva cristãos professos a desprezar a lei moral e a ensinar que podemos desobedecer a ela sem consequências. Todo servo de Deus deve resistir firmemente a esses pervertedores da fé e expor seus erros.

O Sucesso da Carta de Paulo

Paulo defendeu habilmente a sua posição de apóstolo, dada "não da parte de homens nem por meio de pessoa alguma, mas por Jesus Cristo e por Deus Pai, que O ressuscitou dos mortos" (Gl 1:1).

Ele recebeu sua missão da mais alta Autoridade no Céu, e um conselho geral em Jerusalém reconheceu sua posição. Aqueles que tentaram desprezar seu chamado e trabalho estavam lutando contra Cristo, que demonstrou Sua graça e poder por meio de Paulo. A oposição de seus inimigos forçou o apóstolo a tomar uma posição firme para manter sua autoridade, não a fim de exaltar a si mesmo, mas para exaltar a graça de Deus.

Paulo suplicou aos que tinham experimentado o poder de Deus que retornassem ao seu primeiro amor pela verdade do evangelho. Mostrou-lhes o privilégio da liberdade em Cristo, cuja graça redentora permite que todos os que se rendem inteiramente a Ele sejam revestidos com o manto de Sua justiça. Todos os que querem ser salvos devem ter uma experiência genuína com as coisas de Deus.

As palavras fervorosas do apóstolo deram fruto. Muitos que tinham trilhado caminhos estranhos retornaram à sua antiga fé. Mais tarde, eles permaneceram fiéis na liberdade com a qual Cristo os havia libertado. Deus foi glorificado e muitos se juntaram às fileiras dos cristãos em toda aquela região.

37

Última Viagem a Jerusalém*

Paulo sempre se apegou à esperança de poder ajudar a eliminar o preconceito dos seus compatriotas incrédulos, a fim de que eles aceitassem o evangelho. O apóstolo também queria se encontrar com os membros da igreja em Jerusalém e dar a eles os presentes que as igrejas gentílicas tinham enviado. Esperava também promover uma união mais íntima entre judeus e gentios convertidos à fé.

Paulo estava prestes a embarcar em um navio rumo a um porto na Palestina, quando ficou sabendo que os judeus estavam planejando tirar sua vida. No passado, esses adversários não haviam conseguido acabar com a obra do apóstolo.

O sucesso de Paulo na pregação do evangelho provocou novamente a ira dos judeus, pois esse ensino os libertava da lei cerimonial e igualava os gentios aos judeus como filhos de Abraão! Os inimigos de Paulo chamaram isso de blasfêmia quando ele disse, enfaticamente: "Não há diferença entre grego e judeu, circunciso e incircunciso" (Cl 3:11), e eles decidiram silenciar a voz do apóstolo.

Paulo foi avisado da trama e decidiu dar a volta pela Macedônia. Ele teve que desistir do seu plano de chegar a Jerusalém em tempo para a Páscoa, mas esperava estar lá para o Pentecostes. Trazia consigo uma grande quantia de dinheiro doada pelas igrejas gentílicas; por isso, fez arranjos para que fossem com ele representantes das várias igrejas que haviam contribuído.

Em Filipos, Paulo parou para celebrar a Páscoa. Somente Lucas permaneceu com ele, enquanto os outros seguiram adiante para Trôade, a fim de esperá-lo ali. Os filipenses eram os

* Este capítulo é baseado em Atos 20:4 a 21:16.

convertidos mais amorosos e sinceros do apóstolo, e ele desfrutava momentos felizes na companhia deles.

Embarcando em Filipos, Paulo e
Lucas chegaram a Trôade cinco dias
depois, e permaneceram sete dias
com os cristãos ali.

Despedida no Sábado à Noite

Na última noite, os cristãos se reuniram "para partir o pão" (At 20:7).
O fato de que seu professor amado estava prestes a partir fez com que se
reunisse ali um grupo maior do que o
de costume. A reunião aconteceu em
um quarto no terceiro andar. Ali, na
intensidade de seu cuidado e preocupação com eles, o apóstolo pregou até
a meia-noite.

Em uma das janelas abertas, estava sentado um jovem chamado
Êutico, que acabou dormindo e caiu
pátio abaixo. Ele morreu com a queda,
e muitos se reuniram ao redor dele,
chorando e lamentando. Mas Paulo
orou fervorosamente para que Deus
restaurasse a vida do morto. A voz
do apóstolo, mais alta que o som de
choro, foi ouvida: "Não fiquem alar-
mados! Ele está vivo!" (At 20:10). Com
alegria, os fiéis voltaram a se reunir no
aposento superior. Celebraram o culto
da comunhão, e então Paulo "continuou a falar até o amanhecer" (v. 11).

O navio estava prestes a partir, e os companheiros de Paulo

correram para embarcar. O apóstolo,
no entanto, escolheu pegar o caminho mais curto, por terra, e encontrar seus companheiros de viagem
em Assôs. Paulo estava preocupado
tanto com as dificuldades relaciona-
das à sua visita a Jerusalém, quanto
com a atitude daquela igreja para com
ele e também com as necessidades da
obra evangélica em outros campos.
Portanto, ele aproveitou essa oportunidade especial para buscar força
e orientação de Deus.

Enquanto os viajantes navega-
vam de Assôs para o sul, eles passaram por Éfeso. Paulo queria visitar
a igreja ali, mas decidiu se apressar,
pois queria "chegar a Jerusalém, se
possível antes do dia de Pentecoste"
(v. 16). Em Mileto, no entanto, cerca
de 48 quilômetros de Éfeso, ele descobriu que seria possível se comunicar
com a igreja antes de o navio zarpar.
Então ele enviou uma mensagem aos
anciãos, insistindo que eles fossem
rapidamente a Mileto, para que ele
pudesse vê-los.

Eles foram, e o apóstolo os aconselhou e se despediu deles com palavras comoventes. Ele disse: "Vocês
sabem como vivi todo o tempo em
que estive com vocês, desde o primeiro dia em que cheguei à província da Ásia. [...] Vocês sabem que
não deixei de pregar-lhes nada que
fosse proveitoso, mas ensinei-lhes

tudo publicamente e de casa em casa. Testifiquei, tanto a judeus como a gregos, que eles precisam converter-se a Deus com arrependimento e fé em nosso Senhor Jesus" (At 20:18, 20, 21). Paulo sempre tinha exaltado a lei de Deus. Ele havia ressaltado que os pecadores deviam se arrepender, humilhar-se diante de Deus e exercer fé no sangue de Cristo. O Filho de Deus tinha morrido como sacrifício por eles e subido ao Céu como seu representante. Por meio do arrependimento e fé, estariam livres da condenação, e pela graça de Cristo, seriam capacitados a obedecer à lei de Deus.

Paulo continuou: "Agora, compelido pelo Espírito, estou indo para Jerusalém, sem saber o que me acontecerá ali. Só sei que, em todas as cidades, o Espírito Santo me avisa que prisões e sofrimentos me esperam" (v. 22, 23).

"Agora sei que nenhum de vocês, entre os quais passei pregando o Reino, verá novamente a minha face" (v. 25).

Inspirado a Dizer Adeus

Enquanto falava, o Espírito de inspiração veio sobre ele, confirmando seus temores de que esse seria seu último encontro com os cristãos de Éfeso.

"Não deixei de proclamar-lhes toda a vontade de Deus" (At 20:27). Sem medo de ofender alguém, Paulo pôde advertir e corrigir aqueles cristãos por

meio das palavras que Deus lhe dera. Se os pastores de Cristo hoje virem qualquer ovelha de seu rebanho acariciando o pecado, como pastores fiéis, eles devem abrir a Palavra de Deus e dar a essa ovelha a orientação que se aplica ao seu caso. Os pastores devem ensinar fielmente seu rebanho, mostrando-lhes o que devem ser e fazer para permanecerem perfeitos no dia de Deus. Ao fim de sua obra, os mestres fiéis da verdade poderão dizer como Paulo: "Estou inocente do sangue de todos" (v. 26).

"Cuidem de vocês mesmos e de todo o rebanho sobre o qual o Espírito Santo os colocou como bispos, para pastorearem a igreja de Deus, que Ele comprou com o Seu próprio sangue" (v. 28). Os pastores lidam com pessoas compradas pelo sangue de Cristo. Como representantes dEle, devem manter intacta a honra de Seu nome. Por meio de uma vida pura, devem provar ser dignos do seu importante chamado.

Os perigos ameaçariam a igreja em Éfeso: "Sei que, depois da minha partida, lobos ferozes penetrarão no meio de vocês e não pouparão o rebanho. E dentre vocês mesmos se levantarão homens que torcerão a verdade, a fim de atrair os discípulos" (v. 29, 30). Olhando para o futuro, Paulo viu os ataques que os cristãos sofreriam de inimigos tanto de dentro como de fora da igreja. "Por isso, vigiem! Lembrem-se de que durante três anos jamais cessei de advertir cada um de vocês disso, noite e dia, com lágrimas" (v. 31).

Paulo continuou: "Agora, eu os entrego a Deus e à palavra da Sua graça, que pode edificá-los e dar-lhes herança entre todos os que são santificados. Não cobicei a prata nem o ouro nem as roupas de ninguém" (v. 32, 33). Paulo nunca tentou obter alguma coisa para si dos ricos cristãos de Éfeso. Ele afirmou: "Vocês mesmos sabem que estas minhas mãos supriram minhas necessidades e as de meus companheiros. Em tudo o que fiz, mostrei-lhes que mediante trabalho árduo devemos ajudar os fracos, lembrando as palavras do próprio Senhor Jesus, que disse: 'Há maior felicidade em dar do que em receber'" (v. 34, 35).

"Tendo dito isso, ajoelhou-se com todos eles e orou. Todos choraram muito e, abraçando-o, o beijavam. O que mais os entristeceu foi a declaração de que nunca mais veriam a sua face. Então o acompanharam até o navio" (v. 36-38).

De Mileto, os viajantes foram para Pátara, onde, "encontrando um navio que ia fazer a travessia para a Fenícia", embarcaram nele e partiram (At 21:2). Em Tiro, onde o navio foi descarregado, o Espírito Santo avisou alguns discípulos sobre os perigos que esperavam Paulo em Jerusalém. Eles insistiram com Paulo para que não continuasse a viagem. Mas o apóstolo não permitiria que nenhum medo o desviasse do seu propósito.

Em Cesareia, Paulo passou alguns dias felizes e em paz, os últimos que ele desfrutaria em perfeita liberdade por um longo tempo. Enquanto ele estava ali, Lucas disse: "Desceu da Judeia um profeta chamado Ágabo. Vindo ao nosso encontro tomou o cinto de Paulo e, amarrando as suas próprias mãos e pés, disse: Assim diz o Espírito Santo: 'Desta maneira os judeus amarrarão o dono deste cinto em Jerusalém e o entregarão aos gentios'" (v. 10, 11).

Sem Desviar-se do Dever

Entretanto, Paulo não se desviaria do seu dever. Ele seguiria Cristo à prisão e à morte, se necessário. Paulo exclamou: "Por que vocês estão chorando e partindo o meu coração? Estou pronto não apenas para ser amarrado, mas também para morrer em Jerusalém pelo nome do Senhor Jesus" (v. 13).

Logo chegou o fim da sua breve estadia em Cesareia, e tanto Paulo como seus companheiros partiram para Jerusalém, com o coração muito pesaroso pelo pressentimento do mal que estava às portas.

O apóstolo sabia que encontraria poucos amigos e muitos inimigos em Jerusalém. Lembrando-se do preconceito cruel que ele mesmo tivera contra os seguidores de Cristo, sentiu a mais profunda piedade por seus compatriotas equivocados. No entanto, ele tinha tão pouca esperança de que pudesse ajudá-los! O mesmo ódio cego que havia consumido seu coração no passado estava agora incendiando o coração de toda a nação contra ele.

Além disso, ele não podia contar nem com a compaixão dos próprios irmãos na fé. Mesmo entre os apóstolos e anciãos, alguns haviam acreditado que os relatos mais desfavoráveis sobre Paulo eram verdadeiros. Não tentaram contestar o que tinham ouvido e nem demonstraram desejo de apoiá-lo.

Contudo, o apóstolo não se desesperou. Ele confiava que a Voz que tinha falado ao seu coração ainda falaria ao coração de seus compatriotas, e que o Mestre a quem seus irmãos discípulos serviam, ainda uniria o coração deles ao seu na obra do evangelho.

Mau Conselho *

Paulo entregou aos líderes em Jerusalém as contribuições que as igrejas gentílicas tinham enviado para ajudar os cristãos judeus pobres. A quantia ultrapassou em muito o que os habitantes de Jerusalém esperavam. Ela representava grandes sacrifícios e renúncia da parte dos cristãos gentios.

Essas ofertas espontâneas mostravam a lealdade dos gentios convertidos para com a obra organizada de Deus em todo o mundo. No entanto, alguns foram claramente incapazes de apreciar o espírito de amor fraternal que havia impulsionado os gentios a dar aquelas ofertas.

Alguns anos antes, certos líderes em Jerusalém não haviam colaborado alegremente com Paulo. Preocupados em preservar algumas formas e cerimônias sem sentido, eles perderam de vista a bênção de tentar unir todas as partes do trabalho do Senhor em uma só. Eles não seguiram a liderança de Deus e tentaram impor muitas restrições desnecessárias aos trabalhadores. Homens que não conheciam as necessidades específicas de campos distantes insistiam que tinham autoridade para levar os trabalhadores desses lugares a adotar determinados métodos de trabalho.

Vários anos haviam se passado desde que a liderança de Jerusalém tinha refletido cuidadosamente sobre os métodos usados por aqueles que trabalhavam entre os gentios, e haviam feito recomendações sobre certos ritos e cerimônias. Na assembleia geral, os líderes também tinham sido unânimes em recomendar Barnabé e Paulo como missionários dignos da confiança de todos os cristãos. Na reunião, alguns haviam criticado severamente os apóstolos que levavam o evangelho ao mundo dos gentios, mas durante a assembleia, seus pontos de vista sobre os planos de Deus tinham sido ampliados, e eles se

* Este capítulo é baseado em Atos 21:17 a 23:35.

uniram para tomar decisões que possibilitaram a união de todo o corpo de cristãos.

Líderes Prejudicam o Ministério de Paulo

Posteriormente, quando o número de gentios convertidos começou a aumentar rapidamente, alguns líderes em Jerusalém começaram a reviver seus antigos preconceitos contra os métodos de Paulo. Alguns líderes decidiram que, a partir de então, o trabalho deveria ser conduzido de acordo com suas próprias ideias. Se Paulo se conformasse com suas políticas, eles reconheceriam e apoiariam seu trabalho. Caso contrário, eles não poderiam mais apoiá-lo.

Esses homens perderam de vista o fato de que Deus é quem ensina Seu povo. Todo obreiro em Sua causa deve seguir o Líder divino, não buscando em outros uma orientação direta. Os obreiros de Deus devem ser moldados à semelhança divina.

Paulo havia ensinado o povo, não com "palavras persuasivas de sabedoria", mas com "demonstração do poder do Espírito" (1Co 2:4). Ele tinha buscado orientação diretamente de Deus; mas, ao mesmo tempo, havia sido cuidadoso em trabalhar em harmonia com as decisões da assembleia geral em Jerusalém. Como resultado, as igrejas foram "fortalecidas na fé e cresciam em número cada dia" (At 16:5). Apesar da falta de simpatia que alguns lhe mostraram, Paulo havia inspirado lealdade, generosidade e amor fraternal nos convertidos, conforme mostravam as contribuições generosas que ele colocou diante dos anciãos judeus.

Paulo "relatou minuciosamente o que Deus havia feito entre os gentios por meio do seu ministério" (At 21:19). Isso convenceu, mesmo aqueles que duvidavam, de que Deus tinha abençoado sua obra. "Ouvindo isso, eles louvaram a Deus" (v. 20). Os métodos adotados pelo apóstolo tinham a aprovação do Céu. Os líderes que haviam insistido para que fossem adotadas medidas de controle arbitrárias viram o ministério de Paulo sob uma nova luz e se convenceram de que estavam errados. Os costumes e as tradições judaicas os tinham mantido escravos, e eles haviam atrapalhado a obra do evangelho, pois não reconheciam que a morte de Cristo tinha derrubado o muro que dividia judeus e gentios.

Essa foi a oportunidade de ouro para que toda a liderança admitisse voluntariamente não apenas que Deus havia trabalhado por meio de Paulo, mas que eles tinham errado ao permitir que os inimigos do apóstolo despertassem o ciúme e o preconceito deles. Em vez de fazerem justiça àquele que tinha sido prejudicado, mostraram que ainda queriam responsabilizar Paulo pelo preconceito existente. Eles não defenderam nobremente o apóstolo, mas tentaram chegar a um acordo.

Conselho Incoerente

"Veja, irmão", disseram em resposta ao seu testemunho, "quantos milhares de judeus creram, e todos eles são zelosos da lei. Eles foram informados de que você ensina todos os judeus que vivem entre os gentios a se afastarem de Moisés, dizendo-lhes que não circuncidem seus filhos nem vivam de acordo com os nossos costumes. [...] Portanto, faça o que lhe dizemos. Estão conosco quatro homens que fizeram um voto. Participe com esses homens dos rituais de purificação e pague as despesas deles, para que rapem a cabeça. Então todos saberão que não é verdade o que falam de você, mas que você continua vivendo em obediência à lei. Quanto aos gentios convertidos, já lhes escrevemos a nossa decisão de que eles devem abster-se de comida sacrificada aos ídolos, do sangue, da carne de animais estrangulados e da imoralidade sexual" (At 21:20, 21, 23-25).

Esses homens garantiram a Paulo que a decisão da assembleia anterior sobre os conversos gentios e a lei cerimonial ainda estava valendo. No entanto, o conselho que estavam dando não era coerente com aquela decisão. O Espírito de Deus não inspirou aquela orientação. Ela era fruto da covardia.

Muitos judeus que haviam aceitado o evangelho ainda apreciavam a lei cerimonial. Eles estavam muito dispostos a fazer concessões insensatas na esperança de eliminar o preconceito e levar seus compatriotas a ter fé em Cristo como o Redentor do mundo. Paulo percebeu que, enquanto os líderes da igreja em Jerusalém continuassem a ter preconceito contra ele, eles trabalhariam constantemente contra sua influência. Sentia que, se pudesse ganhá-los para a verdade cedendo de maneira razoável, ele removeria um grande obstáculo para o sucesso do evangelho em outros lugares. Entretanto, Deus não o autorizou a ir tão longe quanto eles pediram.

Quando pensamos no grande desejo de Paulo de estar em harmonia com outros cristãos, em sua ternura para com os fracos na fé e em seu profundo respeito pelos apóstolos que tinham estado com Cristo, não surpreende que ele tenha achado necessário se afastar da direção firme que havia seguido até então. Porém, seus esforços para satisfazer os interesses dos outros só trouxeram mais rapidamente sobre ele os sofrimentos

Mau Conselho

preditos, separando-o dos outros cristãos e privando a igreja de uma de suas colunas mais fortes.

No dia seguinte, Paulo começou a seguir o conselho dos anciãos. Ele levou para o templo os quatro homens que tinham feito o voto de nazireu (ver Nm 6). Aqueles que aconselharam Paulo a fazer isso não haviam considerado como isso o colocaria em grande perigo. Ele tinha visitado muitas das maiores cidades do mundo e era bem conhecido por milhares de pessoas que tinham vindo a Jerusalém para participar da festa. Entre estas, estavam homens que odiavam Paulo cruelmente. Ele arriscaria sua vida ao entrar no templo em uma ocasião pública. Durante vários dias, Paulo aparentemente não foi reconhecido, mas enquanto estava conversando com um sacerdote sobre os sacrifícios a serem oferecidos, alguns judeus da Ásia o reconheceram. Com a fúria dos demônios, correram até ele. "Israelitas, ajudem-nos! Este é o homem que ensina a todos em toda parte contra o nosso povo, contra a nossa lei e contra este lugar" (At 21:28). À medida que o povo respondia ao pedido de ajuda, eles fizeram outra acusação: "Além disso, ele fez entrar gregos no templo e profanou este santo lugar" (v. 28).

Pela lei judaica, era considerado um crime punido com a morte o fato de uma pessoa incircuncisa entrar nos pátios internos do templo sagrado. Paulo tinha sido visto na cidade com Trófimo, um efésio, e as pessoas concluíram que ele o havia levado ao templo. O apóstolo não tinha feito isso. Além do mais, sendo ele mesmo judeu, sua entrada no templo não violava a lei.

Paulo é Atacado

Embora a acusação fosse completamente falsa, ela serviu para despertar o preconceito do povo. Uma agitação desenfreada se espalhou por Jerusalém. "Toda a cidade ficou alvoroçada, e juntou-se uma multidão. Agarrando Paulo, arrastaram-no para fora do templo, e imediatamente as portas foram fechadas. Tentando eles matá-lo, chegaram notícias ao comandante das tropas romanas de que toda a cidade de Jerusalém estava em tumulto" (At 21:30, 31). Cláudio Lísias "reuniu imediatamente alguns oficiais e soldados, e com eles correu para o meio da multidão. Quando viram o comandante e os seus soldados, pararam de espancar Paulo" (v. 32). Vendo que a raiva da multidão se dirigia a Paulo, o capitão romano "prendeu-o e ordenou que ele fosse amarrado com duas correntes. Então perguntou quem era ele e o que tinha feito" (v. 33). Imediatamente, muitas vozes se levantaram numa acusação furiosa.

"Não conseguindo saber ao certo o que havia acontecido, por causa do tumulto, o comandante ordenou que Paulo fosse levado para a fortaleza. [...] A multidão que o seguia continuava gritando: 'Acaba com ele!'" (v. 34, 36). Paulo estava calmo e controlado. Ele sabia que anjos do Céu estavam ao seu redor. Quando estava prestes a ser levado para a fortaleza, disse ao comandante: "Posso dizer-te algo?" (v. 37). Lísias respondeu: "'Não é você o egípcio que iniciou uma revolta e há algum tempo levou quatro mil assassinos para o deserto?' Paulo respondeu: 'Sou judeu, cidadão de Tarso, cidade importante da Cilícia. Permite-me falar ao povo'" (v. 38, 39).

O Ódio dos Inimigos de Paulo

Lísias concordou, e "Paulo levantou-se na escadaria e fez sinal à multidão" (At 21:40). Sua postura inspirava respeito. "Quando todos fizeram silêncio, dirigiu-se a eles em aramaico: 'Irmãos e pais, ouçam agora a minha defesa'" (At 21:40; 22:1). No completo silêncio, ele continuou: "Sou judeu, nascido em Tarso da Cilícia, mas criado nesta cidade. Fui instruído rigorosamente por Gamaliel na lei de nossos antepassados, sendo tão zeloso por Deus quanto qualquer de vocês hoje" (At 22:3). Os fatos aos quais ele se referiu eram bem conhecidos. Ele

então falou de seu zelo anterior em perseguir os discípulos de Cristo. Contou a história da sua conversão, de como seu coração orgulhoso havia se rendido ao Nazareno crucificado. O relato de sua experiência pareceu suavizar e conquistar o coração dos seus oponentes.

Ele então revelou que queria trabalhar pela sua nação; mas, naquele mesmo templo, a voz de Deus o tinha mandado ir "para longe, aos gentios" (v. 21).

A Ira do Exclusivismo

O povo estava escutando com atenção; mas, quando Paulo chegou ao ponto em que foi nomeado embaixador para os gentios, a ira deles irrompeu novamente. Eles não estavam dispostos a deixar que os gentios desprezados compartilhassem dos privilégios que tinham pensado ser exclusivamente seus. Eles gritaram: "'Tira esse homem da face da terra! Ele não merece viver!' Estando eles gritando, [...] o comandante ordenou que Paulo fosse levado à fortaleza e fosse açoitado e interrogado, para saber por que o povo gritava daquela forma contra ele. Enquanto o amarravam a fim de açoitá-lo, Paulo disse ao centurião que ali estava: 'Vocês têm o direito de açoitar um cidadão romano sem que ele tenha sido condenado?'" (At 22:22-25).

"Ao ouvir isso, o centurião foi previnir o comandante: 'Que vais fazer? Este homem é cidadão romano'" (v. 26).

"O comandante dirigiu-se a Paulo e perguntou: 'Diga-me, você é cidadão romano?'" (v. 27).

"Ele respondeu: 'Sim, sou'" (v. 27).

"Então o comandante disse: 'Eu precisei pagar um elevado preço por minha cidadania'" (v. 28).

"Respondeu Paulo: 'Eu a tenho por direito de nascimento'" (v. 28).

"Os que iam interrogá-lo retiraram-se imediatamente. O próprio comandante ficou alarmado, ao saber que havia prendido um cidadão romano" (v. 29).

"No dia seguinte, visto que o comandante queria descobrir exatamente por que Paulo estava sendo acusado pelos judeus, libertou-o e ordenou que se reunissem os chefes dos sacerdotes e todo o Sinédrio. Então, trazendo Paulo, apresentou-o a eles" (v. 30).

Perante o Tribunal

Enquanto estava diante dos governantes judeus, o rosto de Paulo revelava a paz de Cristo. "'Meus irmãos, tenho cumprido meu dever para com Deus com toda a boa consciência, até o dia de hoje'. Diante disso o sumo sacerdote Ananias deu ordens aos que estavam perto de Paulo para que lhe batessem na boca" (At 23:1, 2). Com essa ordem desumana, Paulo exclamou: "'Deus te ferirá, parede branqueada! Estás aí sentado para me julgar conforme a lei, mas contra a lei me mandas ferir?'" (v. 3).

"E os que estavam em pé disseram: 'Você insulta o sumo sacerdote de Deus?'" (v. 4).

Com sua cortesia de costume, Paulo respondeu: "Irmãos, eu não sabia que ele era o sumo sacerdote, pois está escrito: 'Não fale mal de uma autoridade do seu povo'" (v. 5).

"Então Paulo, sabendo que alguns deles eram saduceus e os outros fariseus, bradou no Sinédrio: 'Irmãos, sou fariseu, filho de fariseu. Estou sendo julgado por causa da minha esperança na ressurreição dos mortos!'" (v. 6).

Os dois partidos judeus começaram a discutir entre si, e isso enfraqueceu sua oposição a Paulo. "Houve um grande alvoroço, e alguns dos mestres da lei que eram fariseus se levantaram e começaram a discutir intensamente, dizendo: 'Não encontramos nada de errado neste homem. Quem sabe se algum espírito ou anjo falou com ele?'" (v. 9).

Os saduceus estavam tentando impacientemente se apoderar do apóstolo para que pudessem matá-lo, e os fariseus estavam igualmente empenhados em protegê-lo. "O comandante teve medo que Paulo fosse despedaçado por eles. Então ordenou que as tropas descessem e o retirassem à força do meio deles, levando-o para a fortaleza" (v. 10).

Mais tarde, Paulo começou a temer que suas ações pudessem não estar agradando a Deus. Será que ele tinha cometido um erro ao visitar Jerusalém? Será que seu grande desejo de estar em união com seus irmãos em Cristo o havia levado a esse terrível resultado?

Como aqueles oficiais pagãos pensariam nos judeus como o povo professo de Deus – com uma responsabilidade sagrada, porém se entregando à ira cega, tentando destruir até mesmo seus conterrâneos que ousassem ter uma fé religiosa diferente, transformando sua assembleia solene em uma confusão desenfreada? O nome de Deus tinha sido desonrado diante dos pagãos.

Paulo sabia que seus inimigos não descansariam enquanto não o matassem. Será que seu trabalho pelas igrejas estava terminado e lobos maus entrariam na igreja? Ele pensou nos perigos das igrejas espalhadas, expostas à perseguição de pessoas como as que ele tinha encontrado no conselho do Sinédrio. Em angústia, ele chorou e orou.

Naquele momento sombrio, o Senhor Se revelou à Sua testemunha fiel, em resposta às orações sinceras do apóstolo em que ele pedia orientação. "Na noite seguinte o Senhor, pondo-Se ao lado dele, disse: 'Coragem! Assim como você testemunhou a Meu respeito em Jerusalém, deverá testemunhar também em Roma'" (At 23:11).

Enquanto o Senhor animava Seu servo, os inimigos de Paulo planejavam destruí-lo. Conspiradores, "dirigindo-se aos chefes dos sacerdotes e aos líderes dos judeus, disseram: 'Juramos solenemente, sob maldição, que não comeremos nada enquanto não matarmos Paulo. Agora, portanto, vocês e o Sinédrio peçam ao comandante que o faça comparecer diante de vocês com o pretexto de obter informações mais exatas sobre o seu caso. Estaremos prontos para matá-lo antes que ele chegue aqui'" (v. 14, 15).

Os sacerdotes e governantes concordaram, entusiasmados. Paulo tinha falado a verdade quando comparou Ananias a uma "parede branqueada" (v. 3).

Conspiração Frustrada

Deus entrou em ação para salvar Seu servo. O filho da irmã de Paulo ouviu falar da emboscada dos assassinos, e ele "foi à fortaleza e contou tudo a Paulo, que, chamando um dos centuriões, disse: 'Leve este rapaz ao comandante; ele tem algo para lhe dizer'. Assim ele o levou ao comandante. Então disse o centurião: 'Paulo, o prisioneiro, chamou-me, pediu-me que te trouxesse este rapaz, pois ele tem algo para te falar'" (v. 16-18).

Cláudio Lísias recebeu gentilmente o moço. "O que você tem para me dizer?" (v. 19). O jovem respondeu: "Os judeus planejaram pedir-te que apresentes Paulo ao Sinédrio amanhã, sob pretexto de buscar informações mais exatas a respeito dele. Não te deixes convencer, pois mais de quarenta deles estão preparando uma emboscada contra Paulo. Eles juraram solenemente não comer nem beber enquanto não o matarem. Estão preparados agora, esperando que prometas atender-lhes o pedido" (v. 20, 21).

"O comandante despediu o rapaz e recomendou-lhe: 'Não diga a ninguém que você me contou isso'" (v. 22).

Lísias "chamou dois de seus centuriões e ordenou-lhes: 'Preparem um destacamento de duzentos soldados, setenta cavaleiros e duzentos lanceiros a fim de irem para Cesareia esta noite, às nove horas. Providenciem montarias para Paulo, e levem-no em segurança ao governador Félix'" (v. 23, 24).

Eles não deviam perder tempo. "Os soldados, cumprindo o seu dever, levaram Paulo durante a noite, e chegaram a Antipátride" (v. 31). Os cavaleiros prosseguiram com o prisioneiro até Cesareia. O oficial encarregado entregou seu prisioneiro a Félix, apresentando também uma carta:

"Cláudio Lísias, ao Excelentíssimo Governador Félix: Saudações. Este homem foi preso pelos judeus, que estavam prestes a matá-lo quando eu, chegando com minhas tropas, o resgatei, pois soube que ele é cidadão romano. [...] Quando fui informado de que estava sendo preparada uma cilada contra ele, enviei-o imediatamente a Vossa Excelência. Também ordenei que os seus acusadores apresentassem a Vossa Excelência aquilo que têm contra ele" (At 23:26, 27, 30).

Um Crime Após o Outro

Em sua raiva contra Paulo, os judeus não apenas haviam acrescentado mais um crime ao registro negro que marcou a história desse povo, como também tinham tornado sua condenação ainda mais certa. Na sinagoga de Nazaré, Cristo lembrou Seus ouvintes de que, no passado, Deus havia Se afastado do Seu povo escolhido por causa da incredulidade e rebelião deles. O Senhor então Se revelou a pessoas em terras pagãs que não tinham rejeitado a luz do Céu. O mensageiro fiel de Deus não encontraria nenhuma segurança no Israel apóstata. Os líderes judeus estavam levando o povo para cada vez mais longe da obediência a Deus – onde Ele não poderia defendê-los no dia da angústia.

As palavras de repreensão do Salvador ao povo de Nazaré se

aplicavam, no caso de Paulo, aos seus irmãos na fé cristã. Se os líderes da igreja tivessem abandonado completamente a amargura para com o apóstolo, e o houvessem aceitado como alguém especialmente chamado por Deus para levar o evangelho aos gentios, o Senhor o teria preservado para eles. Deus não tinha ordenado que a obra de Paulo terminasse tão cedo.

O mesmo espírito ainda está privando a igreja de muitas bênçãos. Quantas vezes o Senhor teria prolongado a obra de um pastor fiel se a igreja tivesse reconhecido seus esforços! Se os membros da igreja distorcem e interpretam mal as palavras e atos do servo de Cristo, atrapalhando-o, o Senhor retira a bênção que Ele lhes deu.

Aqueles que Deus escolheu para realizar uma grande e boa obra podem estar prontos para sacrificar até a própria vida pela causa de Cristo; porém, o grande enganador lançará dúvidas a respeito deles a seus irmãos, para enfraquecer a confiança em sua integridade e impedir que sejam úteis. Muitas vezes, por meio dos próprios irmãos, Satanás consegue trazer sobre os servos de Deus uma angústia de coração tão grande, que o Senhor graciosamente intervém para dar descanso a Seus servos perseguidos. Depois que a voz de advertência e ânimo for silenciada, então esses opositores endurecidos poderão ver e valorizar as bênçãos que desperdiçaram. A morte dos servos de Deus pode realizar o que eles, em vida, não conseguiram fazer.

No Tribunal de Cesareia*

Cinco dias depois que Paulo chegou a Cesareia, seus acusadores vieram de Jerusalém, trazendo o advogado deles, chamado Tértulo. Paulo foi levado perante a assembleia, e Tértulo apresentou sua acusação. O orador astuto e dissimulado começou seu discurso exaltando Félix: "Temos desfrutado de um longo período de paz durante o teu governo, e o teu providente cuidado resultou em reformas nesta nação. Em tudo e em toda parte, excelentíssimo Félix, reconhecemos estes benefícios com profunda gratidão" (At 24:2, 3).

Ao dizer isso, Tértulo mentiu com ousadia, pois o caráter de Félix era vergonhoso. Aqueles que o ouviam sabiam que suas palavras eram falsas.

Tértulo acusou Paulo de cometer alta traição contra o governo: "Verificamos que este homem é um perturbador, que promove tumultos entre os judeus pelo mundo todo. Ele é o principal cabeça da seita dos nazarenos e tentou até mesmo profanar o templo" (v. 5, 6). Os judeus que estavam ali confirmaram todas as acusações com muito barulho, não fazendo nenhum esforço para esconder o ódio que tinham do prisioneiro.

Félix percebeu o motivo dos elogios dos acusadores de Paulo. Ele também viu que eles não tinham conseguido provar suas acusações. Dirigindo-se a Paulo, pediu ao apóstolo que respondesse por si mesmo.

Paulo não desperdiçou suas palavras em elogios. Referindo-se às acusações feitas contra ele, o apóstolo mostrou claramente que nenhuma delas era verdadeira. Ele não tinha causado perturbação em nenhuma parte de Jerusalém, nem contaminado o santuário. Embora tivesse reconhecido que adorava a Deus "como seguidor do Caminho" (v. 14), ele declarou que sempre havia acreditado em "tudo o que" concordava

* Este capítulo é baseado em Atos 24.

"com a Lei e no que" estava "escrito nos Profetas" (v. 14). Além disso, ele disse que acreditava na ressurreição dos mortos. O princípio que orientava sua vida era "sempre conservar" sua "consciência limpa diante de Deus e dos homens" (v. 16).

Com clareza e simplicidade, ele relatou o propósito da sua visita a Jerusalém e as circunstâncias de sua prisão e julgamento: "Vim a Jerusalém para trazer esmolas ao meu povo e apresentar ofertas. Enquanto fazia isso, já cerimonialmente puro, encontraram-me no templo, sem envolver-me em nenhum ajuntamento ou tumulto" (v. 17, 18).

As palavras do apóstolo pareciam verdadeiras. Cláudio Lísias, em sua carta a Félix, havia relatado de maneira semelhante a conduta de Paulo. A declaração franca de Paulo sobre os fatos permitiu que Félix compreendesse os motivos dos judeus em tentar condenar o apóstolo por provocação à rebelião e traição. O governador não satisfaria a vontade deles, condenando injustamente um cidadão romano ou entregando-o a eles. Porém, Félix não conhecia nenhuma motivação superior ao interesse próprio. Ele tinha medo de ofender os judeus, e isso o impediu de fazer justiça a um homem que ele sabia que era inocente. Então decidiu suspender o julgamento até que Lísias estivesse presente.

O apóstolo permaneceu preso, mas Félix ordenou que ele tivesse "certa liberdade" e lhe fosse permitido "que os seus amigos o servissem" (v. 23).

Boas-novas Maravilhosas

Pouco tempo depois, Félix e sua esposa Drusila mandaram chamar Paulo, para o ouvir "falar sobre a fé em Cristo Jesus" (At 24:24). Eles estavam ansiosos para ouvir essas novas verdades – verdades que, se rejeitadas, testemunhariam contra eles no dia de Deus.

Paulo sabia que estava na presença de um governante que tinha poder para matá-lo ou libertá-lo, mas ele não falou com Félix e Drusila com elogios exagerados. Esquecendo-se de todas as razões egoístas, ele tentou despertá-los para a percepção do perigo. O apóstolo se deu conta de que, um dia, o casal estaria entre os santos ao redor do grande trono branco, ou com aqueles a quem Cristo dirá: "Afastem-se de mim vocês, que praticam o mal" (Mt 7:23).

Poucos tinham ousado insinuar a Félix que seu caráter e conduta não eram impecáveis, mas Paulo não tinha medo de nenhum ser humano. Então Deus o levou a falar sobre as virtudes essenciais ao caráter cristão, das quais o casal arrogante diante dele tinha tanta falta.

Ele mostrou a Félix e Drusila a justiça de Deus, Sua retidão e a natureza de Sua lei. Revelou que é nosso dever viver com sobriedade e moderação, em obediência à lei de Deus, preservando as capacidades físicas e mentais em uma condição saudável. Certamente haveria um dia de julgamento, em que ficaria claro que riquezas, posições e títulos não podem livrar ninguém dos resultados do pecado. Esta vida é o nosso tempo de preparação para a vida futura. Se negligenciarmos as oportunidades de hoje, experimentaremos a perdição eterna. Não receberemos nenhuma segunda chance depois.

Paulo mostrou especialmente como a lei de Deus alcança os profundos segredos da nossa natureza moral. A lei examina nossos pensamentos, motivos e propósitos. Desejos obscuros como o ciúme, ódio, luxúria e ambição, ocultos da visão humana; as más ações que pensamos realizar, mas nunca o fazemos por falta de oportunidade – todos esses são condenados pela lei de Deus.

Paulo revelou o grande Sacrifício pelo pecado, Cristo, como a única fonte de vida e esperança para a humanidade caída. Assim como, há séculos, homens santos viam a morte agonizante dos animais escolhidos como sacrifício, eles olharam ao longo dos séculos para o Cordeiro de Deus, que devia tirar o pecado do mundo.

Deus reivindica de maneira justa o amor e a obediência de Suas criaturas. No entanto, muitos se esquecem do seu Criador e lhe devolvem o ódio em vez do amor. Deus não pode rebaixar os requisitos de Sua lei. Nem podemos satisfazer às exigências da lei por nossas forças. Somente pela fé em Cristo o pecador pode encontrar a purificação da culpa e o poder para obedecer à lei de seu Criador.

Dessa maneira, Paulo, o prisioneiro, apresentou Jesus como o Filho de Deus, o Redentor do mundo, e as exigências da lei divina.

Oportunidade Áurea Rejeitada

A princesa judia compreendeu a lei que ela havia, tão descaradamente, quebrado, mas o preconceito contra o Homem do Calvário endureceu seu coração contra a palavra da vida. Félix, porém, ficou profundamente perturbado. Ele sentia que as palavras de Paulo eram verdadeiras. Com extrema clareza, Félix se lembrou dos segredos de sua vida. Ele se viu lascivo, cruel e ganancioso. Nunca antes, a verdade tinha tocado seu coração daquela maneira. O pensamento de que sua vida de pecado estava aberta aos olhos de Deus, e que ele devia ser julgado por suas ações, o fez tremer.

Em vez de deixar sua convicção o conduzir ao arrependimento, ele tentou rejeitar esses pensamentos indesejáveis. "Basta, por enquanto! Pode sair. Quando achar conveniente, mandarei chamá-lo de novo" (At 24:25).

Como foi grande o contraste entre as ações de Félix e as do carcereiro em Filipos! Paulo foi levado a Félix assim como os servos do Senhor foram levados ao carcereiro. A prova que eles deram de que o poder divino os sustentava, combinado com seu espírito de perdão, trouxe convicção ao coração do carcereiro. Tremendo, ele confessou seus pecados e encontrou perdão. Félix também tremeu, mas não se arrependeu. O carcereiro recebeu o Espírito de Deus; Félix pediu ao mensageiro divino que fosse embora. Um escolheu se tornar herdeiro do Céu; o outro escolheu se unir aos malfeitores.

Durante dois anos, Paulo permaneceu preso. Félix o visitou várias vezes e insinuou que, se pagasse uma grande quantia de dinheiro, Paulo poderia garantir sua libertação. Entretanto, o apóstolo era muito nobre para se libertar por meio de suborno. Ele não cometeria um erro para ganhar a liberdade. Sentia que estava nas mãos de Deus, e não interferiria em Seu plano para ele.

Félix foi finalmente convocado para ir a Roma por causa das injustiças terríveis que ele tinha cometido contra os judeus. Antes de deixar Cesareia, ele pensou que prestaria "um favor aos judeus" (At 25:9), permitindo que Paulo permanecesse na prisão. Mas Félix não conseguiu recuperar a confiança dos judeus. Ele foi retirado do cargo de maneira vergonhosa, e Pórcio Festo foi nomeado para sucedê-lo.

Um raio de luz do Céu tinha vindo a Félix quando Paulo argumentou com ele "acerca da justiça, do domínio próprio e do juízo vindouro" (At 24:25). Mas ele disse ao mensageiro de Deus: "Pode sair. Quando achar conveniente, mandarei chamá-lo de novo" (v. 25).

Ele nunca mais recebeu outro apelo de Deus.

Paulo Apela a César*

"Três dias depois de chegar à província, Festo subiu de Cesareia para Jerusalém, onde os chefes dos sacerdotes e os judeus mais importantes compareceram diante dele, apresentando as acusações contra Paulo. Pediram a Festo o favor de transferir Paulo para Jerusalém" (At 25:1-3). Ao fazerem esse pedido, pretendiam armar uma emboscada para Paulo ao longo do caminho e matá-lo.

No entanto, Festo tinha um grande sentimento de responsabilidade. Ele recusou o pedido de maneira cortês. Então declarou que não era costume romano condenar ninguém antes que ele se defrontasse pessoalmente com seus acusadores e tivesse a oportunidade de se defender das acusações que lhe faziam (v. 16).

Os judeus não tinham esquecido a derrota anterior em Cesareia. Novamente eles pediram a Festo que enviasse Paulo a Jerusalém para ser julgado, mas Festo se manteve firme em seu plano de conceder a Paulo um julgamento justo em Cesareia. Deus dirigiu a decisão de Festo, para prolongar a vida do apóstolo.

Os líderes judeus imediatamente se prepararam para testemunhar contra Paulo na corte do procurador. Festo, "convocou o tribunal e ordenou que Paulo fosse trazido perante ele. Quando Paulo apareceu, os judeus que tinham chegado de Jerusalém se aglomeraram ao seu redor, fazendo contra ele muitas e graves acusações que não podiam provar" (v. 6, 7). Ao longo do julgamento, Paulo mostrou claramente, de maneira calma e aberta, que as declarações dos seus acusadores não eram verdadeiras.

Festo reconheceu que nada nas acusações contra Paulo o tornava sujeito à morte ou mesmo à prisão. No entanto, ele viu claramente o ataque de fúria que se seguiria se não condenasse Paulo nem o entregasse a seus acusadores. Assim, "querendo

* Este capítulo é baseado em Atos 25:1-16.

prestar um favor aos judeus" (v. 9), Festo perguntou a Paulo se ele estava disposto a ir a Jerusalém sob sua proteção, para ser julgado pelo Sinédrio. O apóstolo sabia que estaria mais seguro entre os pagãos do que com aqueles que haviam rejeitado a luz do Céu e endurecido o coração contra o evangelho. Por isso, decidiu exercer seu direito, como cidadão romano, de apelar para César: "Estou agora diante do tribunal de César, onde devo ser julgado. Não fiz nenhum mal aos judeus, como bem sabes. Se, de fato, sou culpado de ter feito algo que mereça pena de morte, não me recuso a morrer. Mas se as acusações feitas contra mim por estes judeus não são verdadeiras, ninguém tem o direito de me entregar a eles. Apelo para César!" (v. 10, 11).

Festo não sabia nada sobre a conspiração dos judeus para assassinar Paulo e ficou surpreso com esse apelo a César. No entanto, as palavras do apóstolo colocaram um fim às ações do tribunal. "Festo declarou: 'Você apelou para César, para César irá'" (v. 12).

Servos Fiéis e Corajosos

Mais uma vez, por causa do ódio, um servo de Deus foi levado aos pagãos em busca de proteção. Esse mesmo ódio forçou Elias a fugir para a terra da viúva de Sarepta, e forçou os mensageiros do evangelho a deixarem os judeus para irem aos gentios. O povo de Deus que vive neste século um dia terá de enfrentar esse ódio também. As pessoas que afirmam ser representantes de Cristo agirão como os sacerdotes e governantes agiram com Jesus e os apóstolos. Os servos fiéis de Deus enfrentarão a mesma dureza de coração, a mesma determinação cruel, o mesmo ódio obstinado.

Aqueles que são fiéis a Deus serão perseguidos, seus motivos distorcidos, seus melhores esforços mal interpretados, e serão condenados como maus. Satanás trabalhará com todo o seu poder enganador para fazer o mal parecer o bem e o bem, mal. Ele trabalhará furiosamente para incitar contra o povo de Deus a ira daqueles que afirmam ser justos, mas pisoteiam a lei de Deus. Será necessário ter a confiança mais firme, a determinação mais heroica para se agarrar à fé que Deus deu a Seus seguidores há muito tempo.

Preparados ou despreparados, o povo de Deus deve enfrentar a crise em breve. Apenas aqueles que colocaram a vida em harmonia com o padrão divino permanecerão firmes. Quando governantes seculares se unirem a ministros religiosos para dar ordens no que diz respeito a questões de consciência, então ficará claro quem realmente teme e serve a Deus.

Enquanto os inimigos da verdade observam os servos do Senhor para o mal, Deus cuidará deles para o bem.

Para eles, o Senhor será como a sombra de uma grande rocha numa terra sedenta.

Quase Convencido*

esto não podia fazer nada além de enviar Paulo a Roma. Algum tempo se passou antes que um navio adequado fosse encontrado. Isso deu a Paulo a oportunidade de apresentar as razões de sua fé diante dos líderes de Cesareia e também diante do rei Agripa II.

"Alguns dias depois, o rei Agripa e Berenice chegaram a Cesareia para saudar Festo" (At 25:13). Festo descreveu as circunstâncias que levaram o prisioneiro a apelar a César, contando o julgamento recente de Paulo diante dele e dizendo que os judeus "tinham alguns pontos de divergência com ele acerca de sua própria religião e de um certo Jesus, já morto, o qual Paulo" insistia que estava vivo (v. 19).

Agripa ficou interessado e disse: "Eu também gostaria de ouvir esse homem" (v. 22). Uma reunião foi organizada para o dia seguinte e, "por ordem de Festo, Paulo foi trazido" (v. 23).

Festo havia tentado fazer disso um espetáculo impressionante. As vestes caras do procurador e de seus convidados, as espadas dos soldados e a armadura cintilante de seus comandantes deram brilho à cena.

Paulo, agora acorrentado, estava diante daquele grupo. Que contraste! Agripa e Berenice tinham poder e posição, mas faltava a eles o caráter que Deus valoriza. Eles eram transgressores de Sua lei; tinham o coração e a vida corrompidos.

Não havia nada na aparência do prisioneiro envelhecido, acorrentado ao guarda, que levaria o mundo a honrá-lo. No entanto, todo o Céu estava interessado naquele homem, aparentemente sem amigos, riqueza nem posição. Anjos estavam ao seu lado. Se a glória de apenas um daqueles mensageiros brilhantes tivesse sido manifestada, o rei e os que estavam presentes na corte teriam caído com o rosto no chão, como

* Este capítulo é baseado em Atos 25:13-27; 26.

aconteceu com os guardas romanos no túmulo de Cristo.

Festo apresentou Paulo à assembleia com estas palavras: "Ó rei Agripa e todos os senhores aqui presentes conosco, vejam este homem! Toda a comunidade judaica me fez petições a respeito dele em Jerusalém e aqui em Cesareia, gritando que ele não deveria mais viver. Mas verifiquei que ele nada fez que mereça pena de morte; todavia, porque apelou para o Imperador, decidi enviá-lo a Roma. No entanto, não tenho nada definido a respeito dele para escrever a Sua Majestade. [...] Pois não me parece razoável enviar um preso sem especificar as acusações contra ele" (v. 24-27).

Paulo Não se Intimidou

Agripa então deu permissão para que Paulo falasse. O apóstolo não ficou abalado pela exibição brilhante nem a elevada posição do público ali presente. A ostentação terrestre não tirou sua coragem nem roubou seu autocontrole.

"Rei Agripa, considero-me feliz por poder estar hoje em tua presença, para fazer a minha defesa contra todas as acusações dos judeus, e especialmente porque estás bem familiarizado com todos os costumes e controvérsias deles" (At 26:2, 3). Paulo contou a história da sua conversão. Ele descreveu a visão celestial – uma revelação da glória divina, em meio à qual estava sentado no trono Aquele a quem ele havia não apenas desprezado, mas odiado, e cujos seguidores procurava destruir. A partir daquele momento, Paulo se tornou um cristão fiel.

Com poder, o apóstolo descreveu diante de Agripa os principais acontecimentos da vida de Cristo. Ele testificou que o Messias já havia aparecido – como Jesus de Nazaré. As Escrituras do Antigo Testamento declaravam que o Messias deveria vir como um homem entre os homens. Em Jesus, todas as especificações descritas por Moisés e os profetas tinham sido cumpridas. O Filho de Deus havia suportado a cruz e, vitorioso sobre a morte, tinha subido ao Céu.

No passado, parecia inacreditável a Paulo que Cristo pudesse ressuscitar dos mortos. Mas como poderia não acreditar no que ele mesmo tinha visto e ouvido? Nos portões de Damasco, ele tinha visto o Cristo crucificado e ressuscitado. Havia falado com Ele. A Voz havia lhe ordenado proclamar o evangelho de um Salvador ressuscitado. Assim, como ele poderia desobedecer? Em toda a Judeia e nas regiões distantes, Paulo dera seu testemunho a respeito do Jesus Crucificado, dizendo a todas as classes "que se arrependessem e se voltassem para Deus, praticando obras que mostrassem o seu arrependimento" (At 26:20).

"Por isso os judeus me prenderam no pátio do templo e tentaram matar-me. Mas tenho contado com a ajuda de Deus até o dia de hoje, e, por este motivo, estou aqui e dou testemunho tanto a gente simples como a gente importante. Não estou dizendo nada além do que os profetas e Moisés disseram que haveria de acontecer" (v. 21, 22).

Rejeitando a Cruz

Toda a assembleia ouviu, fascinada. Entretanto, Festo interrompeu o apóstolo, gritando: "Você está louco, Paulo! As muitas letras o estão levando à loucura!" (At 26:24).

O apóstolo respondeu: "Não estou louco, excelentíssimo Festo. O que estou dizendo é verdadeiro e de bom senso. O rei está familiarizado com essas coisas, e lhe posso falar abertamente" (v. 25, 26). Então, voltando-se para Agripa, Paulo lhe falou diretamente: "Rei Agripa, crês nos profetas? Eu sei que sim" (v. 27).

Naquele momento, Agripa se esqueceu do ambiente em que estava e da sua dignidade. Vendo apenas o preso humilde em pé diante dele como embaixador de Deus, ele respondeu involuntariamente: "Por pouco me persuades a me fazer cristão" (v. 28, ARA).

O apóstolo respondeu: "Peço a Deus que não apenas tu, mas todos os que hoje me ouvem se tornem como eu" (v. 29), acrescentando, enquanto levantava as mãos acorrentadas, "menos estas algemas" (v. 29).

Festo, Agripa e Berenice, todos culpados de crimes terríveis, ouviram, naquele dia, a oferta de salvação mediante o nome de Cristo. Um deles, pelo menos, quase tinha sido persuadido a aceitar. No entanto, Agripa rejeitou a cruz de um Redentor crucificado.

O rei satisfez sua curiosidade e indicou que a entrevista havia acabado. Embora Agripa fosse judeu, não compartilhava do preconceito cego dos fariseus. "Este homem" (v. 31), disse a Festo, "poderia ser posto em liberdade, se não tivesse apelado para César" (v. 32).

O caso estava então além da jurisdição de Festo ou Agripa.

O Naufrágio*

Finalmente, Paulo estava a caminho de Roma. Lucas disse: "Paulo e alguns outros presos foram entregues a um centurião chamado Júlio, que pertencia ao Regimento Imperial. Embarcamos num navio de Adramítio, [...] e saímos ao mar" (At 27:1, 2).

No primeiro século, viajar pelo mar era perigoso. Os marinheiros se orientavam principalmente pelo Sol e pelas estrelas. Quando uma tempestade parecia se aproximar, os proprietários de navios tinham medo do mar aberto. Durante parte do ano, era quase impossível navegar com segurança.

O apóstolo sofreria as experiências difíceis de um prisioneiro algemado durante a longa viagem à Itália. Aristarco compartilhava do cativeiro de Paulo por escolha própria, para que pudesse cuidar do apóstolo em suas dificuldades (ver Cl 4:10).

A viagem começou bem. No dia seguinte, ancoraram no porto de Sidom.

Ali, "Júlio, num gesto de bondade para com Paulo, permitiu-lhe que fosse ao encontro dos seus amigos, para que estes suprissem as suas necessidades" (At 27:3). O apóstolo, cuja saúde estava frágil, apreciou isso.

Saindo de Sidom, o navio enfrentou ventos contrários. Em Mirra, o centurião encontrou um grande navio de Alexandria com destino à Itália. Ele então transferiu os prisioneiros para esse outro navio, mas os ventos ainda estavam contrários. Lucas escreveu: "Navegamos vagarosamente por muitos dias [...]. Costeamos a ilha com dificuldade, e chegamos a um lugar chamado Bons Portos" (v. 7, 8).

Permaneceram lá por algum tempo, à espera de ventos melhores. O inverno estava chegando rapidamente, e "a navegação se tornara perigosa" (v. 9). A questão era se deveriam ficar em Bons Portos ou tentar chegar a um lugar melhor para passar o inverno.

* Este capítulo é baseado em Atos 27; 28:1-10.

Conselho Rejeitado

Finalmente, o centurião perguntou a opinião de Paulo, que havia ganhado o respeito dos marinheiros e soldados. Sem hesitar, o apóstolo aconselhou a permanecer onde estavam. "Senhores, vejo que a nossa viagem será desastrosa e acarretará grande prejuízo para o navio, para a carga e também para a nossa vida" (At 27:10). O dono do navio e a maioria dos passageiros e da tripulação não estavam dispostos a aceitar esse conselho. Lucas escreveu: "A maioria decidiu que deveríamos continuar navegando, com a esperança de alcançar Fenice e ali passar o inverno" (v. 12).

O centurião decidiu seguir a opinião da maioria. "Começando a soprar suavemente o vento sul, [...] foram navegando ao longo da costa de Creta. Pouco tempo depois, desencadeou-se da ilha um vento muito forte [...]. O navio foi arrastado pela tempestade, sem poder resistir ao vento" (v. 13, 14).

Levado pela tempestade, o navio se aproximou da pequena ilha de Clauda, e os marinheiros se prepararam para o pior. O bote salva-vidas, seu único meio de fuga, estava a reboque e em perigo de ser despedaçado a qualquer momento. O primeiro trabalho que tiveram foi içar esse barco a bordo. Eles tomaram todas as precauções possíveis para preparar o navio para enfrentar a tempestade. A proteção que a pequena ilha proporcionava não durou muito tempo,

e logo eles foram expostos à total violência da tempestade novamente.

Durante toda a noite, a tempestade assolou o navio, e a água começou a entrar. Mais uma noite caiu, porém o vento não diminuía. O navio atingido pela tempestade, com o mastro quebrado e as velas rasgadas, era atirado para lá e para cá. Quando o navio estremecia com o choque da tempestade, parecia que as vigas que estalavam certamente se partiriam. O volume de água que entrava aumentou rapidamente, e os passageiros e a tripulação trabalharam continuamente nas bombas. Lucas escreveu: "Não aparecendo nem sol nem estrelas por muitos dias, e continuando a abater-se sobre nós grande tempestade, finalmente perdemos toda a esperança de salvamento" (v. 20).

Por catorze dias eles ficaram à deriva. Embora o apóstolo estivesse sofrendo fisicamente, ele tinha palavras de esperança para dar nos momentos mais sombrios e ajuda para oferecer em todas as emergências. Pela fé, ele agarrou o braço do Poder Infinito. Sabia que Deus o preservaria para testemunhar em Roma da verdade de Cristo, mas o coração de Paulo estava aflito e ansioso pelas pobres pessoas ao seu redor, pecadoras e despreparadas para morrer. Ele implorou sinceramente a Deus que poupasse a vida delas, e Deus atendeu ao seu pedido.

Desastre

Aproveitando-se de uma calmaria na tempestade, Paulo, no convés, disse: "Agora recomendo-lhes que tenham coragem, pois nenhum de vocês perderá a vida; apenas o navio será destruído. Pois ontem à noite apareceu-me um anjo do Deus a quem pertenço e a quem adoro, dizendo-me: 'Paulo, não tenha medo. É preciso que você compareça perante César; Deus, por Sua graça, deu-lhe a vida de todos os que estão navegando com você'. Assim, tenham ânimo, senhores! Creio em Deus que acontecerá do modo como me foi dito. Devemos ser arrastados para alguma ilha" (At 27:22-26).

Quando ouviram essas palavras, os passageiros e a tripulação começaram a ter esperança novamente. Eles deviam se esforçar ao máximo para evitar a destruição.

Na décima quarta noite, sendo arremessados sobre as ondas enormes, os marinheiros ouviram o som da rebentação por volta da meia-noite. Lucas escreveu, "temendo que fôssemos jogados contra as pedras, lançaram quatro âncoras da popa e faziam preces para que amanhecesse o dia" (v. 29).

Ao amanhecer, os contornos da costa tempestuosa estavam vagamente visíveis, mas a perspectiva era tão sombria que os marinheiros pagãos perderam toda a coragem e estavam "tentando escapar do navio" (v. 30).

"A pretexto de lançar âncoras da proa" (v. 30), eles haviam abaixado o bote salva-vidas. Quando Paulo viu o que eles estavam planejando fazer, ele disse ao centurião e aos soldados: "Se estes homens não ficarem no navio, vocês não poderão salvar-se" (v. 31). Os soldados imediatamente "cortaram as cordas que prendiam o barco salva-vidas e o deixaram cair" ao mar (v. 32).

O momento mais crítico ainda estava por vir. O apóstolo novamente falou palavras de encorajamento e aconselhou os marinheiros e passageiros a comerem alguma coisa. "Hoje faz catorze dias que vocês têm estado em vigília constante, sem nada comer. Agora eu os aconselho a comerem algo, pois só assim poderão sobreviver. Nenhum de vocês perderá um fio de cabelo sequer. Tendo dito isso, tomou pão e deu graças a Deus diante de todos. Então o partiu e começou a comer" (v. 33-35).

Então aquele grupo cansado e desanimado, de 275 pessoas, que se tornariam desesperadas se não fosse por Paulo, juntou-se ao apóstolo para comer. "Depois de terem comido até ficarem satisfeitos, aliviaram o peso do navio, atirando todo o trigo ao mar" (v. 38).

O dia já tinha raiado. "Viram uma enseada com uma praia, para onde decidiram conduzir o navio, se fosse possível. Cortando as âncoras, deixaram-nas no mar, desatando ao mesmo tempo as cordas que prendiam os lemes. Então, alçando a vela da proa ao vento, dirigiram-se para a praia. Mas o navio encalhou num banco de areia, onde tocou o fundo. A proa encravou-se e ficou imóvel, e a popa foi quebrada pela violência das ondas" (v. 39-41).

Prisioneiros em Perigo

Os prisioneiros agora enfrentavam uma ameaça mais terrível que o naufrágio. Os soldados viram que, para alcançar a terra, teriam que fazer todo o possível para se salvarem. No entanto, se estivesse faltando algum prisioneiro, as autoridades romanas executariam aqueles que eram responsáveis por eles. Por essa razão, os soldados quiseram matar todos os prisioneiros. A lei romana permitia essa política cruel. Júlio sabia que Paulo tinha ajudado a salvar a vida de todos a bordo e, convencido de que o Senhor estava com ele, teve medo de lhe fazer mal. "Então ordenou aos que sabiam nadar que se lançassem primeiro ao mar em direção à terra. Os outros teriam que salvar-se em tábuas ou em pedaços do navio. Dessa forma, todos chegaram a salvo em terra" (At 27:43, 44). Quando eles verificaram a lista de prisioneiros, não estava faltando ninguém.

As pessoas pagãs de Malta "fizeram uma fogueira e receberam bem a todos nós", Lucas escreveu, "pois estava chovendo e fazia frio" (At 28:2). Tendo reunido "um monte de gravetos", Paulo os colocou "no fogo". De repente, uma cobra venenosa, "fugindo do calor, prendeu-se à sua mão" (v. 3). Vendo por suas algemas que Paulo era um prisioneiro, os espectadores disseram: "Certamente este homem é assassino, pois, tendo escapado do mar, a Justiça não lhe permite viver. [...] Mas, tendo esperado muito tempo e vendo que nada de estranho lhe sucedia, mudaram de ideia e passaram a dizer que ele era um deus" (v. 4, 6).

Durante os três meses em que permaneceram em Malta, Paulo teve muitas oportunidades de pregar o evangelho. O Senhor agiu por meio dele. Por sua causa, todo o grupo naufragado foi tratado com bondade. Quando saíram de Malta, receberam tudo o que precisavam para sua viagem. Lucas disse:

"Públio [...], por três dias, bondosamente nos recebeu e nos hospedou. Seu pai estava doente, acamado, sofrendo de febre e disenteria. Paulo entrou para vê-lo e, depois de orar, impôs-lhe as mãos e o curou. Tendo acontecido isso, os outros doentes da ilha vieram e foram curados. Eles nos prestaram muitas honras e, quando estávamos para embarcar, forneceram-nos os suprimentos de que necessitávamos" (v. 7-10).

Em Roma*

Quando a navegação voltou a ficar segura, o centurião e seus prisioneiros começaram sua viagem a Roma. Um navio alexandrino tinha invernado em Malta, em sua rota para o oeste, e os viajantes conseguiram obter passagens para embarcar nele. Quando a viagem terminou em segurança, o navio desembarcou no belo porto de Putéoli, na Itália, onde alguns cristãos insistiram com o apóstolo para que ele ficasse com eles por sete dias, um privilégio que o centurião, gentilmente, concedeu a Paulo.

Desde que receberam a carta de Paulo aos romanos, os cristãos da Itália esperavam ansiosamente uma visita do apóstolo. Seus sofrimentos como prisioneiro apenas o tornavam ainda mais precioso para eles. O porto estava a apenas 224 quilômetros de Roma. Então alguns cristãos partiram para encontrá-lo e recebê-lo.

No oitavo dia após o desembarque, o centurião e seus prisioneiros partiram para Roma. Júlio concedeu de boa vontade ao apóstolo todos os favores que podia, mas ele não podia fazer nada para mudar a condição de Paulo como prisioneiro. Com o coração pesado, Paulo seguiu para a metrópole do mundo. Como ele deveria proclamar o evangelho enquanto era considerado um criminoso?

Por fim, os viajantes chegaram à praça de Ápio, a 64 quilômetros de Roma. O idoso de cabelos grisalhos, acorrentado a um grupo de criminosos insensíveis, recebeu muitos olhares desdenhosos e foi alvo de piadas grosseiras.

De repente, houve um grito de alegria. Um homem saltou para fora da multidão que passava e abraçou o prisioneiro com lágrimas de alegria, como um filho receberia um pai havia muito tempo ausente. Essa cena aconteceu repetidas vezes. Muitos reconheceram o prisioneiro acorrentado como aquele que em Corinto, Filipos ou Éfeso havia lhes falado as palavras da vida.

* Este capítulo é baseado em Atos 28:11-31 e na carta a Filemom.

Quando os discípulos amorosos se reuniam alegremente ao redor de seu pai no evangelho, todo o grupo tinha que parar. Os soldados, impacientes com o atraso, não tiveram coragem de interromper esse encontro feliz, pois eles também haviam aprendido a gostar do prisioneiro. Os discípulos viram a imagem de Cristo refletida naquele rosto afligido pela dor. Eles asseguraram a Paulo que não haviam deixado de amá-lo. Do fundo do coração, eles o levariam sobre os ombros por todo o caminho até cidade, se apenas pudessem ter esse privilégio.

Quando Paulo viu seus irmãos em Cristo, "deu graças a Deus e sentiu-se encorajado" (At 28:15). Os cristãos chorosos e compreensivos não se envergonhavam das algemas do apóstolo. A nuvem de tristeza que tinha repousado sobre o espírito de Paulo havia ido embora. Algemas e aflições o esperavam, mas ele sabia que tinha sido um privilégio libertar outros de uma escravidão infinitamente mais terrível. Então ele se alegrou em seus sofrimentos por causa de Cristo.

Paulo Apela aos Judeus

Em Roma, Júlio entregou seus prisioneiros ao capitão da guarda do imperador. O bom relato que ele fez de Paulo, mais a carta de Festo, fizeram com que o capitão-chefe olhasse com graça para o apóstolo e, em vez de Paulo ser lançado na prisão, foi permitido a ele viver na casa que alugou. Embora ainda acorrentado a um soldado, podia livremente receber seus amigos e trabalhar pela causa de Cristo.

Muitos judeus banidos anteriormente de Roma tinham sido autorizados a retornar. Paulo decidiu apresentar os fatos sobre si mesmo e sua obra a essas pessoas, antes que seus inimigos tivessem oportunidade de colocá-las contra ele. Três dias depois da sua chegada, ele reuniu seus principais líderes e disse:

"Meus irmãos, embora eu não tenha feito nada contra o nosso povo nem contra os costumes dos nossos antepassados, fui preso em Jerusalém e entregue aos romanos. Eles me interrogaram e queriam me soltar, porque eu não era culpado de crime algum que merecesse pena de morte. Todavia, tendo os judeus feito objeção, fui obrigado a apelar para César [...]. Por causa da esperança de Israel é que estou preso com estas algemas" (At 28:17-20).

Paulo não disse nada sobre as diversas conspirações para assassiná-lo. Não estava tentando ganhar a compaixão deles, mas defender a verdade e manter a honra do evangelho.

Seus ouvintes disseram que nenhum judeu que tinha chegado a

Roma o havia acusado de algum crime. Eles também expressaram um forte desejo de ouvir por si mesmos as razões para sua fé em Cristo. Paulo pediu que eles marcassem um dia, e, quando esse dia chegou, muitos foram ouvi-lo. O apóstolo "lhes deu explicações e lhes testemunhou do Reino de Deus, procurando convencê-los a respeito de Jesus, com base na Lei de Moisés e nos Profetas" (v. 23). Ele contou sua experiência e apresentou argumentos das Escrituras do Antigo Testamento.

Religião é Experiência Prática

O apóstolo mostrou que a religião é uma experiência prática e pessoal com o poder renovador de Deus na vida. Moisés havia conduzido Israel a Cristo como aquele Profeta a quem eles deveriam ouvir. Todos os profetas tinham testificado dEle como o Inocente que devia carregar os pecados dos culpados. Paulo revelou que, ao realizarem o serviço ritual com grande exatidão, os judeus estavam rejeitando Aquele que era o cumprimento de todo esse sistema.

Paulo contou a eles que, no passado, ele tinha rejeitado Jesus de Nazaré, considerando-O um impostor, pois Ele não cumpria a ideia que o apóstolo nutria sobre o Messias futuro. Agora sua visão de Cristo era mais espiritual, pois ele havia se convertido. Ter um vislumbre de Jesus pela fé, obter um conhecimento espiritual dEle era mais importante do que conhecê-Lo em Sua forma humana na Terra como somente um companheiro terrestre e humano.

Enquanto Paulo falava, aqueles que estavam honestamente buscando a verdade foram convencidos. Suas palavras causaram uma impressão tão forte em alguns, que eles jamais se esqueceriam. Contudo, outras pessoas, de maneira obstinada, recusaram-se a aceitar o testemunho das Escrituras. Elas não puderam refutar os argumentos de Paulo, mas se recusaram a aceitar suas conclusões.

Influência Mais Forte

Muitos meses se passaram antes que os judeus de Jerusalém aparecessem para apresentar suas acusações contra o prisioneiro. Paulo devia ser julgado diante da mais alta corte do Império Romano, eles não tinham nenhum desejo de arriscar e serem derrotados novamente. Essa demora daria a eles tempo para tentar influenciar secretamente o imperador a seu favor. Então, antes de fazer suas acusações contra o apóstolo, eles esperaram um pouco.

Essa demora ajudou a espalhar o evangelho. Paulo foi autorizado a viver em uma casa espaçosa, onde ele podia apresentar a verdade todos os dias àqueles que vinham ouvi-la. Assim, durante dois anos, ele continuou sua obra. "Pregava o Reino de Deus e ensinava a respeito do Senhor Jesus Cristo, abertamente e sem impedimento algum" (At 28:31).

Durante aquele tempo, Paulo não se esqueceu das igrejas que ele havia estabelecido em muitas regiões. O apóstolo atendia às necessidades delas por meio de cartas de orientação prática. De Roma, enviava obreiros consagrados para trabalhar em campos que ele não tinha visitado. O apóstolo mantinha contato constante com esses obreiros, e ele foi capaz de supervisionar todos eles de maneira sábia.

Dessa maneira, Paulo exerceu uma influência mais ampla e duradoura do que se estivesse livre para viajar pelas igrejas como havia feito nos anos anteriores. Como um "prisioneiro de Cristo Jesus" (Fm 1:1), ele retinha mais firmemente as afeições dos cristãos, e suas palavras exigiam maior atenção e respeito do que quando ele estava pessoalmente com eles. Até então, os cristãos não costumavam assumir responsabilidades e encargos porque não possuíam sua sabedoria, tato e energia ilimitada. Agora, valorizavam mais suas advertências e orientações do que tinham apreciado seu trabalho pessoal. Ao virem sua coragem e fé durante a longa prisão, decidiram ser ainda mais fiéis à causa de Cristo.

Em Roma, Lucas, "o médico amado" (Cl 4:14), que tinha acompanhado Paulo na viagem a Jerusalém, também durante os dois anos de prisão em Cesareia e em sua perigosa viagem a Roma, ainda estava com ele. Timóteo também fazia o que podia para deixar Paulo confortável. Tíquico ficou nobremente ao lado do apóstolo. Demas e Marcos estavam com ele. Aristarco e Epafras eram seus companheiros de prisão (ver Cl 4:7-14).

Ao estudar mais de perto a vida e a morte de Cristo, a experiência cristã de Marcos havia se aprofundado. Compartilhando das condições de vida do apóstolo como prisioneiro, ele compreendia melhor do que nunca que é infinito lucro ganhar a Cristo, e infinita perda ganhar o mundo e se perder. Diante de graves dificuldades, Marcos permaneceu fiel, um ajudante sábio e amado do apóstolo.

Paulo escreveu: "Demas, amando este mundo, abandonou-me" (2Tm 4:10). Para ganhar o mundo, Demas trocou toda consideração alta e nobre. Marcos, porém, escolhendo sofrer por causa de Cristo, tinha riquezas eternas.

A História de Onésimo

Entre os que entregaram o coração a Deus em Roma estava Onésimo, um escravo pagão que havia ofendido

Em Roma

seu mestre, Filemom, um cristão de Colossos, e tinha escapado para Roma. Com seu coração bondoso, Paulo tentou aliviar as necessidades do pobre fugitivo e então trabalhou para trazer a luz da verdade à sua mente obscurecida. Onésimo ouviu a pregação, confessou seus pecados e se converteu a Cristo.

Paulo passou a amar e estimar Onésimo por ele cuidar ternamente do conforto do apóstolo e por sua dedicação em promover o evangelho. Paulo viu que ele poderia ser um ajudante útil na obra missionária e o aconselhou a retornar imediatamente a Filemom, implorar seu perdão e planejar o futuro. Paulo estava prestes a enviar Tíquico com cartas a várias igrejas na Ásia Menor. Então, com ele, Paulo enviou Onésimo ao mestre que ele havia injustiçado. Foi um teste duro, mas esse servo tinha sido verdadeiramente convertido, e ele não se desviou do dever.

Paulo deu a Onésimo uma carta para levar a Filemom, na qual o apóstolo intercedia pelo escravo arrependido. Ele lembrou Filemom de que tudo o que tinha era devido à graça de Cristo. Apenas isso já o diferenciava dos ímpios e pecadores. A mesma graça poderia transformar o corrupto criminoso em um filho de Deus e em um trabalhador útil ao evangelho.

O apóstolo pediu a Filemom que recebesse o escravo arrependido como seu filho, "não mais como escravo, mas, acima de escravo, como irmão amado" (Fm 1:16). Paulo expressou seu desejo de manter Onésimo com ele como alguém que poderia lhe servir enquanto estivesse preso, assim como o próprio Filemom teria feito. Porém, o apóstolo disse que não queria os serviços dele a menos que o próprio Filemom estivesse disposto a deixar o escravo livre.

O apóstolo sabia como os senhores podiam tratar seus escravos com severidade. Ele sabia também que Filemom estava irado com o que seu servo tinha feito. Paulo tentou escrever de uma maneira que pudesse apelar aos sentimentos mais ternos e sensíveis de Filemom como cristão. Paulo consideraria qualquer castigo imposto a esse novo converso como se fosse infligido a si mesmo.

O apóstolo se ofereceu para pagar a dívida de Onésimo, a fim de poupar o culpado da desgraça do castigo. Ele escreveu a Filemom: "Assim, se você me considera companheiro na fé, receba-o como se estivesse recebendo a mim. Se ele o prejudicou em algo ou lhe deve alguma coisa, ponha na minha conta. Eu, Paulo, escrevo de próprio punho: Eu pagarei" (Fm 1:17-19).

Que ilustração apropriada do amor de Cristo! O pecador que

roubou a Deus, deixando de dar a Ele anos de serviço, não tem como cancelar a dívida. Jesus diz: Eu pagarei a dívida. Sofrerei em seu lugar.

Paulo lembrou a Filemom o quanto ele próprio devia ao apóstolo. Deus tinha feito de Paulo o instrumento da sua conversão. Assim como Filemom havia animado os cristãos por sua generosidade, assim ele animaria o espírito do apóstolo, dando a ele essa razão para se alegrar. Paulo completou: "Escrevo-lhe certo de que você me obedecerá, sabendo que fará ainda mais do que lhe peço" (v. 21).

A carta de Paulo a Filemom mostra a influência do evangelho na relação entre senhor e servo. A escravidão era uma instituição estabelecida em todo o Império Romano, e havia senhores e escravos na maioria das igrejas onde Paulo trabalhou. Nas cidades onde os escravos superavam em muito a população livre, leis terríveis e cruéis eram consideradas necessárias para manter os escravos sob controle. Um romano rico muitas vezes tinha centenas de escravos. Tendo absoluto controle sobre o corpo desses seres indefesos, ele poderia causar a eles qualquer sofrimento que achasse melhor. Se, em retaliação ou autodefesa, um escravo ousasse levantar a mão contra seu dono, toda a família do ofensor poderia ser sacrificada de maneira desumana.

Alguns donos de escravos eram mais humanos do que outros, mas a maioria, vivendo de luxúria, paixões e desejos, fazia de seus escravos vítimas miseráveis da tirania. Todo o sistema era desesperadamente degradante.

Não era o trabalho do apóstolo subverter, de repente, a ordem estabelecida da sociedade. Tentar fazer isso impediria o sucesso do evangelho. Ele ensinava princípios que atingiam o fundamento da escravidão e, certamente, enfraqueceriam todo o sistema. "Onde está o Espírito do Senhor, ali há liberdade" (2Co 3:17). Quando era convertido, o escravo se tornava um membro do corpo de Cristo. Devia ser amado e tratado como um irmão, um herdeiro com seu senhor das bênçãos de Deus. Por outro lado, os servos deviam cumprir seus deveres "de boa vontade, como servindo ao Senhor, e não aos homens" (Ef 6:7).

Senhores e escravos, reis e súditos, foram lavados no mesmo sangue e vivificados pelo mesmo Espírito. Eles são um em Cristo.

Conversos no Palácio do Imperador

O evangelho sempre teve seu maior sucesso entre as classes mais humildes. "Poucos eram sábios segundo os padrões humanos; poucos eram poderosos; poucos eram de nobre nascimento" (1Co 1:26). Ninguém podia esperar que Paulo, um prisioneiro pobre e sem amigos, pudesse ganhar a atenção das classes ricas dos cidadãos romanos. Estes, por vontade própria, permitiam que o pecado os mantivesse prisioneiros. Entretanto, muitos entre as cansadas e pobres vítimas da opressão desses homens, até mesmo os escravos, ouviram Paulo de boa vontade e, em Cristo, encontraram esperança e paz. A obra do apóstolo começou com os pobres, mas sua influência se espalhou e chegou ao palácio do imperador.

Roma era a metrópole do mundo. Os orgulhosos Césares estavam legislando sobre quase todas as nações da Terra. O rei e os oficiais ou não conheciam o humilde Nazareno ou O odiavam e desprezavam. No entanto, em menos de dois anos, o evangelho chegou aos corredores do imperador. "A palavra de Deus não está presa", disse Paulo (2Tm 2:9).

Anteriormente, o apóstolo havia proclamado publicamente a fé de Cristo com apelos poderosos diante dos sábios da Grécia, reis e governadores. Os governantes arrogantes tremeram como se já estivessem vendo os terrores do dia de Deus.

O apóstolo, confinado à sua casa, só podia proclamar a verdade aos que o procuravam. Naquele momento, quando o principal porta-voz do evangelho foi excluído do trabalho público, a verdade teve uma grande vitória. Os membros da casa real foram acrescentados à igreja.

Na corte romana, Nero parecia ter apagado de seu coração o último traço divino e até mesmo humano. Seus oficiais, em geral, tinham o mesmo caráter – eram ferozes, degradados e corruptos. Porém, mesmo na família de Nero, a cruz ganhou seus troféus. Dos malvados servidores do rei mais terrível, pessoas se converteram e se tornaram filhas de Deus – cristãos que não se envergonhavam de sua fé.

O Evangelho Não Foi Limitado

Como o cristianismo se estabeleceu onde parecia impossível? Paulo acreditava que sua prisão o ajudou a ter sucesso na casa de Nero. Ele assegurou aos filipenses: "Quero que saibam, irmãos, que aquilo que me aconteceu tem, ao contrário, servido para o progresso do evangelho" (Fp 1:12).

Quando as igrejas cristãs souberam que Paulo visitaria Roma, elas aguardaram com ansiedade a vitória do evangelho naquela cidade. Esse campeão da fé não poderia fazer conversos até mesmo na metrópole do mundo? Paulo tinha ido a Roma como prisioneiro. Como foi grande a decepção deles! As expectativas humanas haviam falhado, mas não os planos de Deus. Como cativo, Paulo quebrou as correntes que mantinham muitas pessoas na escravidão do pecado. Sua alegria durante a longa e injusta prisão, sua coragem e fé, eram um sermão constante. Seu exemplo incentivou os cristãos a serem mais enérgicos como porta-vozes da causa de Cristo

e, quando a utilidade do apóstolo parecia acabada, ele colheu frutos para Cristo em campos dos quais parecia estar completamente excluído.

Antes do fim dos dois anos como prisioneiro, Paulo pôde dizer: "As minhas cadeias, em Cristo, se tornaram conhecidas de toda a guarda pretoriana e de todos os demais" (Fp 1:13, ARA). Entre os que enviaram saudações aos filipenses, ele mencionou "os da casa de César" (Fp 4:22, ARA).

Os cristãos que demonstram paciência na dor e no sofrimento, que encontram até a morte com a calma de uma fé inabalável, podem realizar mais pelo evangelho do que poderiam ter feito por meio de uma vida longa de trabalho fiel. Muitas vezes, as circunstâncias misteriosas que nós, em nossa visão míope, lamentamos, tornam-se algo que Deus planejou para realizar uma obra que de outra maneira jamais seria realizada.

Deus nunca abandona as verdadeiras testemunhas de Cristo. Na saúde e na doença, na vida e na morte, Ele ainda as usa. Quando os servos de Cristo foram perseguidos porque Satanás os odiava, quando foram lançados na prisão ou arrastados para a forca do carrasco – tudo isso foi para que a verdade pudesse ser ainda mais vitoriosa. As pessoas que haviam duvidado, agora estavam convencidas da fé em Cristo e se posicionaram do Seu lado.

Das cinzas dos mártires, surgiu uma colheita para Deus.

O apóstolo poderia ter argumentado que seria inútil chamar os servos de Nero ao arrependimento e à fé em Cristo, quando eles enfrentavam obstáculos tão grandes. Mesmo se eles se convencessem da verdade, como poderiam obedecer a ela? Com fé, Paulo apresentou o evangelho a essas pessoas, e algumas decidiram obedecer a qualquer custo. Elas aceitariam a luz e confiariam que Deus as ajudaria a deixá-la brilhar a outras pessoas. Depois de se converterem, elas ainda ficaram na casa de César. Não se sentiram livres para abandonar suas ocupações só porque o ambiente não era o mais amigável. A verdade as havia encontrado naquele lugar, e foi ali que permaneceram, testemunhando do poder transformador da nova fé.

Sem Desculpa para a Infidelidade

Pense nos discípulos da casa de César – a depravação do imperador, a imoralidade da corte. No entanto, eles permaneceram fiéis a Deus. Por causa de obstáculos que parecem grandes demais, alguns cristãos tentam encontrar desculpas para não obedecer à verdade como esta é em Jesus.

Contudo, nenhuma desculpa resistirá à investigação. Se pudéssemos encontrar desculpas legítimas, provaríamos que Deus é injusto, que Ele impôs a Seus filhos condições de salvação impossíveis de cumprir.

As dificuldades não poderão deter aqueles que buscam em primeiro lugar o reino de Deus e Sua justiça. Na força que vem da oração e do estudo da Palavra, eles escolherão a virtude e abandonarão o vício. Aquele cuja palavra é a verdade prometeu ajuda e graça suficientes para cada circunstância. Podemos descansar, seguros, em Seus cuidados, dizendo: "Confiarei em Ti" (Sl 56:3).

Por Seu exemplo, o Salvador mostrou que o cristão pode permanecer puro em qualquer ambiente. Desenvolvemos o caráter cristão não quando estamos livres das dificuldades, mas em meio a elas. As críticas e a oposição levam o seguidor de Cristo a orar com mais fervor ao poderoso Ajudador. As duras provações desenvolvem paciência, força e uma profunda confiança em Deus. A fé cristã capacita Seu seguidor a sofrer e a ser forte; a se submeter e, fazendo assim, a vencer; a enfrentar "a morte todos os dias" (Sl 44:22), e ainda a viver; a levar a cruz e assim ganhar a coroa da glória.

Cartas de Roma*

Paulo reconheceu que havia recebido muitas "visões e revelações do Senhor" (2Co 12:1). Seu entendimento do evangelho era igual ao dos "mais excelentes apóstolos" (2Co 12:11, ARC). Ele havia compreendido claramente "a largura, o comprimento, a altura e a profundidade" do "amor de Cristo que excede todo conhecimento" (Ef 3:18, 19).

Paulo não podia contar tudo o que tinha visto em visão. Alguns ouvintes teriam usado mal suas palavras. Mas o que lhe havia sido revelado moldou as mensagens que, nos anos posteriores, ele enviou às igrejas. Sua mensagem tem fortalecido a igreja de Deus desde então. Para os cristãos de hoje, essa mensagem fala claramente dos perigos que ameaçarão a igreja.

O apóstolo desejava que aqueles a quem ele endereçaria suas cartas não fossem "mais como crianças, levados de um lado para outro pelas ondas, nem jogados para cá e para lá por todo vento de doutrina", mas que alcançassem "a unidade da fé e do conhecimento do Filho de Deus, e" chegassem "à maturidade, atingindo a medida da plenitude de Cristo" (Ef 4:14, 13). Cristo, que "amou a igreja e entregou-Se por ela", a apresentaria "a Si mesmo como igreja gloriosa, sem mancha nem ruga ou coisa semelhante, mas santa e inculpável" (Ef 5:25, 27).

Nessas mensagens, escritas não com poder humano, mas com o poder de Deus, encontramos princípios que cada igreja deve seguir, e o caminho que leva à vida eterna torna-se claro.

Em sua carta "aos santos" (Cl 1:2) de Colossos, escrita enquanto estava preso em Roma, Paulo mencionou sua alegria pela fidelidade dos colossenses: "Desde o dia em que o ouvimos, não deixamos de orar por vocês e de pedir que sejam cheios do pleno conhecimento da vontade de Deus, com toda a sabedoria e entendimento espiritual. E isso para que vocês vivam de

* Este capítulo é baseado nas cartas aos Colossenses e aos Filipenses.

Cartas de Roma

maneira digna do Senhor e em tudo possam agradá-Lo, frutificando em toda boa obra, crescendo no conhecimento de Deus" (v. 9, 10).

Não há limite para as bênçãos que os filhos de Deus podem receber. Eles podem crescer cada vez mais até que se tornem "dignos de participar da herança dos santos no reino da luz" (v. 12).

Cristo, o Criador

O apóstolo exaltou Cristo como Aquele por meio de quem Deus criou todas as coisas. A mão que sustenta o mundo no espaço é a mão que foi pregada na cruz: "Pois nEle foram criadas todas as coisas nos céus e na terra, as visíveis e as invisíveis, [...] todas as coisas foram criadas por Ele e para Ele. Ele é antes de todas as coisas, e nEle tudo subsiste" (Cl 1:16, 17).

O Filho de Deus veio à Terra para ser "transpassado por causa das nossas transgressões, [...] esmagado por causa de nossas iniquidades" (Is 53:5). Em todas as coisas Ele foi feito como nós. Ele Se fez carne, assim como nós somos. Cristo sabia o que significava ter fome, sede e ficar cansado. Ele foi sustentado pela comida e revigorado pelo sono. Foi tentado como homens e mulheres de hoje são tentados, mas viveu uma vida livre do pecado.

Cercados pelas influências do paganismo, os cristãos colossenses corriam o perigo de se afastarem da simplicidade do evangelho. Paulo os dirigiu a Cristo como o único guia seguro: "Eu lhes digo isso para que ninguém os engane com argumentos aparentemente convincentes" (Cl 2:4).

"Assim como vocês receberam a Cristo Jesus, o Senhor, continuem a viver nEle, enraizados e edificados nEle, firmados na fé, como foram ensinados" (v. 6, 7).

"Tenham cuidado para que ninguém os escravize a filosofias vãs e enganosas, que se fundamentam nas tradições humanas e nos princípios elementares deste mundo, e não em Cristo" (v. 8).

Cristo tinha advertido que surgiriam enganadores e que, por sua influência, a "iniquidade" se multiplicaria, e "o amor se" esfriaria "de quase todos" (Mt 24:12, ARA). Esse mal traria maior perigo à igreja do que a perseguição por seus inimigos. Ao deixarem entrar os falsos mestres, eles abririam a porta para erros que o inimigo usaria para abalar a confiança daqueles que haviam acabado de se converter à fé. Eles deveriam rejeitar tudo o que não estivesse em harmonia com os ensinamentos de Cristo.

Assim como nos dias dos apóstolos, as pessoas tentavam usar a filosofia para destruir a fé nas Escrituras, hoje, por meio da crítica, da evolução, do espiritismo, do misticismo e do panteísmo, o inimigo da justiça está trabalhando para levar o povo a caminhos proibidos. Para muitos, a Bíblia é como uma lâmpada sem óleo, porque eles voltaram a mente para especulações e suposições que trazem confusão. A obra da "alta crítica" em apontar defeitos, supor outros significados e reconstruir linhas de interpretação diferentes está destruindo a fé na Bíblia, roubando a Palavra de Deus de seu poder de conduzir e inspirar vidas. O espiritismo ensina que o desejo é a lei suprema, que permissividade é liberdade e que o ser humano deve responder unicamente a si mesmo.

Os seguidores de Cristo confrontarão as interpretações espiritualistas das Escrituras, mas não devemos aceitá-las. Devemos rejeitar todas as ideias que não estejam em harmonia com o ensinamento de Cristo. Devemos aceitar a Bíblia como a voz de Deus que nos fala diretamente. O conhecimento de Deus revelado em Cristo é o conhecimento que todo aquele que é salvo deve ter. Esse conhecimento transforma o caráter. À parte dele, todo o resto é vaidade e insignificância.

Em todas as gerações e em todos os países, o verdadeiro fundamento para a edificação de caráter tem sido o mesmo: os princípios contidos na Palavra de Deus. Com a Bíblia, os apóstolos venceram as falsas teorias de seus dias, dizendo: "Ninguém pode colocar outro alicerce além do que já está posto, que é Jesus Cristo" (1Co 3:11).

Em sua carta, Paulo advertiu os cristãos colossenses a não se esquecerem de que deviam fazer um esforço constante: "Já que vocês ressuscitaram com Cristo, procurem as coisas que são do alto, onde Cristo está assentado à direita de Deus. Mantenham o pensamento nas coisas do alto, e não nas coisas terrenas. Pois vocês morreram, e agora a sua vida está escondida com Cristo em Deus" (Cl 3:1-3).

Como Quebrar as Cadeias do Hábito

Por meio do poder de Cristo, homens e mulheres quebraram as cadeias dos hábitos pecaminosos. Abandonaram o egoísmo. Os irreligiosos tornaram-se reverentes; os bêbados, sóbrios; os imorais, puros. Essa mudança é o milagre dos milagres – "Cristo em vocês, a esperança da glória" (Cl 1:27).

Quando o Espírito de Deus controla a mente e o coração, a pessoa convertida começa a cantar uma nova canção. A promessa de Deus é cumprida, e a transgressão do pecador é perdoada. A pessoa transformada pede perdão a Deus por desobedecer à lei divina e exerce fé em Cristo, que morreu para nos justificar.

Os cristãos não devem cruzar os braços e se contentar com o que

Cristo realizou por eles. Descobrirão que todos os poderes e paixões de seu coração natural se levantam contra eles mesmos. A cada dia devem renovar seu compromisso. Velhos hábitos e tendências herdadas para o erro tentarão assumir o controle, e o cristão deve lutar contra estes na força de Cristo. "Como povo escolhido de Deus, santo e amado, revistam-se de profunda compaixão, bondade, humildade, mansidão e paciência. Suportem-se uns aos outros e perdoem as queixas que tiverem uns contra os outros. Perdoem como o Senhor lhes perdoou" (Cl 3:12, 13).

O poder de uma vida mais elevada e pura é a nossa grande necessidade. O mundo tem ocupado muito do nosso pensamento, e o reino dos Céus, muito pouco. Para alcançar o ideal de Deus, o cristão nunca deve desistir. A perfeição moral e espiritual, por meio da graça de Cristo, é prometida a todos. Jesus é a fonte do poder. Ele nos leva à Sua Palavra. Ele coloca uma oração em nossos lábios para que nos aproximemos dEle. Para nos ajudar, Cristo coloca em operação os agentes todo-poderosos do Céu. A cada passo, alcançamos Seu poder vivificante.

Como Alcançar a Perfeição

A igreja de Filipos tinha enviado presentes a Paulo por Epafrodito, a quem Paulo chamou de "meu irmão, cooperador e companheiro de lutas" (Fp 2:25). Enquanto estava em Roma, Epafrodito ficou doente, "e quase morreu. Mas Deus teve misericórdia dele, e não somente dele, mas também de mim", disse Paulo, "para que eu não tivesse tristeza sobre tristeza" (v. 27). Os fiéis em Filipos estavam profundamente preocupados com Epafrodito, e ele decidiu voltar para eles. Paulo escreveu: "Pois ele tem saudade de todos vocês e está angustiado porque ficaram sabendo que ele esteve doente. [...] Porque ele quase morreu por amor à causa de Cristo, arriscando a vida para suprir a ajuda que vocês não me podiam dar" (v. 26, 30).

Paulo enviou uma carta aos fiéis de Filipos por Epafrodito. De todas as igrejas, a de Filipos tinha sido a mais generosa em suprir as necessidades de Paulo. "Não que eu esteja procurando ofertas, mas o que pode ser creditado na conta de vocês. Recebi tudo, e o que tenho é mais que suficiente. Estou amplamente suprido, agora que recebi de Epafrodito os donativos que vocês enviaram" (Fp 4:17, 18). "Agradeço a meu Deus toda vez que me lembro de vocês. Em todas as minhas orações em favor de vocês, sempre oro com alegria por causa da cooperação que vocês têm dado ao evangelho, desde o primeiro dia até agora. Estou convencido de que Aquele que começou boa obra em vocês, vai completá-la até o dia de Cristo Jesus" (Fp 1:3-6).

"Esta é a minha oração: Que o amor de vocês aumente cada vez mais em conhecimento e em toda a percepção, [...] a fim de serem puros e irrepreensíveis até o dia de Cristo" (v. 9, 10).

A prisão de Paulo resultou em progresso para o evangelho. "Aquilo que me aconteceu tem, ao contrário, servido para o progresso do evangelho. Como resultado, tornou-se evidente a toda a guarda do palácio e a todos os demais" (v. 12, 13).

Há uma lição para nós nessa experiência. O Senhor pode transformar em vitória aquilo que pode parecer uma derrota para nós. Quando ocorrem desgraças ou desastres, estamos sempre prontos a acusar Deus de negligência ou crueldade. Se Ele acha conveniente pôr um fim à nossa utilidade em alguma área, choramos, não parando para pensar que o Senhor pode estar trabalhando para o nosso bem. Experiências dolorosas fazem parte do Seu grande plano. Enquanto sofre, o cristão pode, às vezes, fazer mais pelo Mestre do que ao prestar serviço ativo.

Paulo dirigiu os filipenses a Cristo, "que, embora sendo Deus, não considerou que o ser igual a Deus era algo a que devia apegar-Se; mas esvaziou-Se a Si mesmo, vindo a ser servo, tornando-Se semelhante aos homens. E, sendo encontrado em forma humana, humilhou-Se a Si mesmo e foi obediente até à morte, e morte de cruz!" (Fp 2:6-8).

Paulo continuou: "Pois é Deus quem efetua em vocês tanto o querer quanto o realizar, de acordo com a boa vontade dEle. Façam tudo sem queixas nem discussões, para que venham a tornar-se puros e irrepreensíveis, filhos de Deus inculpáveis no meio de uma geração corrompida e depravada" (Fp 2:13-15).

Paulo defendeu o padrão da perfeição e mostrou como alcançá-lo: "Ponham em ação a salvação de vocês [...], pois é Deus quem efetua em vocês tanto o querer quanto o realizar, de acordo com a boa vontade dEle" (v. 12, 13). A obra de ganhar a salvação é uma ação conjunta entre Deus e o pecador arrependido. Devemos fazer esforços sinceros para vencer, mas somos completamente dependentes de Deus para o sucesso. Sem a ajuda do poder divino, o esforço humano é inútil. Deus trabalha e nós trabalhamos. A resistência à tentação deve vir de nós, e devemos tirar nosso poder de Deus.

Deus quer que vençamos o nosso eu, mas Ele não pode nos ajudar sem nosso consentimento e cooperação. O Espírito divino age por meio dos poderes e capacidades concedidos a nós. Por nós mesmos, não podemos harmonizar nossos desejos e nossas inclinações com a vontade de Deus.

No entanto, se estivermos dispostos, o Salvador realizará isso por nós, destruindo argumentos e levando "cativo todo pensamento, para torná-lo obediente a Cristo" (2Co 10:5).

Aqueles que desejam ser cristãos bem equilibrados devem dar tudo e fazer tudo por Cristo. Todos os dias devem aprender o que significa entregar a si mesmos. Eles devem estudar a Palavra de Deus e obedecer às suas orientações. Dia após dia, Deus trabalha com eles, aperfeiçoando o caráter que resistirá ao teste final. Dia após dia, os cristãos realizam diante dos homens e até mesmo dos anjos um experimento maravilhoso, mostrando o que o evangelho pode fazer por seres humanos caídos.

O Motivo que Leva à Perfeição

Paulo escreveu: "Não penso que eu mesmo já o tenha alcançado, mas uma coisa faço: esquecendo-me das coisas que ficaram para trás e avançando para as que estão adiante, prossigo para o alvo, a fim de ganhar o prêmio do chamado celestial de Deus em Cristo Jesus" (Fp 3:13, 14).

Em todas as ocupações e atividades de sua vida, Paulo nunca perdeu de vista um grande objetivo – prosseguir para o alvo, a fim de ganhar o prêmio de seu alto chamado. Exaltar a cruz: esse era o motivo dominante que inspirava suas palavras e atos.

Embora fosse um prisioneiro, Paulo não desanimou. Uma nota de vitória vibra por meio das cartas que ele escreveu quando estava em Roma. "Alegrem-se", escreveu Paulo. "Em tudo, pela oração e súplicas, e com ação de graças, apresentem seus pedidos a Deus. E a paz de Deus, que excede todo o entendimento, guardará o coração e a mente de vocês em Cristo Jesus" (Fp 4:4, 6, 7).

"O meu Deus suprirá todas as necessidades de vocês, de acordo com as suas gloriosas riquezas em Cristo Jesus" (v. 19).

Libertado Outra Vez

stavam se formando nuvens que ameaçavam não só a própria segurança de Paulo, mas também a prosperidade da igreja. Em Roma, ele tinha sido colocado sob a responsabilidade do capitão dos guardas imperiais, que era um homem íntegro. O capitão o deixou relativamente livre para continuar a obra do evangelho. Esse homem, porém, foi substituído por um oficial que muito dificilmente oferecia ao apóstolo qualquer favor especial.

Em seus esforços contra Paulo, os judeus encontraram uma auxiliadora capaz na mulher imoral com quem Nero havia se casado pela segunda vez. Paulo tinha pouca esperança de justiça em Nero, que tinha moral baixa e era capaz de fazer crueldades terríveis. O primeiro ano de seu reinado havia sido marcado pelo envenenamento de seu jovem irmão, o legítimo herdeiro do trono. Nero, então, assassinou a própria mãe e sua esposa. Em todas as pessoas nobres, ele só inspirava horror e desprezo.

Sua desavergonhada perversidade criou nojo, até mesmo em muitos que foram forçados a compartilhar de seus crimes. Eles estavam sempre com medo de qual seria sua próxima sugestão. Contudo, Nero foi reconhecido como o governante absoluto do mundo civilizado. Mais do que isso, ele era adorado como um deus.

A condenação de Paulo por esse juiz parecia inevitável. Mesmo assim, o apóstolo sentiu que, enquanto ele fosse leal a Deus, não tinha nada a temer. Seu Protetor poderia livrá-lo do ódio dos judeus e do poder de César.

De fato, Deus protegeu seu servo. No julgamento de Paulo, as acusações contra ele foram retiradas. Com um respeito pela justiça completamente oposto ao seu caráter, Nero declarou o prisioneiro inocente. Paulo era um homem livre novamente.

Se ele tivesse ficado preso em Roma até o ano seguinte, certamente teria morrido na perseguição que ocorreu ali. Durante a prisão de Paulo, tantas pessoas haviam se convertido que as autoridades ficaram alarmadas. O imperador ficou especialmente irado pela conversão dos da própria casa. Logo encontrou uma desculpa para impor sua crueldade sobre os cristãos.

Um incêndio terrível ocorreu em Roma, queimando quase metade da cidade. De acordo com rumores, Nero era o causador do incêndio, mas fez da sua ajuda aos desabrigados e necessitados um espetáculo de grande generosidade. No entanto, ele foi acusado do crime. O povo ficou enfurecido e, para se inocentar, Nero acusou os cristãos. Milhares de homens, mulheres e crianças foram mortos cruelmente.

O Último Período Livre

Logo após sua libertação, Paulo partiu de Roma. Ao trabalhar pelas igrejas, ele procurou estabelecer um vínculo mais forte entre as igrejas gregas e orientais, e fortalecer os cristãos contra as falsas doutrinas que estavam tentando corromper a fé.

As provações que Paulo sofreu haviam enfraquecido sua força física. Ele sentia que estava agora fazendo seu último trabalho e, à medida que o tempo ficava cada vez mais curto, o apóstolo intensificou seus esforços. Parecia não haver limites para sua dedicação. Forte na fé, Paulo viajou para muitas terras, de igreja em igreja, para fortalecer os cristãos. Assim, nos tempos difíceis que eles estavam começando a enfrentar, poderiam ganhar pessoas para Jesus e permanecer fiéis ao evangelho, dando testemunho fiel de Cristo.

A Última Prisão

Os inimigos de Paulo não puderam deixar de observar seu trabalho entre as igrejas. Durante o governo de Nero, os cristãos em toda parte haviam sido banidos. Depois de um tempo, os judeus incrédulos tiveram a ideia de culpar Paulo pelo crime de provocar o incêndio de Roma. Nenhum deles achava que ele fosse culpado, mas sabiam que uma acusação como essa selaria a condenação do apóstolo. Paulo foi novamente preso e levado às pressas para Roma. Esse seria seu último aprisionamento.

Vários amigos o acompanharam, mas ele se recusou a permitir que eles fossem presos com ele e colocassem a vida em perigo. Milhares de cristãos em Roma tinham sido martirizados por razões de fé. Muitos haviam partido, e os que ficaram estavam muito desanimados.

Em Roma, Paulo foi colocado em um calabouço sombrio. Acusado de provocar um dos mais terríveis crimes contra a cidade e a nação, ele se tornou objeto de ódio de todos.

Seus poucos amigos começaram a ir embora. Alguns o abandonaram, outros foram para várias igrejas fazer missões. Demas, assustado pelas espessas nuvens de perigo, abandonou o apóstolo perseguido. Escrevendo a Timóteo, Paulo disse: "Só Lucas está comigo" (2Tm 4:11). O apóstolo nunca precisou tanto de seus irmãos cristãos quanto naquele momento. Confinado à masmorra úmida e escura de uma prisão romana, estava enfraquecido pela idade, pelo trabalho e enfermidades. Lucas, o discípulo amado e amigo fiel, foi um grande conforto, possibilitando que Paulo se comunicasse com os membros de sua igreja.

Nos momentos difíceis, o coração de Paulo era animado pelas frequentes visitas de Onesíforo. Esse efésio amável não poupou esforços para tornar a situação de Paulo mais suportável. Em sua última carta, o apóstolo escreveu: "O Senhor conceda misericórdia à casa de Onesíforo, porque muitas vezes ele me reanimou e não se envergonhou por eu estar preso; pelo contrário, quando chegou a Roma procurou-me diligentemente até me encontrar. Conceda-lhe o Senhor que, naquele dia, encontre misericórdia da parte do Senhor!" (2Tm 1:16-18).

Cristo desejou a compaixão de Seus discípulos em Seus momentos de agonia no Getsêmani, enquanto Paulo ansiava por compaixão e companheirismo em um momento de solidão e abandono. Onesíforo trouxe alegria e animou Paulo, que tinha passado a vida servindo a outras pessoas.

Perante Nero

Quando Paulo foi chamado a comparecer diante de Nero para o julgamento, ele esperava logo se encontrar com a morte. Entre os gregos e romanos, era costume permitir que um acusado tivesse um advogado ou outro representante que, por força de argumentos, eloquência apaixonada ou lágrimas, muitas vezes obtivesse uma decisão favorável ao prisioneiro ou conseguisse reduzir a gravidade da sentença. Entretanto, ninguém se atreveu a agir como porta-voz de Paulo. Nenhum amigo estava ali nem mesmo para registrar a acusação contra ele ou os argumentos que ele apresentou em sua defesa. Entre os cristãos em Roma, ninguém se apresentou para defender Paulo naquela hora difícil.

O único registro confiável da ocasião veio do próprio Paulo: "Na minha primeira defesa, ninguém apareceu para me apoiar; todos me abandonaram. Que isso não lhes seja cobrado. Mas o Senhor permaneceu ao meu lado e me deu forças, para que por mim a mensagem fosse plenamente proclamada, e todos os gentios a ouvissem. E eu fui libertado da boca do leão" (2Tm 4:16, 17).

Nero havia atingido o auge do poder, autoridade e riqueza terrestre, mas também as mais baixas profundezas do pecado. Ninguém ousava questionar sua autoridade. Os decretos dos senadores e as decisões dos juízes não passavam de um eco da sua vontade. O nome de Nero fazia o mundo tremer. Cair no seu desagrado era perder propriedade, liberdade e a própria vida.

Sem dinheiro, amigos nem advogado, o prisioneiro idoso estava diante de Nero. O rosto do imperador mostrava as vergonhosas paixões que se agigantavam dentro dele. O rosto do acusado transparecia paz com Deus. Apesar das constantes declarações falsas, da culpa e do abuso, Paulo tinha corajosamente levantado a bandeira da cruz. Como seu Mestre, ele tinha vivido para abençoar a humanidade. Como Nero poderia compreender ou apreciar o caráter e as motivações daquele filho de Deus? O enorme salão estava repleto de uma multidão ansiosa, que se amontoava à frente. Grandes e pequenos, ricos e pobres, educados e ignorantes, orgulhosos e humildes, todos ali precisavam desesperadamente conhecer o caminho da vida e da salvação.

Os judeus trouxeram contra Paulo as antigas acusações de traição e heresia. Tanto eles como os romanos o acusaram de incitar pessoas a queimar a cidade. O povo e os juízes olharam para Paulo, surpresos. Eles já tinham visto muitos criminosos, mas nunca um homem com uma calma tão sagrada. Os olhos penetrantes dos juízes procuravam no rosto de Paulo alguma evidência de culpa, mas não encontraram nenhuma. Quando lhe foi permitido falar em defesa própria, todos ouviram com ansiedade.

Mais uma vez, Paulo levantou a bandeira da cruz diante de uma multidão assombrada; seu coração se movia em um desejo intenso pela salvação daquelas pessoas. Perdendo de vista o destino terrível que parecia tão próximo, ele viu apenas Jesus, o Intercessor, apelando à humanidade pecaminosa. Com eloquência e poder, Paulo dirigiu seus espectadores para o sacrifício que Jesus fez pela humanidade caída. Cristo pagou um preço infinito por nossa redenção. Ele fez preparativos para que compartilhássemos o trono de Deus. Anjos mensageiros ligam a Terra ao Céu, e todas as ações da humanidade estão abertas aos olhos da Justiça Infinita.

As palavras de Paulo foram como um grito de vitória, mais alto que o urro da batalha. Embora ele pudesse morrer, o evangelho não morreria.

A assembleia nunca tinha ouvido palavras como aquelas. Elas tocaram uma corda que vibrou até mesmo nos corações mais endurecidos. A luz brilhou na mente de muitos que, mais tarde, seguiram alegremente seus raios. As verdades que Paulo falou naquele dia abalariam as nações e sobreviveriam ao tempo, ainda influenciando pessoas, quando os lábios que as haviam pronunciado seriam silenciados na sepultura de um mártir.

O Último Apelo a Nero

Nero nunca tinha ouvido a verdade como a ouviu naquela ocasião. Ele tremia aterrorizado, ao pensar em um tribunal onde ele, o governante do mundo, finalmente seria acusado. Teve medo do Deus do apóstolo e não se atreveu a pronunciar sentença sobre Paulo. Uma sensação de pavor conteve seu espírito sanguinário.

Por um momento, o céu foi aberto ao insensível Nero. Ele pareceu desejar a paz e a pureza daquele lugar, mas só por um momento ele acolheu pensamentos de perdão. Então emitiu a ordem para que levassem Paulo de volta ao calabouço. Quando a porta se fechou após a saída do mensageiro de Deus, a porta do arrependimento também se fechou para sempre ao imperador de Roma. Nenhum raio de luz penetraria novamente a escuridão que o cercava.

Não muito tempo depois disso, Nero deu início à sua expedição vergonhosa até a Grécia, onde ele desonrou a si mesmo e a seu reino por meio das suas extravagâncias degradantes. Ao retornar a Roma, ele se envolveu em cenas de imoralidade revoltante. Em meio a essas festas imorais, ouviu-se um som alarmante nas ruas.

Galba, líder de um exército, marchava rapidamente para Roma. Havia irrompido uma rebelião na cidade, e as ruas estavam repletas de uma multidão enfurecida, que ameaçava de morte o imperador e seus apoiadores.

Com medo de que a multidão o torturasse, o tirano miserável pensou em tirar a própria vida. Porém, no momento crítico, faltou-lhe a coragem. Ele fugiu da cidade de maneira covarde e vergonhosa. Procurou abrigo em um retiro rural a poucos quilômetros de distância. Contudo, seu esconderijo foi logo descoberto e, à medida que os cavaleiros perseguidores se aproximavam, ele chamou um escravo para o ajudar e se matou. Assim morreu o tirano Nero, aos trinta e dois anos de idade.

49

A Última Carta*

Do tribunal, Paulo retornou à sua cela, percebendo que seus inimigos não descansariam até que conseguissem sua morte. Mas, por um tempo, a verdade triunfou. O fato de Paulo ter anunciado um Salvador crucificado e ressuscitado para aquela imensa multidão já era uma vitória. O trabalho que ele havia começado naquele dia floresceria, e nem Nero nem os inimigos de Cristo seriam capazes de desfazê-lo.

Sentado na cela sombria dia após dia, sabendo que, com uma única palavra de Nero, sua vida poderia ser sacrificada, Paulo pensou em Timóteo e decidiu mandar chamá-lo. Ele tinha deixado Timóteo em Éfeso quando fez a última viagem a Roma. Timóteo havia compartilhado do trabalho e dos sofrimentos de Paulo, e a amizade deles se tornou cada vez mais profunda até que, para Paulo, Timóteo passou a ser tudo o que um filho poderia ser para um pai honrado. Em sua solidão, Paulo estava ansioso para vê-lo.

Mesmo nas melhores circunstâncias, Timóteo levaria vários meses para ir da Ásia Menor a Roma. Paulo sabia que sua vida não estava segura e, enquanto insistia para que Timóteo viesse sem demora, o apóstolo ditou o testemunho de que poderia não estar vivo para falar com Timóteo pessoalmente. O coração estava cheio de amorosa preocupação por seu filho no evangelho e pela igreja que estava aos seus cuidados.

O apóstolo pediu a Timóteo: "Torno a lembrar-lhe que mantenha viva a chama do dom de Deus que está em você mediante a imposição das minhas mãos. Pois Deus não nos deu espírito de covardia, mas de poder, de amor e de equilíbrio. Portanto, não se envergonhe de testemunhar do Senhor, nem de mim, que sou prisioneiro dEle, mas suporte comigo

* Este capítulo é baseado em 2 Timóteo.

os sofrimentos pelo evangelho, segundo o poder de Deus" (2Tm 1:6-8). "Por essa causa também sofro, mas não me envergonho, porque sei em quem tenho crido e estou bem certo de que Ele é poderoso para guardar o que Lhe confiei até aquele dia" (v. 12).

Em todo o longo serviço que prestou, Paulo nunca vacilou em sua fidelidade para com o Salvador. Diante de fariseus carrancudos ou das autoridades romanas; dos pecadores condenados na masmorra da Macedônia; debatendo com marinheiros apavorados no navio naufragado, ou sozinho diante de Nero – Paulo nunca havia se envergonhado da causa que ele representava. Nenhuma oposição nem perseguição tinha sido capaz de fazê-lo parar de apresentar Jesus. Paulo continuou: "Portanto, você, meu filho, fortifique-se na graça que há em Cristo Jesus [...]. Suporte comigo os sofrimentos, como bom soldado de Cristo Jesus" (2Tm 2:1, 3).

Capacidades Aumentadas

Verdadeiros ministros de Deus não rejeitarão dificuldades. Da Fonte que nunca falha, eles tiram forças para vencer a tentação e para realizar os deveres que Deus coloca sobre eles. O coração deles deseja prestar um serviço aceitável. A "graça que há em Cristo Jesus" os capacita a ser testemunhas fiéis das coisas que

ouviram (2Tm 2:1). Eles transmitem esse conhecimento aos cristãos fiéis que, por sua vez, ensinam outros.

Na carta, Paulo mostrou ao servidor mais jovem um alto ideal: "Procure apresentar-se a Deus aprovado, como obreiro que não tem do que se envergonhar, que maneja corretamente a palavra da verdade" (v. 15). "Fuja dos desejos malignos da juventude e siga a justiça, a fé, o amor e a paz, com aqueles que, de coração puro, invocam o Senhor. Evite as controvérsias tolas e inúteis, pois você sabe que acabam em brigas" (v. 22, 23). Esteja "apto para ensinar, paciente". Corrija "com mansidão os que se lhe opõem, na esperança de que Deus lhes conceda o arrependimento, levando-os ao conhecimento da verdade" (v. 24, 25).

O apóstolo advertiu Timóteo contra os falsos ensinadores que tentariam entrar na igreja: "Saiba disto: nos últimos dias sobrevirão tempos terríveis. Os homens serão egoístas, avarentos, presunçosos, arrogantes, blasfemos, desobedientes aos pais, ingratos, ímpios [...], tendo aparência de piedade, mas negando o seu poder. Afaste-se também destes" (2Tm 3:1, 2, 5).

"Quanto a você, porém, permaneça nas coisas que aprendeu e das quais tem convicção, pois você sabe de quem o aprendeu. Porque desde criança você conhece as sagradas letras, que são capazes de torná-lo sábio para a salvação" (v. 14, 15).

"Toda a Escritura é inspirada por Deus e útil para o ensino, para a repreensão, para a correção e para a instrução na justiça, para que o homem de Deus seja apto e plenamente preparado para toda boa obra" (v. 16, 17). A Bíblia é o arsenal em que podemos nos equipar para a luta. O escudo da fé deve estar em nossas mãos e, com a espada do Espírito – a Palavra de Deus, devemos abrir caminho por entre as obstruções e obstáculos do pecado.

O Chamado de Timóteo

Paulo sabia que uma obra fiel e séria teria que ser feita nas igrejas. Então ele escreveu a Timóteo: "Pregue a palavra, esteja preparado a tempo e fora de tempo, repreenda, corrija, exorte com toda a paciência e doutrina" (2Tm 4:2). Chamando Timóteo ao tribunal de Deus, Paulo insistiu que ele estivesse pronto para testemunhar do Senhor diante de grandes congregações e círculos particulares, ao longo da estrada e de casa em casa, para amigos e inimigos, em segurança ou enfrentando dificuldades e perigo.

Temendo que a personalidade meiga de Timóteo pudesse levá-lo a se esquivar de uma parte essencial de seu trabalho, Paulo apelou para que ele fosse fiel em condenar o pecado. No entanto, devia fazer isso "com toda a paciência e doutrina" (v. 2), explicando suas repreensões por meio da Palavra.

É difícil odiar o pecado e, ao mesmo tempo, mostrar ternura pelo pecador. Não devemos ser muito severos com o malfeitor, mas não devemos perder de vista o quanto o pecado é terrível. É perigoso demonstrar tanta tolerância para com o erro, de maneira que a pessoa que faz o mal olhe para si mesma como se não merecesse nenhuma correção.

Instrumentos de Satanás

Os ministros do evangelho às vezes permitem que sua paciência com os que estão em erro se torne tolerância para com o pecado, e até participam dele. Eles desculpam o que Deus condena e, depois de um tempo, ficam tão cegos que aprovam aqueles a quem Deus lhes ordena repreender. Os que têm entorpecido seus sentidos espirituais por serem pecaminosamente tolerantes para com aqueles a quem Deus condena, logo cometem um pecado maior, sendo severos e duros para com aqueles a quem Deus aprova.

Ao se orgulharem da sabedoria humana e não gostarem das verdades da Palavra de Deus, muitos que se sentem capazes de ensinar outros afastam-se das exigências do Senhor. "Pois virá o tempo em que não suportarão a sã doutrina; ao contrário, sentindo coceira nos ouvidos, junta-rão mestres para si mesmos, segundo os seus próprios desejos. Eles se re-cusarão a dar ouvidos à verdade, vol-tando-se para os mitos" (2Tm 4:3, 4).

Por essas palavras, o apóstolo se re-feriu aos cristãos professos que fazem dos próprios desejos seu guia e, dessa maneira, tornam-se escravos de si mes-mos. Essas pessoas estão dispostas a ouvir apenas as doutrinas que não re-preendem o pecado nem condenam sua vida amante do prazer. Elas escolhem ensinadores que as elogiam e adulam. Entre os que professam ser pastores, há aqueles que pregam opiniões humanas no lugar da Palavra de Deus.

Deus decretou que, até o fim do tempo, Sua lei santa, inalterada nos menores detalhes, ainda deve man-ter suas reivindicações sobre os seres humanos. Cristo veio para mostrar que ela é baseada no amplo funda-mento do amor a Deus e do amor ao homem, e que a obediência aos seus ensinos é dever da humanidade. A vida do próprio Jesus foi um exem-plo de obediência à lei de Deus.

Entretanto, o inimigo de toda jus-tiça levou homens e mulheres a deso-bedecerem à lei. Como Paulo previu, a maioria escolheu mestres que apresen-tam mitos. Muitos, pastores e mem-bros, estão pisando nos mandamentos de Deus. O Criador é insultado, e Satanás ri, vitorioso com seu sucesso.

Remédio para os Males Sociais

O desprezo pela lei de Deus re-sulta em um desgosto cada vez maior pela religião, num crescente orgulho, amor pelos prazeres, de-sobediência aos pais e tolerância consigo mesmo. Em todo o mundo, pessoas atentas estão perguntando ansiosamente: O que pode ser feito para corrigir esses males? A resposta é: "Pregue a Palavra". A Bíblia é uma transcrição da vontade de Deus, uma expressão da sabedoria divina. Ele guiará todos os que obedecerem aos seus ensinos, impedindo-os de desperdiçar sua vida em um esforço mal orientado.

Depois que a Sabedoria Infinita fala, não pode haver dúvidas para o homem solucionar. Deus simples-mente requer obediência.

Paulo estava prestes a terminar sua trajetória de vida, e queria que Timóteo o substituísse, protegendo a igreja de fábulas e heresias. Ele o exortou a resistir a todas as ativida-des e obstáculos que o impedissem de se entregar completamente ao traba-lho de Deus; a suportar com alegria a oposição, as acusações e a persegui-ção; a dar todas as provas possíveis de que seu ministério era genuíno.

Paulo se apegou à cruz como sua única garantia de sucesso. O amor do Salvador foi o que o sustentou em seus conflitos pessoais e em suas lutas contra a hostilidade do mundo e a oposição de seus inimigos.

Nesses dias de perigo, a igreja precisa de um exército de trabalhadores que se educaram para ser úteis e que tenham uma experiência profunda nas coisas de Deus. Necessita de pessoas que não fujam das provações e responsabilidades; que sejam corajosas e verdadeiras, e que "preguem a Palavra" com lábios tocados pelo fogo santo. Por haver tão poucos trabalhadores desse tipo, erros fatais, como veneno mortal, mancham a moral e despedaçam as esperanças de uma grande parte da humanidade. Será que os jovens aceitarão a responsabilidade santa? Obedecerão à ordem do apóstolo e atenderão ao chamado para o dever, apesar de todas as tentações que os levam ao egoísmo e à ambição?

Paulo concluiu sua carta com o pedido urgente para que Timóteo viesse logo, se possível antes do inverno. Falou de sua solidão e mencionou que havia mandado Tíquico a Éfeso. Depois de falar sobre seu julgamento diante de Nero, sobre como os outros cristãos o haviam abandonado e sobre a graça de Deus, Paulo concluiu, confiando seu amado Timóteo ao Supremo Pastor. Embora os subpastores pudessem ser abatidos, esse Pastor Supremo ainda cuidaria do Seu rebanho.

Condenado à Morte

No julgamento final de Paulo, Nero tinha sido tão fortemente impressionado pela força das palavras do apóstolo, que adiou a decisão, não absolvendo nem condenando o servo de Deus. Porém, sua inclinação para o mal logo retornou. Irritado com sua incapacidade de impedir a propagação da religião cristã mesmo na casa imperial, Nero condenou Paulo à morte de um mártir. Como um cidadão romano não podia ser submetido a tortura, o apóstolo foi condenado a ser decapitado.

Poucos espectadores foram autorizados a comparecer à execução, pois os perseguidores de Paulo temiam que, pela cena da sua morte, pessoas fossem convertidas ao cristianismo. Contudo, até mesmo os soldados endurecidos ouviram suas palavras e ficaram surpresos ao vê-lo alegre enquanto se aproximava da morte. Mais de um aceitou o Salvador, e logo eles também, sem medo, selaram sua fé com sangue.

Até seus últimos momentos, a vida de Paulo testificou da verdade de suas palavras aos coríntios: "Pois Deus que disse: 'Das trevas resplandeça a luz', Ele mesmo brilhou em nossos corações, para iluminação do conhecimento da glória de Deus na face de Cristo" (2Co 4:6).

"De todos os lados somos pressionados, mas não desanimados; ficamos perplexos, mas não desesperados; somos perseguidos, mas não abandonados; abatidos, mas não destruídos" (v. 8, 9).

A paz do Céu estampada no rosto de Paulo ganhou muitos para o evangelho. Todos os que entraram em contato com ele sentiram a influência de sua união com Cristo. Sua vida deu poder convincente à sua pregação. Aqui está o poder da verdade: a influência espontânea e inconsciente de uma vida santa é o sermão mais convincente que podemos pregar em favor do cristianismo. Argumentos podem apenas fazer surgir oposição, mas é impossível resistir completamente a um exemplo piedoso.

O apóstolo se esqueceu dos próprios sofrimentos ao se preocupar com aqueles a quem estava prestes a deixar a enfrentar o preconceito, o ódio e a perseguição. Ele garantiu aos poucos cristãos que o acompanharam ao lugar da execução que nenhuma promessa dada aos filhos provados e fiéis do Senhor falharia. Por algum tempo, os cristãos talvez não tivessem conforto terrestre, mas poderiam se animar com a certeza da fidelidade de Deus. Logo raiariam a feliz manhã de paz e o dia perfeito.

Paulo Não Teve Medo

O apóstolo contemplou o grande futuro com alegre esperança e ansiosa expectativa. Enquanto estava no lugar onde seria martirizado, não viu a espada do carrasco nem a terra que logo receberia seu sangue. Ele olhou através do céu azul e calmo daquele dia de verão até o trono do Eterno.

Esse homem de fé viu a escada da visão de Jacó: Cristo ligando a Terra ao Céu. Ele se lembrou de como os patriarcas e profetas confiaram nAquele que era seu amparo, e desses homens santos ouviu a garantia de que Deus é verdadeiro. Seus irmãos apóstolos, que não consideraram a vida algo precioso para que pudessem levar a luz da cruz aos labirintos escuros da infidelidade – ele os ouviu testificar de Jesus como o Filho de Deus, o Salvador do mundo. Dos cavaletes, das fogueiras, do calabouço, das covas e das cavernas da Terra, ele ouviu o grito de vitória dos mártires, declarando: "Sei em quem tenho crido" (2Tm 1:12).

Resgatado pelo sacrifício de Cristo e revestido de Sua justiça, Paulo tinha a certeza do Espírito de que Aquele que venceu a morte era capaz de guardar o que estava sob Sua responsabilidade. Sua mente se apegou à promessa do Salvador: "Eu o ressuscitarei no último dia" (Jo 6:40). Suas esperanças estavam centralizadas na segunda vinda do seu Senhor, e, quando a espada do carrasco baixou, o pensamento do mártir avançou para encontrar o Doador da vida.

Quase vinte séculos se passaram desde que Paulo derramou seu sangue pela Palavra de Deus e pelo testemunho de Jesus. Nenhuma das mãos fiéis registrou as últimas cenas da vida desse homem santo, mas a Inspiração preservou seu testemunho agonizante. Como um toque de trombetas, sua voz tem ressoado por todos os séculos desde então, encorajando milhares de testemunhas de Cristo, e, em corações aflitos, despertando o eco da sua alegria triunfante: "Combati o bom combate, terminei a corrida, guardei a fé. Agora me está reservada a coroa da justiça, que o Senhor, justo Juiz, me dará naquele dia; e não somente a mim, mas também a todos os que amam a Sua vinda" (2Tm 4:7, 8).

Um Fiel Subpastor*

Durante os anos movimentados que se seguiram ao Dia de Pentecostes, o apóstolo Pedro trabalhou incansavelmente para alcançar os judeus que vinham a Jerusalém por ocasião das festas anuais. Os talentos que ele possuía eram muito valiosos para a igreja cristã primitiva. Pedro tinha uma responsabilidade dupla: ele testemunhava com eficácia a respeito do Messias para os incrédulos e, ao mesmo tempo, fortalecia a fé dos cristãos.

Depois que Pedro se rendeu e passou a confiar inteiramente no poder divino, ele recebeu um chamado para ser um subpastor. Cristo dissera a Pedro antes que este O negasse: "Mas Eu orei por você, para que a sua fé não desfaleça. E quando você se converter, fortaleça os seus irmãos" (Lc 22:32). Essas palavras falavam da obra que ele devia fazer em favor daqueles que se converteriam à fé. A experiência de Pedro com o pecado e arrependimento

o havia preparado para esse trabalho. Somente quando ele descobriu sua fraqueza, entendeu a necessidade que o cristão tem de depender de Cristo. Pedro compreendeu que só podemos caminhar com segurança quando confiamos no Salvador e desconfiamos completamente de nós mesmos.

No último encontro à beira-mar, Jesus testou Pedro, repetindo a pergunta por três vezes: "Você Me ama?" (Jo 21:15-17). Assim, Ele o recolocou em seu lugar entre os doze apóstolos. Jesus deu a ele a missão de não apenas buscar os que estavam do lado de fora, mas também ser um pastor para as ovelhas.

Cristo mencionou apenas uma condição para o serviço: "Você Me ama?" Conhecimento, espírito generoso, eloquência e dedicação – tudo isso é essencial, mas sem o amor de Cristo no coração, o pastor é um fracasso. Esse amor é um princípio vivo revelado no coração. Se o caráter do pastor ilustrar a verdade que ele ensina, o Senhor colocará o selo da Sua aprovação na obra.

A Lição da Paciência

Embora Pedro tivesse negado seu Senhor, o amor que Jesus tinha por ele nunca vacilou. Lembrando-se de sua fraqueza e de seu fracasso, o apóstolo devia lidar com as ovelhas e cordeiros com tanta ternura quanto Cristo o havia tratado.

O ser humano tem a tendência de lidar duramente com aqueles que erram. Ele não pode ler o coração; não conhece suas lutas e dores. Precisamos aprender sobre a repreensão que é amor, a advertência que comunica esperança.

Durante todo o seu ministério, Pedro cuidou fielmente do rebanho e provou ser digno da responsabilidade que o Senhor lhe dera. Ele exaltou Jesus como Salvador e se submeteu à disciplina do Mestre por excelência. Pedro trabalhou a fim de educar os cristãos para o serviço ativo e inspirou muitos jovens a se entregar à obra do ministério. Sua influência como professor e líder aumentou. Embora nunca tivesse perdido de vista sua responsabilidade para com os judeus, deu seu testemunho em muitos países.

Nos últimos anos de seu ministério, suas cartas fortaleceram a fé dos que estavam sofrendo provações e aflição e daqueles que estavam em perigo de perder a confiança em Deus. Essas cartas trazem as marcas de alguém que foi inteiramente transformado pela graça e cuja esperança de vida eterna era sólida e imutável.

Mesmo enfrentando sérios problemas, os primeiros cristãos se alegraram com essa esperança de ter uma herança na Nova Terra. Pedro escreveu: "Nisso vocês exultam, ainda que agora, por um pouco de tempo, devam ser entristecidos por todo tipo de provação. Assim acontece para que fique comprovado que a fé que vocês têm, muito mais valiosa do que o ouro que perece, mesmo que refinado pelo fogo, é genuína e resultará em louvor, glória e honra, quando Jesus Cristo for revelado" (1Pe 1:6, 7).

As palavras do apóstolo têm um significado especial para aqueles que vivem no tempo em que "o fim de todas as coisas está próximo" (1Pe 4:7). Todo cristão que mantém a fé "firme, até ao fim" (Hb 3:14, ARA) necessita das palavras encorajadoras de Pedro.

O apóstolo trabalhou para ensinar os cristãos a impedir que a mente divague em temas proibidos ou que usem suas energias em assuntos sem importância. Eles devem evitar ler, ver ou ouvir coisas que insinuem pensamentos impuros. O coração deve ser fielmente guardado, ou males exteriores despertarão os interiores, e o cristão vagará na escuridão. Pedro escreveu: "Estejam com a mente preparada [...]; estejam alertas e coloquem toda a esperança na graça que lhes será dada quando Jesus Cristo for revelado. [...] Não se deixem amoldar pelos maus desejos de outrora, quando viviam na ignorância" (1Pe 1:13, 14).

"Vocês sabem que não foi por meio de coisas perecíveis como prata ou ouro que vocês foram redimidos da sua maneira vazia de viver, transmitida por seus antepassados, mas pelo precioso sangue de Cristo, como de um cordeiro sem mancha e sem defeito" (v. 18, 19).

Se a prata e o ouro fossem suficientes para comprar a salvação, como teria sido fácil para Aquele que disse: "Tanto a prata quanto o ouro Me pertencem" (Ag 2:8)! Mas o transgressor só podia ser redimido pelo sangue do Filho de Deus. E, como bênção suprema da salvação, "o dom gratuito de Deus é a vida eterna em Cristo Jesus, nosso Senhor" (Rm 6:23).

O Fruto do Amor à Verdade

Pedro continuou: "Amem sinceramente uns aos outros e de todo o coração" (1Pe 1:22). A Palavra de Deus é o canal pelo qual o Senhor revela Seu Espírito e poder. A obediência à Palavra produz fruto, o "amor fraternal e sincero" (v. 22). Quando a verdade se torna um princípio vivo, a pessoa é regenerada, "não de uma semente perecível, mas imperecível, por meio da palavra de Deus, viva e permanente" (v. 23). Essa regeneração é o resultado de receber Cristo como a Palavra. Quando o Espírito Santo imprime as verdades divinas no coração, Ele desperta um novo entendimento e energias que estavam adormecidas para nos ajudar a cooperar com Deus.

O Grande Mestre apresentou muitas das Suas mais preciosas lições para aqueles que não as compreenderam naquele tempo. Depois de subir ao Céu, quando o Espírito Santo os fez lembrar de Seus ensinamentos, os sentidos adormecidos deles foram despertados. O significado dessas verdades brilhou na mente dos apóstolos como uma nova revelação. Então os homens que Ele havia escolhido proclamaram a verdade poderosa: "Aquele que é a Palavra tornou-Se carne e viveu entre nós [...], cheio de graça e de verdade" (Jo 1:14). "Todos recebemos da Sua plenitude, graça sobre graça" (v. 16).

O apóstolo apelou aos cristãos que estudassem as Escrituras. Pedro percebeu que todo cristão que será vitorioso no último dia sofrerá perplexidade e provação. Entretanto, se compreendermos as Escrituras, nos lembraremos das promessas que consolam o coração e fortalecem a fé no Poderoso.

Muitos a quem Pedro endereçou suas cartas estavam vivendo entre os pagãos, e muitas coisas dependiam de que eles permanecessem fiéis à sua vocação. "Vocês, porém, são geração eleita, sacerdócio real, nação santa, povo exclusivo de Deus, para anunciar as grandezas dAquele que os chamou das trevas para a Sua maravilhosa luz" (1Pe 2:9).

"Amados, insisto em que, como estrangeiros e peregrinos no mundo, vocês se abstenham dos desejos carnais que guerreiam contra a alma" (v. 11).

Nosso Dever para com o Governo

O apóstolo descreveu a atitude que os cristãos devem ter em relação às autoridades civis. "Por causa do Senhor, sujeitem-se a toda autoridade constituída entre os homens; seja ao rei, como autoridade suprema, seja aos governantes, como por Ele enviados para punir os que praticam o mal e honrar os que praticam o bem. Pois é da vontade de Deus que, praticando o bem, vocês silenciem a ignorância dos insensatos" (1Pe 2:13-15).

Os servos deviam permanecer obedientes aos seus senhores, "porque é louvável que, por motivo de sua consciência para com Deus, alguém suporte aflições sofrendo injustamente" (v. 19), explicou o apóstolo. Tendo apanhado por causa dos próprios erros, qual é o mérito de suportar a surra com paciência? Quando você faz o bem e sofre, é louvável diante de Deus o fato de você suportar o sofrimento com paciência. Cristo também sofreu por nós, deixando-nos um exemplo, para que sigamos Seus passos: "'Ele não cometeu pecado algum, e nenhum engano foi encontrado em Sua boca'. Quando insultado, não revidava; quando sofria, não fazia ameaças, mas entregava-Se Àquele que julga com justiça" (1Pe 2:22, 23).

O apóstolo encorajou as mulheres na fé a serem modestas. "A beleza de vocês não deve estar nos enfeites exteriores, como cabelos trançados e joias de ouro ou roupas finas. Pelo contrário, esteja no ser interior, que não perece, beleza demonstrada num espírito dócil e tranquilo, o que é de grande valor para Deus" (1Pe 3:3, 4).

A lição se aplica a todas as épocas. Na vida do verdadeiro cristão, o adorno exterior está sempre em harmonia com a paz interior e a santidade. A abnegação e o sacrifício marcarão a vida do cristão. Em nossa maneira de vestir, as pessoas verão evidências de que nossas escolhas mudaram. É certo amar a beleza e desejá-la, mas Deus quer que amemos em primeiro lugar a beleza superior, a que é imperecível – o "linho fino, branco e puro" (Ap 19:14) que todos os santos da Terra vestirão. Esse manto da justiça de Cristo os tornará amados aqui e será seu símbolo de admissão no palácio do Rei.

Contemplando os momentos perigosos que a igreja estava prestes a enfrentar, o apóstolo escreveu: "Amados, não se surpreendam com o fogo que surge entre vocês para os provar" (1Pe 4:12). A provação deve purificar os filhos de Deus das impurezas mundanas. Pelo fato de Deus estar conduzindo Seus filhos é que eles passam por experiências difíceis. Provas e obstáculos são Seus métodos escolhidos de disciplina e a condição para o sucesso. Algumas pessoas têm qualificações que, se direcionadas corretamente, poderiam ser usadas em Sua obra. Ele conduz esses Seus seguidores a várias situações e circunstâncias em que eles possam descobrir os defeitos que nem sequer sabem que têm. Ele lhes dá a oportunidade de vencer esses defeitos. Muitas vezes o Senhor permite que o fogo da aflição queime para que sejam purificados.

Deus não permite que nenhuma aflição venha a Seus filhos a não ser o que é essencial para seu bem presente e eterno. Todas as provações que Ele permite ocorrem para que eles possam obter uma devoção mais profunda e uma força maior para levar adiante as vitórias da cruz.

Houve um tempo em que Pedro não estava disposto a ver a cruz na obra de Cristo. Quando o Salvador revelou Seus sofrimentos e morte, Pedro exclamou: "Nunca, Senhor! Isso nunca Te acontecerá!" (Mt 16:22). Pedro aprendeu lentamente a lição amarga de que o caminho de Cristo na Terra atravessou a agonia e humilhação. Quando seu corpo, antes ativo, estava curvado pelo peso dos anos, ele escreveu: "Amados, [...] alegrem-se à medida que participam dos sofrimentos de Cristo, para que também, quando a Sua glória for revelada, vocês exultem com grande alegria" (1Pe 4:13).

Os Subpastores Devem Estar Atentos

Dirigindo-se aos anciãos da igreja a respeito das suas responsabilidades como subpastores do rebanho de Cristo, o apóstolo escreveu: "Pastoreiem o rebanho de Deus que está aos seus cuidados. [...] Não façam isso por ganância, mas com o desejo de servir. Não ajam como dominadores dos que lhes foram confiados, mas como exemplos para o rebanho. Quando se manifestar o Supremo Pastor, vocês receberão a imperecível coroa da glória" (1Pe 5:2-4).

Servir é um trabalho pessoal que exige dedicação. Há necessidade de pastores fiéis, que não bajulem o povo de Deus nem o trate com dureza, mas que dê a ele o pão da vida.

Deus chama o subpastor a enfrentar a alienação, a amargura e o ciúme na igreja, e ele precisará trabalhar no espírito de Cristo. As pessoas podem julgar mal e criticar o servo de Deus. Quando isso acontecer, que ele se lembre de que "a sabedoria que vem do alto é antes de tudo pura; depois, pacífica, amável, compreensiva [...]. O fruto da justiça semeia-se em paz para os pacificadores" (Tg 3:17, 18).

Se o ministro do evangelho escolher desempenhar a parte que menos exija abnegação, deixando o trabalho do ministério pessoal para outra pessoa, Deus não aceitará seu trabalho. Se não está disposto a fazer o trabalho pessoal que o cuidado para com o rebanho requer, o pastor se enganou em sua vocação.

O verdadeiro pastor se esquece de si mesmo. Por meio do ministério nas casas das pessoas, ele descobre as necessidades delas e as conforta de suas angústias; alivia a fome espiritual e conquista o coração delas para Deus. Os anjos do Céu ajudam o pastor nessa obra.

O apóstolo destacou alguns princípios gerais que todos na comunhão da igreja devem seguir. Os membros mais jovens devem seguir o exemplo dos mais velhos, ao demonstrar a humildade de Cristo: "Deus Se opõe aos orgulhosos, mas concede graça aos humildes" (Tg 4:6).

"Portanto, humilhem-se debaixo da poderosa mão de Deus, para que Ele os exalte no tempo devido. Lancem sobre Ele toda a sua ansiedade, porque Ele tem cuidado de vocês" (1Pe 5:6, 7).

Pedro escreveu isso em um momento de especial provação para a igreja. Logo, a igreja enfrentaria uma perseguição terrível. Em alguns anos, muitos líderes entregariam a vida pelo evangelho. Logo, "lobos" terríveis entrariam na igreja, sem poupar o rebanho. No entanto, com palavras de ânimo e alegria, Pedro dirigiu os cristãos "para uma herança que jamais" poderia "perecer, macular-se ou perder o seu valor" (1Pe 1:4). Ele orou com fervor: "O Deus de toda a graça, [...] depois de terem sofrido durante um pouco de tempo, os restaurará, os confirmará, lhes dará forças e os porá sobre firmes alicerces" (1Pe 5:10).

52

Firme até o Fim*

Em sua segunda carta, o apóstolo Pedro explicou o plano divino para o desenvolvimento do caráter cristão. Ele escreveu que Deus deu "as Suas grandiosas e preciosas promessas, para que por elas" nos tornássemos "participantes da natureza divina e" fugíssemos "da corrupção que há no mundo, causada pela cobiça" (2Pe 1:4).

"Por isso mesmo, empenhem-se para acrescentar à sua fé a virtude; à virtude o conhecimento; ao conhecimento o domínio próprio; ao domínio próprio a perseverança; à perseverança a piedade; à piedade a fraternidade; e à fraternidade o amor" (2Pe 1:5-7).

O apóstolo apresentou aos crentes a escada do progresso cristão. Cada degrau representa um avanço no conhecimento de Deus. Somos salvos escalando degrau após degrau, até que cheguemos à altura ideal de Cristo para nós. Deus deseja ver homens e mulheres alcançando o padrão mais alto, e, quando eles se apoderarem de Cristo pela fé, quando reivindicarem Suas promessas como suas, quando buscarem o Espírito Santo, Deus os fará completos nEle.

Tendo recebido a fé do evangelho, o cristão deve acrescentar virtudes ao seu caráter e, assim, preparar a mente para o conhecimento de Deus. Esse conhecimento é a base de todo serviço verdadeiro e a única proteção real contra a tentação. Somente isso pode nos fazer ter um caráter semelhante ao de Deus. Nenhuma boa dádiva é retida de qualquer pessoa que deseje sinceramente a justiça de Deus.

Ninguém precisa deixar de alcançar, em sua esfera, a perfeição do caráter cristão. Deus coloca diante de nós o exemplo do caráter de Cristo. Em Sua humanidade, aperfeiçoada por uma vida de resistência constante ao mal, o Salvador mostrou que, por

* Este capítulo é baseado em 2 Pedro.

meio da cooperação com a Divindade, os seres humanos podem alcançar a perfeição de caráter nesta vida. Podemos obter a vitória completa.

Vencendo os Defeitos pela Graça

A Bíblia oferece ao cristão a possibilidade maravilhosa de obedecer a todos os princípios da lei. Entretanto, por nós mesmos, somos incapazes de alcançar essa condição. A santidade que devemos ter é resultado da atuação da graça divina quando nos submetemos à disciplina e às influências controladoras do Espírito da verdade. O incenso da justiça de Cristo enche cada ato de obediência com a fragrância divina. Os cristãos nunca devem desistir de vencer todos os erros e defeitos. Constantemente, eles devem pedir ao Salvador que cure os distúrbios da sua vida doente pelo pecado. O Senhor concede força àqueles que, em arrependimento, voltam-se para Ele em busca de ajuda.

A obra de transformação da impiedade para a santidade é contínua. Dia após dia, Deus trabalha em favor da nossa santificação; portanto, devemos cooperar com Ele. Nosso Salvador está sempre pronto para responder à oração da pessoa humilde. Ele alegremente concede as bênçãos de que precisamos para lutar contra os males que nos rodeiam.

Aquele que se cansa e permite que o inimigo roube dele as graças cristãs que têm se desenvolvido em seu coração e vida está em uma condição realmente triste. O apóstolo disse: "Se alguém não as tem, está cego, só vê o que está perto, esquecendo-se da purificação dos seus antigos pecados" (2Pe 1:9).

A fé manifestada por Pedro no poder de Deus para salvar se tornou mais forte ao longo dos anos. Ele tinha provado que não há possibilidade de fracasso para o cristão que sobe, pela fé, o degrau mais alto da escada. Sabendo que logo morreria como mártir por sua fé, Pedro mais uma vez exortou seus irmãos cristãos a seguirem firmemente o caminho de Cristo: "Portanto, irmãos, empenhem-se ainda mais para consolidar o chamado e a eleição de vocês, pois se agirem dessa forma, jamais tropeçarão, e assim vocês estarão ricamente providos quando entrarem no Reino eterno de nosso Senhor e Salvador Jesus Cristo" (v. 10, 11).

"Considero importante, enquanto estiver no tabernáculo deste corpo, despertar a memória de vocês, porque sei que em breve deixarei este tabernáculo, como o nosso Senhor Jesus Cristo já me revelou. Eu me empenharei para que, também depois da minha partida, vocês sejam sempre capazes de lembrar-se destas coisas" (v. 13-15).

A Verdade do Evangelho

A respeito de Jesus, Pedro lembrou os cristãos: "De fato, não seguimos fábulas engenhosamente inventadas, [...] pelo contrário, nós fomos testemunhas oculares da Sua majestade. Ele recebeu honra e glória da parte de Deus Pai, quando da suprema glória Lhe foi dirigida a voz que disse: 'Este é o Meu Filho amado, em quem Me agrado'. Nós mesmos ouvimos essa voz vinda do Céu, quando estávamos com Ele no monte santo" (2Pe 1:16-18). No entanto, havia um testemunho ainda mais convincente. Pedro declarou: "Temos ainda mais firme a palavra dos profetas, e vocês farão bem se a ela prestarem atenção, como a uma candeia que brilha em lugar escuro, até que o dia clareie e a estrela da alva nasça no coração de vocês. [...] Pois jamais a profecia teve origem na vontade humana, mas homens falaram da parte de Deus, impelidos pelo Espírito Santo" (v. 19, 21).

Ao exaltar a profecia verdadeira, o apóstolo advertiu seriamente a igreja contra as falsas profecias, levantadas por "falsos mestres", que trariam "heresias destruidoras, chegando a negar o Soberano" (2Pe 2:1). O apóstolo comparou esses falsos mestres, a quem muitos cristãos achavam que eram verdadeiros, a "fontes sem água e névoas impelidas pela tempestade.

A escuridão das trevas lhes está reservada" (2Pe 2:17). "Teria sido melhor que não tivessem conhecido o caminho da justiça, do que, depois de o terem conhecido, voltarem as costas para o santo mandamento que lhes foi transmitido" (v. 21).

Olhando ao longo dos séculos, Pedro foi inspirado a descrever as condições do mundo pouco antes da segunda vinda de Cristo. Ele escreveu: "Nos últimos dias, surgirão escarnecedores zombando e seguindo suas próprias paixões. Eles dirão: 'O que houve com a promessa da Sua vinda?'" (2Pe 3:3, 4). No entanto, nem todos seriam enganados pelas armadilhas do inimigo. Haveria pessoas fiéis, capazes de reconhecer os sinais dos tempos, um remanescente que perseveraria até o fim.

Pedro e a Segunda Vinda

Pedro manteve viva a esperança da vinda de Cristo em seu coração, e assegurou a igreja de que a promessa do Salvador: "Voltarei" (Jo 14:3), certamente se cumpriria. Sua vinda pareceria demorada por muito tempo, mas o apóstolo lhes garantiu: "O Senhor não demora em cumprir a Sua promessa, como julgam alguns. Ao contrário, Ele é paciente com vocês, não querendo que ninguém pereça, mas que todos cheguem ao arrependimento" (2Pe 3:9).

"Visto que tudo será assim desfeito, que tipo de pessoas é necessário que vocês sejam? Vivam de maneira santa e piedosa, esperando o dia de Deus e apressando a Sua vinda. Naquele dia os céus serão desfeitos pelo fogo, e os elementos se derreterão pelo calor. Todavia, de acordo com a Sua promessa, esperamos novos céus e nova terra, onde habita a justiça" (v. 11-13).

"Amados, sabendo disso, guardem-se para que não sejam levados pelo erro dos que não têm princípios morais, nem percam a sua firmeza e caiam. Cresçam, porém, na graça e no conhecimento de nosso Senhor e Salvador Jesus Cristo" (v. 17, 18).

Pedro terminou seu ministério em Roma, onde o imperador Nero ordenou sua prisão aproximadamente na época da última prisão de Paulo. Assim, os dois apóstolos, tendo trabalhado durante muitos anos separados pela distância, deviam dar seu último testemunho de Cristo na maior cidade do mundo, e, naquele solo, derramar seu sangue como a semente de uma imensa colheita de cristãos.

Pedro enfrentou bravamente o perigo e mostrou uma nobre coragem ao pregar sobre um Salvador crucificado, ressuscitado e que havia subido ao Céu. Enquanto estava em sua cela, ele se lembrou das palavras de Cristo: "Quando eras mais moço, tu te cingias a ti mesmo e andavas por onde querias; quando, porém, fores velho, estenderás as mãos, e outro te cingirá e te levará para onde não queres" (Jo 21:18, ARA). Jesus havia revelado que, no futuro, as mãos do discípulo seriam estendidas na cruz.

Como judeu e estrangeiro, Pedro foi condenado a ser açoitado e crucificado. Ao contemplar essa morte terrível, o apóstolo se lembrou de seu pecado, quando negou Jesus na hora de Seu julgamento. No passado, ele não esteve disposto a reconhecer a cruz, mas agora considerava uma alegria entregar a vida pelo evangelho. Porém, ele pensou que morrer da mesma maneira que seu Mestre havia morrido era uma honra muito grande. Pedro tinha sido perdoado por Cristo, mas nunca conseguiu perdoar a si mesmo. Nada podia aliviar a amargura da sua tristeza e arrependimento. Como um último favor, ele pediu a seus carrascos que o pregassem na cruz de cabeça para baixo. Eles atenderam a esse pedido, e assim morreu o grande apóstolo Pedro.

53

O Discípulo Amado

João é conhecido como "o discípulo a quem Jesus amava" (Jo 21:20). Ele foi um dos três escolhidos para testemunhar a glória de Cristo no monte da transfiguração e Sua agonia no Getsêmani. Além disso, foi ao cuidado de João que nosso Senhor confiou Sua mãe em Suas últimas horas de angústia na cruz.

João se apegou a Cristo como uma videira se apega a uma coluna majestosa. Ele enfrentou os perigos da sala de julgamento e permaneceu próximo à cruz. Quando ficou sabendo que Cristo havia ressuscitado, correu até o túmulo, chegando lá antes de Pedro.

João não possuía um caráter naturalmente belo. Ele era orgulhoso, arrogante, inconsequente; ambicionava honra e guardava rancor quando os outros não o tratavam bem. Ele e seu irmão foram chamados "filhos do trovão" (Mc 3:17). O discípulo amado tinha um mau temperamento e desejo de vingança; mas, por trás disso, o Mestre divino viu um coração sincero e amoroso. Jesus reprovou o egoísmo de João, frustrou suas ambições e testou sua fé, porém Ele lhe revelou a beleza da santidade e o poder transformador do amor.

João revelou fortemente seus defeitos em várias ocasiões. Certa vez, Cristo enviou mensageiros a um vilarejo samaritano em busca de hospedagem para Ele e Seus discípulos. Quando o Salvador Se aproximou da cidade, em vez de O convidarem para ser seu hóspede, os samaritanos recusaram a Ele as cortesias que teriam oferecido a um viajante comum.

Essa frieza e desrespeito para com o Mestre enfureceu os discípulos. Em seu zelo e fervor, Tiago e João disseram: "Senhor, queres que façamos cair fogo do céu para destruí-los?" (Lc 9:54). Suas palavras entristeceram Jesus. "Vocês não sabem de que espécie de espírito vocês são, pois o Filho do homem não veio para destruir a vida dos homens, mas para salvá-los" (v. 55).

Entrega Voluntária

Cristo não obriga as pessoas a recebê-Lo. Satanás e aqueles dominados por seu espírito tentam constranger a consciência. Dominadas por um pretenso zelo por justiça, algumas pessoas que cooperam com anjos maus trazem sofrimento a outros, a fim de "convertê-los" às suas convicções religiosas. No entanto, Cristo sempre procura conquistar revelando Seu amor. Ele deseja apenas a entrega voluntária do coração sob a influência do amor.

Em outra ocasião, Tiago e João usaram sua mãe para pedir as posições mais elevadas no reino de Cristo. Esses jovens discípulos se apegaram à esperança de que Ele assumiria Seu trono e poder real como o povo queria que Ele fizesse.

O Salvador, porém, respondeu: "Vocês não sabem o que estão pedindo. Podem vocês beber o cálice que Eu vou beber?" Eles responderam com confiança: "Podemos" (Mt 20:22).

"Vocês beberão o cálice que estou bebendo e serão batizados com o batismo com que estou sendo batizado" (Mc 10:39), declarou Cristo. Diante dEle estava uma cruz em vez de um trono! De fato, Tiago e João compartilhariam o sofrimento de seu Mestre – um foi destinado à morte iminente por decapitação; o outro, o que mais tempo acompanharia seu Mestre no trabalho, foi injuriado e perseguido. Jesus continuou: "Mas o assentar-se à Minha direita ou à Minha esquerda não cabe a Mim conceder. Esses lugares pertencem àqueles para quem foram preparados" (v. 40).

Jesus reprovou o orgulho e a ambição dos dois discípulos. "Quem quiser tornar-se importante entre vocês deverá ser servo, e quem quiser ser o primeiro deverá ser escravo" (Mt 20:26). No reino de Deus, a posição é resultado do caráter. A coroa e o trono são evidências de que vencemos o eu com a ajuda da graça de Cristo.

Muitos anos depois, o Senhor Jesus revelou a João como se aproximar de Seu reino: "Ao vencedor darei o direito de sentar-se comigo em Meu trono, assim como Eu também venci e sentei-Me com Meu Pai em Seu trono" (Ap 3:21). Os que estarão mais próximos de Cristo serão os que beberem mais profundamente de Seu espírito de amor abnegado – um amor que leva o discípulo a trabalhar e a se sacrificar até a morte para ajudar a salvar a humanidade.

Lições Bem Aprendidas

Em outro momento, Tiago e João encontraram um homem que não era um seguidor reconhecido de Cristo, mas que estava expulsando demônios em Seu nome. Os discípulos proibiram o homem de trabalhar, pensando que estavam certos. Cristo, porém, os repreendeu: "'Não o impeçam', disse Jesus. 'Ninguém que faça um milagre em Meu nome, pode falar mal de Mim logo em seguida'" (Mc 9:39). Tiago e João pensavam que estavam defendendo a honra de Cristo, mas começaram a perceber que estavam com ciúmes. Eles admitiram o erro e aceitaram a repreensão.

João guardou cada lição e tentou colocar a vida em harmonia com o padrão de Deus. Ele havia começado a reconhecer a glória de Cristo – "glória como do Unigênito vindo do Pai, cheio de graça e de verdade" (Jo 1:14).

A afeição de João por seu Mestre não era a causa do amor de Cristo por ele, mas o efeito desse amor. Pelo amor transformador de Cristo, ele se tornou submisso e humilde. O eu foi escondido em Jesus. Mais do que todos os seus companheiros, João se rendeu ao poder dessa vida inspiradora. As lições de seu Mestre ficaram gravadas em seu coração.

Quando testemunhava da graça do Salvador, sua linguagem simples se tornava eloquente com o amor que preenchia todo o seu ser.

O Salvador amava todos os doze, mas João era mais receptivo. Mais jovem que os outros, tendo mais da confiança simples de uma criança, ele abriu seu coração a Jesus. Dessa maneira, passou a ter mais afinidade com Cristo. Foi ele que transmitiu ao povo o ensinamento espiritual mais profundo do Salvador. João podia falar do amor do Pai como nenhum dos outros discípulos podiam. A beleza da santidade que o havia transformado irradiava de seu rosto com o brilho de Cristo, e a comunhão com o Salvador se tornou seu único desejo.

"Amados, agora somos filhos de Deus, e ainda não se manifestou o que havemos de ser, mas sabemos que, quando Ele Se manifestar, seremos semelhantes a Ele, pois O veremos como Ele é" (1Jo 3:2).

Uma Testemunha Fiel*

ssim como os outros discípulos, João também vivenciou o derramamento do Espírito no Dia de Pentecostes e, com novo poder, continuou a pregar as palavras de vida ao povo. Ele era um pregador poderoso, apaixonado pelo Senhor e profundamente sincero. Com uma bela linguagem e com uma voz musical, ele falava sobre Cristo de uma maneira que impressionava os corações. O poder sublime das verdades que ele pregava e o entusiasmo que caracterizava seus ensinamentos lhe deram acesso a todas as classes, e sua vida estava em harmonia com seus ensinos.

Cristo havia pedido aos discípulos que amassem uns aos outros como Ele os amava. "Um novo mandamento lhes dou: Amem-se uns aos outros. Como Eu os amei, vocês devem amar-se uns aos outros" (Jo 13:34). Depois de terem testemunhado os sofrimentos de Cristo, e depois que o Espírito Santo havia descido sobre eles no Pentecostes, eles passaram a ter um conceito mais claro do tipo de amor que deviam manifestar uns pelos outros. Então João pôde dizer: "Nisto conhecemos o que é o amor: Jesus Cristo deu a Sua vida por nós, e devemos dar a nossa vida por nossos irmãos" (1Jo 3:16).

Depois do Pentecostes, após saírem para anunciar um Salvador vivo, os discípulos se alegraram na doce comunhão com outros cristãos. Eles eram gentis, atenciosos, abnegados e revelavam o amor que Cristo lhes havia ordenado. Por meio de palavras e ações altruístas, eles trabalhavam para acender esse amor em outros corações.

Os cristãos deviam sempre alimentar esse amor. A vida deles devia exaltar um Salvador que poderia justificá-los por Sua justiça. Lentamente, ocorreu uma mudança. Insistindo em erros, falando e ouvindo duras críticas, os cristãos perderam de vista o Salvador e Seu amor. Eles se tornaram

* Este capítulo é baseado nas cartas de João.

mais meticulosos com a teoria da fé do que com sua prática. Perderam o amor fraternal, e o mais triste é que não sabiam que tinham perdido. Não perceberam que a felicidade e alegria estavam indo embora de sua vida, e que eles logo andariam na escuridão.

Mudança Trágica na Igreja Primitiva

João percebeu que o amor cristão estava diminuindo na igreja. Ele escreveu: "Amados, amemos uns aos outros, pois o amor procede de Deus. Aquele que ama é nascido de Deus e conhece a Deus. Quem não ama não conhece a Deus, porque Deus é amor. Foi assim que Deus manifestou o Seu amor entre nós: enviou o Seu Filho Unigênito ao mundo, para que pudéssemos viver por meio dEle. Nisto consiste o amor: não em que nós tenhamos amado a Deus, mas em que Ele nos amou e enviou Seu Filho como propiciação pelos nossos pecados. Amados, visto que Deus assim nos amou, nós também devemos amar uns aos outros" (1Jo 4:7-11).

"Quem odeia seu irmão é assassino, e vocês sabem que nenhum assassino tem vida eterna em si mesmo" (1Jo 3:15).

"Nisto conhecemos o que é o amor: Jesus Cristo deu a Sua vida por nós, e devemos dar a nossa vida por nossos irmãos" (v. 16).

O maior perigo que ameaça a igreja não é a oposição do mundo. É o mal alimentado no coração dos cristãos que provoca seu pior desastre e, com certeza, retarda o avanço da causa de Deus. Não há maneira mais infalível de enfraquecer a espiritualidade do que alimentar a inveja, a culpa e os maus pensamentos sobre os motivos dos outros. A evidência mais forte de que Deus enviou Seu Filho ao mundo é a existência de harmonia e união entre pessoas de naturezas diferentes que formam Sua igreja. Para testemunharem disso, o caráter dessas pessoas deve estar de acordo com o caráter de Cristo; e suas vontades, com a vontade dEle.

Na igreja de hoje, muitos que afirmam amar o Salvador não amam uns aos outros. Os incrédulos estão observando se a fé dos professos cristãos está tendo uma influência santificadora na vida deles. Os cristãos não devem permitir que o inimigo diga: Essas pessoas odeiam umas às outras. O laço que une todos os filhos do mesmo Pai celestial deve ser muito íntimo e terno.

O amor divino apela para que mostremos a mesma compaixão que Cristo demonstrou. Os verdadeiros cristãos não permitirão voluntariamente que alguém em perigo e necessidade prossiga sem ser advertido, sem receber cuidados. Eles não serão hostis nem distantes, deixando o que está em erro mergulhar mais fundo na infelicidade e no desânimo.

Os que nunca experimentaram o amor carinhoso de Cristo não podem conduzir outros à fonte da vida. O amor de Jesus no coração leva as pessoas a revelá-Lo em conversas, em um espírito piedoso, em uma vida edificante. Deus avalia a aptidão dos trabalhadores cristãos pela sua capacidade de amar como Cristo amou.

O apóstolo escreveu: "Não amemos de palavra nem de boca, mas em ação e em verdade" (1Jo 3:18). Temos um caráter perfeito quando o impulso de ajudar aos outros brota constantemente dentro de nós. Esse amor torna os cristãos "fragrância de vida" e permite que Deus abençoe o trabalho deles (2Co 2:16).

O Melhor Dom Concedido por Deus

Amor supremo por Deus e amor altruísta uns pelos outros – esse é o melhor dom que nosso Pai celestial pode nos conceder. Esse amor não é um impulso, mas um princípio divino. Ele se encontra apenas no coração no qual Jesus reina. "Nós amamos porque Ele nos amou primeiro" (1Jo 4:19). O amor modifica o caráter, controla os impulsos e desejos e enobrece as afeições. Esse amor adoça a vida e espalha uma influência enobrecedora ao redor.

João trabalhou para que os cristãos compreendessem que esse amor, ao preencher o coração, controlaria cada motivo e elevaria os que o possuíssem acima das influências corruptoras do mundo. Quando esse amor se tornasse o principal poder na vida, eles confiariam totalmente em Deus. Poderiam ter a certeza de que receberiam dEle tudo o que precisassem para seu bem presente e eterno. João escreveu: "Dessa forma o amor está aperfeiçoado entre nós, para que no dia do juízo tenhamos confiança, porque neste mundo somos como Ele. No amor não há medo; pelo contrário o perfeito amor expulsa o medo" (1Jo 4:17, 18). "Se pedirmos alguma coisa de acordo com a vontade de Deus, Ele nos ouvirá. [...] sabemos que temos o que dEle pedimos" (1Jo 5:14, 15).

"Se confessarmos os nossos pecados, Ele é fiel e justo para perdoar os nossos pecados e nos purificar de toda injustiça" (1Jo 1:9). O Senhor não exige que façamos nenhuma coisa difícil para obter o perdão. Não precisamos fazer peregrinações longas e cansativas nem realizar atos de penitência para encontrar perdão para nossos pecados. Quem confessa seus pecados "e os abandona encontra misericórdia" (Pv 28:13).

No Céu, Cristo está intercedendo por Sua igreja – aqueles por quem Ele pagou o preço da redenção com

Seu sangue. Nem a vida nem a morte podem nos separar do amor de Deus, não por nos apegarmos a Ele com firmeza, mas porque Ele nos segura com Sua mão forte. Se nossa salvação dependesse dos nossos esforços, não poderíamos nos salvar; mas ela depende dAquele que é o autor de todas as promessas. Nosso apego a Ele pode parecer fraco; porém, enquanto permanecermos unidos a Ele, ninguém poderá nos arrancar de Sua mão.

À medida que os anos se passavam e o número de cristãos aumentava, João trabalhou com ainda mais fidelidade e dedicação. Havia ilusões e enganos de Satanás por toda parte. Por meio de distorções e falsidade, os agentes de Satanás tentaram levantar oposição contra as doutrinas de Cristo e, como resultado, brigas e heresias ameaçaram a igreja. Alguns que professavam fé em Cristo afirmavam que Seu amor os havia libertado da obediência à lei de Deus. Por outro lado, muitos ensinavam que somente a guarda da lei, sem a fé no sangue de Cristo, era suficiente para salvá-los. Alguns afirmavam que Cristo era um homem bom, mas negavam Sua divindade. Alguns, vivendo em seus pecados, estavam trazendo heresias para dentro da igreja. Muitas pessoas estavam sendo levadas ao ceticismo e ao falso ensino.

Perigos que Ameaçavam a Igreja

João ficou triste ao ver esses erros nocivos surgindo na igreja, mas enfrentou a emergência com prontidão e decisão. Suas cartas inspiraram o espírito de amor, como se ele tivesse escrito com uma caneta imersa no amor. Porém, quando se deparou com aqueles que estavam quebrando a lei de Deus enquanto afirmavam viver sem pecado, ele não hesitou em adverti-los desse perigoso engano.

Ao escrever a uma mulher influente, ele disse: "Muitos enganadores têm saído pelo mundo, os quais não confessam que Jesus Cristo veio em corpo. Tal é o enganador e o anticristo. [...]; quem permanece no ensino" de Cristo "tem o Pai e também o Filho. Se alguém chegar a vocês e não trouxer esse ensino, não o recebam em casa nem o saúdem. Pois quem o saúda torna-se participante das suas obras malignas" (2Jo 1:7, 9-11).

Nesses últimos dias, há males semelhantes aos que ameaçaram a igreja primitiva. "Você deve ter amor", é o grito ouvido em toda parte, especialmente daqueles que afirmam estar santificados. O amor verdadeiro é muito puro para acobertar o pecado não confessado. Embora devamos amar as pessoas, não devemos ceder ao mal. Não devemos nos unir aos rebeldes e chamar isso de amor.

Deus exige que Seu povo defenda o que é certo com tanta firmeza quanto João o fez ao se opor aos erros destruidores.

O apóstolo ensinou que devemos lidar claramente com o pecado e com os pecadores. Isso não é incoerente com o amor verdadeiro. Ele escreveu: "Todo aquele que pratica o pecado transgride a Lei; de fato, o pecado é a transgressão da Lei. Vocês sabem que Ele se manifestou para tirar os nossos pecados, e nEle não há pecado. Todo aquele que nEle permanece não está no pecado. Todo aquele que está no pecado não O viu nem O conheceu" (1Jo 3:4-6).

Como testemunha de Cristo, João não entrou em longos debates.

Declarou o que sabia. Ele havia se relacionado intimamente com Cristo e tinha testemunhado Seus milagres. Para ele, a escuridão tinha ido embora; a verdadeira Luz estava brilhando. Ele falou com o coração transbordando de amor pelo Salvador, e nenhum poder pôde deter suas palavras.

João declarou: "O que era desde o princípio, o que ouvimos, o que vimos com os nossos olhos, o que contemplamos e as nossas mãos apalparam – isto proclamamos a respeito da Palavra da vida" (1Jo 1:1).

Como João, todos os verdadeiros cristãos podem testemunhar do que viram, ouviram e sentiram do poder de Cristo.

Transformado pela Graça

A vida de João é um exemplo da verdadeira santificação. Durante os anos em que ele teve um relacionamento próximo com Cristo, o Salvador muitas vezes o advertiu, e ele aceitou essas repreensões. João viu suas fraquezas, e essa revelação o humilhou. Dia após dia, seu coração era atraído a Cristo, até que o amor por seu Mestre o fez perder de vista o próprio eu. A força e a paciência que ele via no Filho de Deus o encheram de admiração. Ele rendeu seu temperamento rancoroso e ambicioso a Cristo, e o amor divino transformou seu caráter.

A experiência de Judas foi muito diferente dessa história. Ele professava ser um discípulo de Cristo, mas tinha apenas a aparência de piedade. Ao ouvir as palavras do Salvador, muitas vezes se tornava convicto, mas não humilhava seu coração nem confessava seus pecados. Ao resistir à influência divina, ele desonrou o Mestre.

João lutou intensamente contra seus defeitos. Judas, porém, violou sua consciência, apegando-se com mais firmeza aos seus maus hábitos. A verdade que Cristo ensinou não combinava com os desejos de Judas, e ele não abria mão de suas ideias. Ele alimentou a cobiça, sentimentos de vingança e pensamentos sombrios e melancólicos, até que Satanás o dominou completamente.

João e Judas tiveram as mesmas oportunidades. Ambos se relacionaram intimamente com Jesus. Os dois tinham graves defeitos de caráter, e ambos tiveram acesso à graça divina. Mas, enquanto um estava aprendendo com Jesus, o outro apenas ouvia e não mudava. João, vencendo o pecado todos os dias, foi santificado pela verdade; Judas, resistindo ao poder transformador da graça e satisfazendo seus desejos egoístas, tornou-se escravo de Satanás.

A transformação que vemos em João é resultado da comunhão com

Cristo. Podemos ter defeitos de caráter; porém, quando nos tornamos verdadeiros discípulos de Cristo, somos transformados até nos tornarmos como Aquele a quem adoramos.

Em suas cartas, João escreveu: "Todo aquele que nEle tem esta esperança purifica-se a si mesmo, assim como Ele é puro" (1Jo 3:3). "Aquele que afirma que permanece nEle, deve andar como Ele andou" (1Jo 2:6). Assim como Deus é santo em Sua esfera, também nós, seres humanos caídos, pela fé em Cristo, devemos ser santos em nossa esfera.

Em toda Sua maneira de tratar as pessoas, o propósito de Deus é a santificação. Ele nos escolheu desde a eternidade, para que sejamos santos. O Senhor deu Seu Filho para morrer por nós, a fim de nos livrar de toda a insignificância do eu. Só poderemos honrar a Deus à medida que formos transformados à Sua imagem e dirigidos por Seu Espírito. Então poderemos contar aos outros o que a graça divina fez por nós.

A verdadeira santificação ocorre quando Deus desenvolve em nós o princípio do amor. "Deus é amor. Todo aquele que permanece no amor permanece em Deus, e Deus nele" (1Jo 4:16). Quando Cristo vive no coração, Ele enobrece a vida. A doutrina pura se harmonizará com as obras da justiça.

Aqueles que querem ter as bênçãos da santificação devem primeiramente aprender o que significa abnegação. A cruz de Cristo é a coluna central sobre a qual repousa o "eterno peso de glória" (2Co 4:17, ARA). "Se alguém quiser acompanhar-Me, negue-se a si mesmo, tome a sua cruz e siga-Me" (Mt 16:24). Deus sustenta e fortalece quem está disposto a seguir o caminho de Cristo.

Obra de Toda uma Vida

A santificação não é obra de um momento, de uma hora, de um dia, mas de uma vida toda. Ela não ocorre a partir de uma feliz reviravolta de sentimentos, mas é resultado de morrer constantemente para o pecado e viver constantemente para Cristo. Não venceremos por nos esforçar de vez em quando, mas por meio de uma disciplina perseverante e conflitos difíceis. Enquanto Satanás reinar, teremos que dominar o eu e vencer os pecados persistentes. Enquanto durar a vida, não haverá nenhum ponto a que possamos atingir e então dizer: "Alcancei todas as coisas plenamente." A santificação é resultado de uma vida toda de obediência.

Nenhum dos apóstolos e nenhum dos profetas jamais alegou estar sem pecado. Homens que viveram mais próximos de Deus, que sacrificariam a própria vida em vez de cometer um erro, confessaram a pecaminosidade de sua natureza. Eles não reivindicaram nenhuma justiça própria, mas confiaram completamente na justiça de Cristo.

Quanto mais claramente reconhecermos a pureza do caráter de Cristo, mais claramente veremos o quanto o pecado é mau. Continuamente confessaremos nossos pecados e humilharemos nosso coração diante dEle. A cada passo nosso arrependimento se aprofundará. Confessaremos: "Sei que nada de bom habita em mim, isto é, em minha carne" (Rm 7:18). "Que eu jamais me glorie, a não ser na cruz de nosso Senhor Jesus Cristo" (Gl 6:14). Que ninguém desonre a Deus, dizendo: "Eu não tenho pecados; sou santo". Lábios santificados jamais falarão essas palavras presunçosas e falsas.

Aqueles que afirmam ter grande santidade devem olhar para o espelho da lei de Deus. Ao compreenderem que a lei revela os pensamentos e motivos do coração, eles não vão se vangloriar de sua "inocência". João escreveu: "Se afirmarmos que estamos sem pecado, enganamo-nos a nós mesmos, e a verdade não está em nós" (1Jo 1:8). "Se afirmarmos que não temos cometido pecado, fazemos de Deus um mentiroso" (v. 10). "Se confessarmos os nossos pecados, Ele é fiel e justo para perdoar os nossos pecados e nos purificar de toda injustiça" (v. 9).

Algumas pessoas professam ser santas e alegam ter direito às promessas de Deus, enquanto se recusam a obedecer a Seus mandamentos. Isso é presunção. Mostramos que amamos verdadeiramente a Deus quando obedecemos a todos os Seus mandamentos. "Aquele que diz: 'Eu o conheço', mas não obedece aos Seus mandamentos, é mentiroso, e a verdade não está nele" (1Jo 2:4). "Os que obedecem aos Seus mandamentos permanecem nEle, e Ele neles" (1Jo 3:24).

João não ensinou que obtemos a salvação pela obediência, mas a obediência é o fruto da fé e do amor. "Vocês sabem que Ele Se manifestou para tirar os nossos pecados, e nEle não há pecado. Todo aquele que nEle permanece não está no pecado. Todo aquele que está no pecado não O viu nem O conheceu" (1Jo 3:5, 6). Se permanecermos em Cristo, nossos sentimentos, pensamentos e ações estarão em harmonia com a vontade de Deus. O coração santificado está em harmonia com os ensinos da lei de Deus.

O Segredo da Vitória

Muitos que tentam obedecer aos mandamentos de Deus têm pouca paz ou alegria. Essas pessoas não representam corretamente a santificação. O Senhor deseja que todos os

Seus filhos e Suas filhas sejam felizes, calmos e obedientes. Por meio da fé, o cristão possui essas bênçãos. Por meio da fé, toda deficiência de caráter pode ser suprida, toda contaminação purificada, toda falha corrigida, toda boa qualidade desenvolvida.

A oração é o meio estabelecido pelo Céu para o sucesso no desenvolvimento do caráter. Para o perdão dos pecados, para ter o Espírito Santo, para ter um temperamento semelhante ao de Cristo, para ter sabedoria e força para fazer Sua obra, para receber todos os dons que Ele prometeu, podemos pedir, e a promessa é: "Vocês receberão".

Na comunhão pessoal e particular com Ele, devemos pensar profundamente no ideal glorioso de Deus para a humanidade. Em todos os séculos, enquanto as pessoas oravam e dirigiam seus pensamentos ao Céu, Deus realizava Seu propósito para Seus filhos, ao revelar gradualmente a eles as doutrinas da graça.

A verdadeira santificação significa ter amor perfeito, obediência perfeita e perfeita submissão à vontade de Deus. Devemos ser santificados pela obediência à verdade. É nosso privilégio derrubar os obstáculos do eu e do pecado e avançar rumo à perfeição.

Muitos interpretam a vontade de Deus como sendo o que eles querem fazer. Essas pessoas não lutam contra o próprio eu. Por um tempo, outros lutam sinceramente contra seus desejos egoístas de prazer e comodidade, mas eles se cansam do contínuo esforço, de morrer todos os dias para o eu, das dificuldades incessantes. Morrer para o eu parece repugnante e, em vez de resistirem à tentação, são dominados pelo seu poder.

A Palavra de Deus não abre espaço para que sejamos transigentes com o mal. Seja qual for o sacrifício do bem-estar ou da tolerância egoísta; não importa o esforço nem o sofrimento, os seguidores de Cristo devem continuar a travar uma batalha constante contra si mesmos.

O maior louvor que podemos oferecer a Deus é tornar-nos instrumentos consagrados por meio dos quais Ele possa trabalhar. Não nos recusemos a dar a Deus o que, embora não obtenhamos mérito ao dá-lo, vai nos arruinar se o negarmos a Ele. Deus pede todo o coração. Entregue-o a Ele. É dEle, tanto pela criação quanto pela redenção. Deus pede seu intelecto. Dê a Ele; é dEle. Deus pede seu dinheiro. Dê. É dEle. "Acaso não sabem que [...] vocês não são de si mesmos? Vocês foram comprados por alto preço" (1Co 6:19, 20). Deus coloca diante de nós o ideal mais elevado: a perfeição. Cristo nos pede que estejamos absoluta e completamente a Seu favor neste mundo, assim como Ele atua em nosso favor na presença de Deus.

"A vontade de Deus é que vocês sejam santificados" (1Ts 4:3). Será que essa é a sua vontade também? Se você humilhar seu coração e confessar seus pecados, confiando nos méritos de Jesus, Ele o perdoará e purificará. Deus exige que sejamos totalmente obedientes à Sua lei. Permita que seu coração seja preenchido com um desejo intenso por Sua justiça.

Ao contemplar as riquezas inimagináveis da graça de Deus, você tomará posse delas. Sua vida revelará os méritos do sacrifício do Salvador, a proteção da Sua justiça e Seu poder para se apresentar diante do Pai, imaculado e inculpável (2Pe 3:14).

Exilado na Ilha de Patmos

*D*epois de mais de meio século, os inimigos do evangelho conseguiram persuadir o imperador romano a usar seu poder contra os cristãos. Na perseguição terrível que se seguiu, o apóstolo João fez muito para ajudar outros cristãos a enfrentar corajosamente as provações que vieram sobre eles. O idoso e provado servo de Jesus repetia, com poder e eloquência, a história do Salvador crucificado e ressuscitado. De seus lábios vinha a mesma mensagem alegre: "O que era desde o princípio, o que ouvimos, o que vimos com os nossos olhos, o que contemplamos e as nossas mãos apalparam – isto proclamamos a respeito da Palavra da vida. [...] Nós lhes proclamamos o que vimos e ouvimos" (1Jo 1:1-3).

João viveu até a velhice. Ele testemunhou a destruição de Jerusalém e do templo. Sendo o último discípulo sobrevivente que havia se relacionado intimamente com o Salvador, sua mensagem teve grande influência. Seus ensinos levaram muitos a abandonar a incredulidade.

Os judeus estavam cheios de um ódio cruel contra o apóstolo. Eles diziam que seus esforços seriam inúteis enquanto o testemunho de João continuasse soando aos ouvidos do povo. Para ajudar as pessoas a se esquecerem dos milagres e dos ensinamentos de Jesus, eles deviam silenciar a voz dessa testemunha ousada. Então João foi convocado para ir a Roma. Seus inimigos esperavam provocar sua morte, acusando-o de ensinar heresias traidoras.

João se defendeu de uma maneira clara e convincente. Contudo, quanto mais convincente era seu testemunho, mais profundamente seus adversários o odiavam. O imperador Domiciano ficou irado. Ele não podia contestar o raciocínio do fiel representante de Cristo, mas decidiu silenciar sua voz.

João foi jogado em um caldeirão de óleo fervente, mas o Senhor preservou seu servo fiel assim como preservou os três hebreus na fornalha ardente. Quando foram ditas as palavras: "Assim pereça todos os que creem naquele enganador, Jesus Cristo", João declarou: "Meu Mestre deu Sua vida para salvar o mundo. Estou honrado por sofrer por causa dEle. Eu sou um homem fraco e pecador. Cristo era santo, inocente, sem mácula".

Salvo do Óleo Fervente

Essas palavras tiveram sua influência, e João foi retirado do óleo pelos mesmos homens que o haviam lançado ali.

Novamente, por ordem do imperador, João foi deportado e exilado na ilha de Patmos, "por causa da Palavra de Deus e do testemunho de Jesus" (Ap 1:9). Seus inimigos pensavam que, ali, ele certamente morreria em decorrência das dificuldades e aflições. Patmos, uma ilha improdutiva no Mar Egeu, era um lugar para banir os criminosos. Mas, para João, aquele lugar sombrio se tornou a porta do Céu. Longe do trabalho intenso da sua juventude, ele tinha a companhia de Deus e dos anjos celestiais. Eles lhe descreveram os eventos finais da história da Terra e, naquela ilha, ele escreveu as visões que recebeu de Deus. As mensagens que recebeu naquela costa árida revelavam os planos estabelecidos pelo Senhor a respeito de todas as nações da Terra.

Entre os penhascos e rochedos de Patmos, João tinha comunhão com seu Criador. A paz enchia seu coração. Ele pôde dizer com fé: "Sabemos que já passamos da morte para a vida" (1Jo 3:14).

Em seu lar isolado, João pôde estudar mais profundamente o livro da natureza. Ele estava cercado por cenários que poderiam parecer sombrios e desinteressantes. Mas não para João. Embora o ambiente ao redor pudesse ser desolado, o céu azul acima era tão belo quanto o céu de sua amada Jerusalém. Nas rochas solitárias e escarpadas, nos mistérios do mar, nas glórias do céu, ele aprendia lições importantes do poder e da glória de Deus.

Feliz em Seu Exílio

Ao seu redor, o apóstolo pôde ver evidências do Dilúvio que cobriu a Terra – rochas lançadas do grande abismo e da terra pelo irromper das águas. As ondas poderosas e agitadas, contidas pela Mão invisível, falavam da autoridade de um Poder infinito. Por outro lado, João percebeu a fraqueza e a insensatez dos mortais que se gloriam em sua suposta sabedoria e força, opondo-se ao Governante do Universo. O anseio mais profundo por Deus, as orações mais fervorosas subiam do apóstolo exilado.

A história de João ilustra a maneira como Deus pode usar os

servidores mais velhos. Muitos pensavam que João havia passado, em muito, do tempo de serviço; o consideravam um bambu velho e quebrado, pronto para cair a qualquer momento. No entanto, o Senhor achou conveniente usá-lo ainda. Em Patmos, fez amigos e conversos. Sua mensagem era de alegria; ele proclamava um Salvador ressuscitado que intercederia por Seu povo até que Ele voltasse para levá-los para Si. Depois que João envelheceu no serviço de seu Senhor, ele recebeu mais mensagens do Céu do que durante todos os primeiros anos de sua vida.

Trabalhadores mais velhos que dedicaram sua vida à obra de Deus podem ter fraquezas físicas, mas ainda possuem talentos que os qualificam a permanecer em seu lugar na causa de Deus. Em consequência de seus fracassos, eles aprenderam a evitar erros e perigos, e assim, podem muito bem dar conselhos sábios. Embora tenham perdido um pouco do vigor, o Senhor não os deixa de lado. Ele lhes dá graça e sabedoria especiais.

Aqueles que suportaram a pobreza e permaneceram fiéis quando havia poucos para defender a verdade devem ser honrados e respeitados. O Senhor deseja que os trabalhadores mais jovens ganhem sabedoria e maturidade pela associação com esses homens fiéis. Que os mais jovens lhes deem um lugar de honra nas comissões e assembleias. Deus deseja que os obreiros idosos e provados façam sua parte para salvar homens e mulheres de serem arrastados pela poderosa corrente do mal. Seu desejo é que conservem a armadura até que Ele mesmo lhes mande depô-la.

As Provações São Valiosas

Na experiência do apóstolo João, há uma lição de conforto e força extraordinária. Deus faz com que as conspirações de homens ímpios contribuam para o bem daqueles que mantêm sua fé e lealdade em meio às tempestades da perseguição, oposição cruel e acusações injustas. Deus traz Seus filhos para perto de Si para poder lhes ensinar a depender dEle. Dessa forma, Ele os prepara para ocupar posições de confiança e cumprir o grande propósito pelo qual Ele lhes deu suas capacidades.

Em todos os séculos, as testemunhas de Deus correram o risco de ser falsamente acusadas e perseguidas. José foi difamado e perseguido por não abrir mão da sua virtude e integridade. Davi foi caçado como um animal selvagem por seus inimigos. Daniel foi jogado na cova dos leões. O corpo de Jó foi tão afligido que seus parentes e amigos o abominaram. O testemunho de Jeremias enfureceu tanto o rei e os príncipes, que ele foi lançado em um poço terrível. Estêvão foi apedrejado. Paulo foi preso, espancado, apedrejado e finalmente executado. E João foi exilado em Patmos. Esses exemplos de fidelidade nos falam da presença permanente de Deus e da Sua graça mantenedora. Testificam do poder da fé para resistir aos poderes do mundo. Nosso Pai está no controle da nossa vida na hora mais escura.

Jesus apela ao Seu povo para que O siga no caminho da abnegação e da vergonha. Homens maus e anjos maus se opuseram a Ele em uma aliança impiedosa. O fato de que Jesus era tão diferente do mundo provocou a hostilidade mais cruel. Assim será com todos os que têm a plenitude do Espírito de Cristo. O tipo de perseguição muda com os tempos, mas o espírito que a move é o mesmo que matou os escolhidos do Senhor desde os dias de Abel.

Satanás torturou e matou o povo de Deus. Porém, ao morrerem, eles testemunharam do poder dAquele que é mais forte do que Satanás. Os perversos não podem tocar na vida que está escondida com Cristo em Deus. As paredes da prisão não podem limitar o espírito.

Os cristãos perseguidos pelo mundo são educados e disciplinados na escola de Cristo. Na Terra, eles seguem a Jesus ao passarem por conflitos graves; suportam a abnegação e decepções dolorosas; mas assim aprendem como o pecado é terrível e o veem com horror. Como participantes dos sofrimentos de Cristo, eles olham além da escuridão, para a glória, dizendo: "Considero que os nossos sofrimentos atuais não podem ser comparados com a glória que em nós será revelada" (Rm 8:18).

O Apocalipse

Nos dias dos apóstolos, os cristãos trabalharam tão incansavelmente que, apesar da oposição feroz, em pouco tempo levaram o evangelho a toda a Terra habitada. A Bíblia registrou a dedicação desses homens e mulheres a fim de encorajar os cristãos em todas as épocas. O Senhor Jesus usou a igreja de Éfeso como um símbolo da igreja naquele período dos apóstolos:

"Conheço as suas obras, o seu trabalho árduo e a sua perseverança. Sei que você não pode tolerar homens maus, que pôs à prova os que dizem ser apóstolos mas não são, e descobriu que eles eram impostores. Você tem perseverado e suportado sofrimentos por causa do Meu nome, e não tem desfalecido" (Ap 2:2, 3).

No início, os cristãos tentaram obedecer a cada palavra de Deus. Com o amor que transbordava por seu Redentor, o maior objetivo deles era ganhar outros para Cristo. Eles não pensaram em acumular o tesouro precioso da graça de Cristo. Sentindo a importância da mensagem: "Glória a Deus nas alturas, e paz na Terra aos homens" (Lc 2:14), estavam muito ansiosos para levar as boas-novas às regiões mais distantes da Terra. Homens pecaminosos – arrependidos, perdoados, purificados e santificados – foram levados a cooperar com Deus. O trabalho avançou em todas as cidades. Pessoas foram convertidas e, em seguida, elas também sentiam que não podiam descansar até que a luz estivesse brilhando sobre outras pessoas. Elas faziam aos pecadores e marginalizados apelos pessoais inspirados.

Depois de um certo tempo, o amor e o fervor dos cristãos por Deus e pelos outros diminuiu. Um a um, os cristãos idosos morreram em seus postos. Alguns trabalhadores mais jovens que poderiam ter compartilhado das responsabilidades desses pioneiros e, assim, serem preparados para assumir uma liderança sábia, se cansaram das mesmas velhas verdades. Em seu desejo por algo novo e surpreendente, tentaram introduzir doutrinas que não estavam em harmonia com os princípios fundamentais do evangelho. Em sua cegueira espiritual, não conseguiram ver que essas ideias atrativas, mas falsas, levariam muitos a questionar as experiências do passado, e isso conduziria à confusão e à incredulidade.

Revelação Conforme a Necessidade

Visto que alguns insistiam nessas falsas doutrinas, surgiram as diferenças. A discussão de assuntos sem importância ocupou o tempo que os cristãos deveriam ter gastado na proclamação do evangelho. Assim, eles não puderam advertir as multidões. A devoção verdadeira estava desaparecendo rapidamente, e Satanás parecia prestes a tomar o controle. No momento crítico, João foi condenado ao exílio. Quase todos os seus antigos companheiros tinham morrido como mártires. De acordo com as aparências, o dia em que os inimigos da igreja venceriam não estava distante.

A mão invisível do Senhor estava se movendo na escuridão. João foi colocado onde Cristo pôde lhe dar uma revelação maravilhosa de Si mesmo e da verdade divina para as igrejas. O discípulo exilado recebeu uma mensagem cuja influência fortaleceria a igreja até o fim dos tempos. Aqueles que exilaram João se tornaram instrumentos na mão de Deus para realizar o propósito do Céu. O próprio esforço para apagar a luz fez com que a verdade se destacasse corajosamente.

Foi em um sábado que o Senhor da glória apareceu ao apóstolo exilado. João guardava o sábado em Patmos de maneira tão sagrada quanto o fazia na Judeia. Ele reivindicava as promessas preciosas com relação a esse dia. "'No dia do Senhor achei-me no Espírito e ouvi por trás de mim uma voz forte, como de trombeta [...]. Voltei-me para ver quem falava comigo. Voltando-me, vi sete candelabros de ouro e entre os candelabros alguém 'semelhante a um filho de homem'" (Ap 1:10-13).

O discípulo amado tinha visto seu Mestre no Getsêmani; Seu rosto marcado pelas gotas do sangue da agonia; "Sua aparência [...] desfigurada, mais do que o de outro qualquer, e a Sua figura, mais do que a dos outros filhos dos homens" (Is 52:14, ARC). João tinha visto Jesus pendurado na cruz, objeto de zombaria e insulto. Agora, ele via seu Senhor mais uma vez. Entretanto, Ele não era mais um homem de dores, humilhado pelos homens. Estava envolvido em vestes de brilho celestial, "Seus olhos eram como chama de fogo" (Ap 1:14).

De Sua boca saía uma espada afiada de dois gumes, um símbolo do poder de Sua palavra.

Então, diante dos olhos maravilhados de João, as glórias do Céu foram reveladas. Ele foi autorizado a ver o trono de Deus e, contemplando além dos conflitos da Terra, viu a multidão de remidos vestida de branco. Ele ouviu a música dos anjos e as canções de vitória daqueles que haviam vencido pelo sangue do Cordeiro. Cena após cena de emocionante interesse foi desdobrada diante dele, até o fim dos tempos. Em figuras e símbolos, assuntos de vasta importância foram apresentados a João, para que o povo de Deus em seu tempo e nos séculos futuros pudesse ter orientação, conforto e uma compreensão inteligente dos perigos e conflitos à sua frente.

Compreendendo a Revelação

Alguns mestres religiosos declaram que o Apocalipse é um livro selado e que seus segredos não podem ser explicados. Mas Deus não quer que Seu povo considere o livro dessa maneira. Ele é a "revelação de Jesus Cristo, que Deus Lhe deu para mostrar aos Seus servos o que em breve há de acontecer" (Ap 1:1). "Feliz aquele que lê as palavras desta profecia e felizes aqueles que ouvem e guardam o que nela está escrito, porque o tempo está próximo" (v. 3). "Aquele que dá

testemunho destas coisas diz: 'Sim, venho em breve!'" (Ap 22:20).

O próprio nome dado a suas páginas inspiradas, "revelação", contradiz a afirmação de que este seja um livro selado. Uma revelação é algo revelado. As verdades do Apocalipse são destinadas aos que vivem nos últimos dias, bem como àqueles que viviam nos dias de João. Algumas cenas que o livro mostra estão no passado, e algumas estão acontecendo agora. Algumas retratam o fim do grande conflito, e outras revelam as alegrias dos redimidos na nova Terra.

Não devemos pensar que é inútil estudar esse livro para saber o significado da verdade que ele contém. Aqueles cujo coração está aberto à verdade serão capacitados a entender seus ensinamentos.

No Apocalipse, todos os livros da Bíblia se encontram e terminam. Ele corresponde ao livro de Daniel. Um é uma profecia; o outro, uma revelação. O livro que foi selado não é o Apocalipse; o anjo ordenou: "Tu, porém, Daniel, encerra as palavras e sela o livro, até ao tempo do fim" (Dn 12:4, ARA).

Cristo ordenou a João: "Escreva num livro o que você vê e envie a estas sete igrejas" (Ap 1:11). "Escreva, pois, as coisas que você viu, tanto as presentes como as que acontecerão. [...] as sete estrelas são os anjos das sete igrejas, e os sete candelabros são as sete igrejas" (Ap 1:19, 20).

Os nomes das sete igrejas simbolizam a condição da igreja em diferentes períodos da História. O número sete indica totalidade – as mensagens se estendem até o fim dos tempos. Cristo caminha no meio dos candelabros de ouro. Isso simboliza a comunicação constante que Ele tem com Seu povo. Jesus conhece sua verdadeira condição, seus caminhos e devoção. Embora seja Sumo Sacerdote no santuário celestial, Ele é apresentado como andando no meio de Suas igrejas na Terra. Ele observa, em constante vigilância. Se os candelabros fossem deixados ao cuidado humano, a chama cintilante encolheria e morreria, mas Ele é o verdadeiro guardião. Seu cuidado constante e Sua graça mantenedora são a fonte de vida e luz.

"Estas são as palavras dAquele que tem as sete estrelas em Sua mão direita" (Ap 2:1). Essas palavras são ditas aos que ensinam na igreja – aqueles a quem foram confiadas responsabilidades importantes. As estrelas do céu estão sob o controle de Deus. Ele as enche de luz e guia seus movimentos. Se Ele não fizer isso, elas se tornam estrelas caídas. O mesmo ocorre com os pastores. Por meio deles, Sua luz deve brilhar. Se eles olharem para o Salvador como

Ele olhou para o Pai, Ele lhes dará Seu brilho para refletir ao mundo.

Cristo Preserva Sua Igreja Hoje

No início da história da igreja, o mistério da iniquidade que Paulo predisse começou sua obra terrível, e falsas doutrinas enganaram muitos cristãos. Na época em que João recebeu essa revelação, muitos tinham perdido seu primeiro amor pela verdade do evangelho. Deus implorou: "Lembre-se de onde caiu! Arrependa-se e pratique as obras que praticava no princípio" (Ap 2:5).

A igreja precisava de repreensões severas e até de castigo. Contudo, a repreensão de Deus é sempre dada com terno amor e com a promessa de paz para todo cristão arrependido. "Se alguém ouvir a Minha voz e abrir a porta, entrarei e cearei com ele, e ele comigo" (Ap 3:20). Ele advertiu os cristãos: "Esteja atento! Fortaleça o que resta e que estava para morrer" (Ap 3:2). "Venho em breve! Retenha o que você tem, para que ninguém tome a sua coroa" (v. 11).

Contemplando longos séculos de trevas, o idoso exilado viu muitos cristãos morrerem como mártires. Ele também viu que Jesus, que sustentou Suas primeiras testemunhas, não abandonaria Seus fiéis seguidores durante os séculos que antecederiam o fim dos tempos. O Senhor disse: "Não tenha medo do que você está prestes a sofrer. O diabo lançará alguns de vocês na prisão para prová-los, e vocês sofrerão perseguição [...]. Seja fiel até a morte, e Eu lhe darei a coroa da vida" (Ap 2:10).

João ouviu as promessas: "Ao vencedor darei o direito de comer da árvore da vida, que está no paraíso de Deus" (Ap 2:7). "Jamais apagarei o seu nome do livro da vida, mas o reconhecerei diante do Meu Pai e dos Seus anjos" (Ap 3:5). "Ao vencedor darei o direito de sentar-se comigo em Meu trono" (v. 21). João viu os pecadores encontrarem um Pai no Deus a quem haviam temido por causa de seus pecados.

Em visão, João viu o Salvador representado nos símbolos do "Leão da tribo de Judá" e de um "Cordeiro, que parecia ter estado morto" (Ap 5:5, 6). Esses símbolos representam a união de um poder onipotente a um amor abnegado. O Leão de Judá, aterrorizante para aqueles que rejeitam a graça de Deus, será o Cordeiro de Deus para os fiéis. A coluna de fogo, que significa terror e ira para aqueles que desobedecem à lei de Deus, é um sinal de misericórdia e libertação para aqueles que guardam os Seus mandamentos. Os anjos de Deus "reunirão os Seus eleitos [...], de uma a outra extremidade dos céus" (Mt 24:31).

Quando o Povo de Deus Será a Maioria?

Comparado aos bilhões de pessoas no mundo, o povo de Deus será um pequeno rebanho; porém, Deus será seu refúgio. Quando o som da última trombeta penetrar a prisão dos mortos, e os justos saírem para então permanecer com os leais e fiéis de todas as épocas, os filhos de Deus serão a maioria.

Os verdadeiros discípulos de Cristo O seguem no caminho da renúncia e da amarga decepção, mas isso os ensina a odiar a culpa e o sofrimento trazidos pelo pecado. Ao participarem dos sofrimentos de Cristo, eles estão destinados a participar também de Sua glória. Na visão santa, o profeta viu a última vitória da igreja remanescente de Deus.

"Vi algo semelhante a um mar de vidro misturado com fogo, e, em pé, junto ao mar, os que tinham vencido [...]. Eles seguravam harpas que lhes haviam sido dadas por Deus" (Ap 15:2)

"Então olhei, e diante de mim estava o Cordeiro, de pé sobre o monte Sião, e com Ele cento e quarenta e quatro mil que traziam escritos na testa o nome dEle e o nome de Seu Pai" (Ap 14:1). Neste mundo, eles serviram a Deus com a mente e o coração, e naquele momento Ele poderá colocar Seu nome na testa deles.

Cristo os receberá como Seus filhos, dizendo: "Venha e participe da alegria do seu Senhor!" (Mt 25:21).

Estes "seguem o Cordeiro por onde quer que Ele vá" (Ap 14:4). Todos que seguirem o Cordeiro no Céu devem primeiro segui-Lo na Terra, não com queixas ou de maneira imprevisível, mas em obediência amorosa e voluntária, assim como o rebanho segue o pastor. "Mentira nenhuma foi encontrada em suas bocas; são imaculados" (v. 5).

"Vi a cidade santa, a nova Jerusalém, que descia dos Céus, da parte de Deus, preparada como uma noiva adornada para o seu marido" (Ap 21:2).

"Felizes os que lavam as suas vestes, para que tenham direito à árvore da vida e possam entrar na cidade pelas portas" (Ap 22:14).

Futuro Glorioso

Muitos séculos se passaram desde que os apóstolos descansaram de seus trabalhos, mas a história de seus sacrifícios por Cristo ainda está entre os tesouros mais preciosos da igreja. Quando esses mensageiros da cruz saíram para pregar o evangelho, Deus revelou Sua glória como ninguém jamais tinha visto antes. Eles levaram o evangelho a todas as nações em uma única geração.

No início, alguns apóstolos eram homens sem instrução; mas, por meio do ensino de seu Mestre, eles se prepararam para a grande obra que lhes foi confiada. A graça e a verdade reinavam em seu coração, e eles se esqueceram de si mesmos.

Ah, como eles se achegaram intimamente a Deus e ligaram sua honra pessoal ao Seu trono! Todo ataque ao evangelho parecia lhes atingir profundamente o coração e, com toda força que eles tinham, lutaram pela causa de Cristo. Os apóstolos esperavam muito; portanto, muito empreenderam. Quanto mais seguiam a vontade de Deus, mais crescia Sua compreensão da verdade e seu poder de resistir à oposição. Sempre que falavam, Jesus era o tema de suas conversas. Ao proclamarem Cristo, suas palavras moveram corações, e multidões que tinham amaldiçoado o nome do Salvador passaram a se identificar como discípulos do Crucificado.

Os apóstolos enfrentaram dificuldades, dor, difamação e perseguição, mas se alegraram em ser chamados a sofrer por Cristo. Eles estavam dispostos a entregar tudo ao seu Senhor, e as vitórias que ganharam para Cristo revelavam a graça do Céu.

Os apóstolos edificaram a igreja sobre o fundamento que Cristo havia estabelecido. A Bíblia diz: "À medida que se aproximam dEle, a pedra viva – rejeitada pelos homens, mas escolhida por Deus e preciosa para Ele – vocês também estão sendo utilizados como pedras vivas na edificação de uma casa espiritual para serem sacerdócio santo, oferecendo sacrifícios espirituais aceitáveis a Deus, por meio de Jesus Cristo" (1Pe 2:4, 5).

Os apóstolos trabalharam na pedreira do mundo judeu e gentio, trazendo "pedras" para lançar sobre o fundamento. Paulo disse: Vocês foram "edificados sobre o fundamento dos apóstolos e dos profetas, tendo Jesus Cristo como pedra angular, no qual todo o edifício é ajustado e cresce para tornar-se um santuário santo no Senhor" (Ef 2:20, 21).

"Eu, como sábio construtor, lancei o alicerce, e outro está construindo sobre ele. Contudo, veja cada um como constrói. Porque ninguém pode colocar outro alicerce além do que já está posto, que é Jesus Cristo" (1Co 3:10, 11).

Os apóstolos edificaram sobre a Rocha Eterna. Para esse fundamento, trouxeram as pedras que tiraram do mundo. Os inimigos de Cristo dificultaram muito o trabalho deles. Tiveram que lutar contra o fanatismo, o preconceito e o ódio. Reis e governadores, sacerdotes e governantes tentaram destruir o templo de Deus. Entretanto, cristãos fiéis deram prosseguimento à obra, e a estrutura cresceu, bela e simétrica. Às vezes, os trabalhadores quase ficavam cegos pela neblina da superstição ao seu redor, ou quase eram derrotados pela violência dos seus adversários. Contudo, com fé e coragem, continuaram avançando.

Os construtores foram morrendo um após o outro. Estêvão foi apedrejado, Tiago foi morto pela espada, Paulo foi decapitado, Pedro foi crucificado, João foi exilado. No entanto, a igreja cresceu. Novos trabalhadores tomaram o lugar daqueles que morreram e acrescentaram ao edifício pedra sobre pedra.

Séculos de perseguição violenta se seguiram, mas sempre houve cristãos que consideravam a edificação do templo de Deus mais importante do que a própria vida. O inimigo fez de tudo para deter a obra confiada aos construtores do Senhor. Todavia, Deus levantou obreiros que defenderam a fé com clareza e poder. Como os apóstolos, muitos morreram cumprindo seu dever. Contudo, a edificação do templo prosseguiu firmemente.

Os valdenses, João Wycliffe, Huss, Jerônimo, Martinho Lutero, Zwínglio, Cranmer, Latimer, Knox, os huguenotes, João e Carlos Wesley e muitos outros trouxeram, ao fundamento, material que será preservado pela eternidade. Aqueles que, de maneira tão nobre, promoveram a distribuição da Palavra de Deus, e em terras pagãs prepararam o caminho para a última grande mensagem

– esses também contribuíram para a edificação da estrutura.

Podemos contemplar os séculos passados e ver as pedras vivas do templo de Deus brilhando como feixes de luz na escuridão. Durante toda a eternidade, essas joias preciosas brilharão com um esplendor cada vez maior, revelando o contraste entre o ouro da verdade e a escória do erro.

Como Podemos Ajudar?

Paulo, os outros apóstolos e todos os justos que viveram depois deles fizeram a sua parte na construção do templo. Entretanto, a estrutura ainda não está completa. Nós, que estamos vivendo nesta época, devemos levar para o fundamento material que resista à prova de fogo – ouro, prata e pedras preciosas. Aos que edificam para Deus dessa maneira, Paulo manifestou palavras de encorajamento: "Se o que alguém construiu permanecer, esse receberá recompensa. Se o que alguém construiu se queimar, esse sofrerá prejuízo; contudo, será salvo como alguém que escapa através do fogo" (1Co 3:14, 15). O cristão que apresenta a Palavra da vida fielmente está levando ao fundamento material que resistirá e, no reino, ele será honrado como um construtor sábio.

Assim como Cristo enviou Seus discípulos, hoje Ele envia os membros de Sua igreja. Se eles confiarem em Deus, não trabalharão em vão. Deus disse a Jeremias: "Não diga que é muito jovem. A todos a quem Eu o enviar, você irá" (Jr 1:7). Então o Senhor tocou a boca do Seu servo, dizendo: "Agora ponho em sua boca as Minhas palavras" (v. 9). Ele nos manda sair e falar as Suas palavras, sentindo Seu santo toque em nossos lábios. Não há nada que o Salvador deseje mais do que pessoas que representem Seu Espírito e caráter para o mundo.

A igreja é o instrumento de Deus para proclamação da Sua verdade. Se ela for fiel a Ele, obedecendo a todos os Seus mandamentos, nenhum poder será capaz de resistir a ela.

A dedicação a Deus e à Sua causa levou os discípulos a transmitir a mensagem do evangelho com grande poder. Semelhantemente, não deve nosso coração ser incendiado com a determinação de contar a história de Cristo e Ele crucificado? É privilégio de todo cristão, não só aguardar, mas apressar a vinda do Salvador.

A Vitória da Verdade

Se a igreja se revestir do manto da justiça de Cristo e abandonar toda aliança com o mundo, ela estará pronta para o amanhecer de um dia glorioso. A verdade, ao passar por aqueles que a rejeitam, vencerá. Quando a mensagem de Deus encontrar oposição, Ele dará força adicional.

Cheia do poder divino, ela atravessará as barreiras mais fortes e vencerá todo obstáculo.

O que sustentou Jesus durante Sua vida de trabalho e sacrifício? Contemplando a eternidade, Ele viu a felicidade daqueles que receberam o perdão e a vida eterna por meio da Sua humilhação. Podemos ter uma visão do futuro, da felicidade do Céu. Pela fé, podemos estar às portas da cidade eterna e ouvir as graciosas boas-vindas dadas àqueles que cooperaram com Cristo nesta vida. Ao ouvirem as palavras: "Venham, benditos de Meu Pai" (Mt 25:34), eles lançarão suas coroas aos pés do Redentor, exclamando: "Digno é o Cordeiro que foi morto de receber poder, riqueza, sabedoria, força, honra, glória e louvor!" (Ap 5:12).

Então os redimidos cumprimentarão aqueles que os levaram ao Salvador, e todos se unirão para louvar Aquele que morreu para que os seres humanos pudessem ter a vida que é medida pela vida de Deus. O conflito terminará! Canções de vitória encherão todo o Céu.

"Estes são os que vieram de grande tribulação, lavaram as suas vestes e as alvejaram no sangue do Cordeiro. Por isso, eles estão diante do trono de Deus e O servem de dia e de noite no Seu santuário; e Aquele que está assentado no trono estenderá sobre eles o Seu tabernáculo [...], pois O Cordeiro que está no centro do trono será o Seu Pastor; Ele os guiará às fontes de água viva. E Deus enxugará dos seus olhos toda lágrima" (Ap 7:14-17).

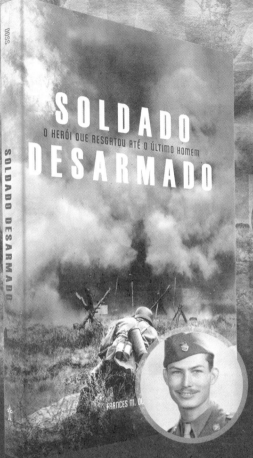